未名译库
·经济伦理学译丛·经济伦理学译丛编委会主编

地方智慧与全球商业伦理

Local Insights, Global Ethics for Business

〔美〕金黛如 著

静 也 译

北京大学出版社
·北京·

图书在版编目(CIP)数据

地方智慧与全球商业伦理/〔美〕金黛如(Koehn,D.)著;静也译.
—北京:北京大学出版社,2005.3
(未名译库·经济伦理学译丛·5)

ISBN 7-301-06941-3

Ⅰ.地… Ⅱ.①金… ②静… Ⅲ.商业道德-对比研究-中国、日本 Ⅳ.F718

中国版本图书馆 CIP 数据核字(2004)第 140784 号

Translation copyright 2004 by Peking University Press
Local Insights, Global Ethics for Business
by Daryl Koehn
All Rights Reserved.
Published by arrangement with Daryl Koehn.

未经许可,不得以任何方式复制或抄袭本书之部分或全部内容。
版权所有,翻版必究

书　　　　名:	地方智慧与全球商业伦理
著作责任者:	〔美〕金黛如 著
译　　　者:	静 也 译
中文版责任者:	罗世范
责 任 编 辑:	张晓蕾
标 准 书 号:	ISBN 7-301-06941-3/F·0776
出 版 发 行:	北京大学出版社
地　　　址:	北京市海淀区中关村北京大学校内　100871
网　　　址:	http://cbs.pku.edu.cn
电　　　话:	邮购部 62752015　发行部 62750672　编辑部 62753154
排　　　版:	北京华伦图文制作中心 82866441
印　　　刷:	北京大学印刷厂
经　　　销:	新华书店
	890 毫米×1240 毫米　A5　10.5 印张　302 千字
	2005 年 3 月第 1 版　2006 年 12 月第 2 次印刷
定　　　价:	20.00 元

《未名译库》出版前言

  百年来,被誉为最高学府的北京大学与中国的科学教育和学术文化的发展紧密地联系在一起。北大深厚的文化积淀、严谨的学术传统、宽松的治学环境、广泛的国际交往,造就了一代又一代蜚声中外的知名学者、教授。他们坚守学术文化阵地,在各自从事的领域里,写下了一批在中国学术文化史上产生深远影响的著作。同样,北大的学者们在翻译外国学术文化方面也做出了不可估量的贡献。

  1898年6月,早在京师大学堂筹办时,总理衙门奏拟的《京师大学堂章程》第五节中就明确提出"开设编译局,……局中集中中西通才,专司纂译"。1902年1月,光绪发出上谕,将成立于1862年,原隶属于外务部的同文馆归并入大学堂。同年4月,京师大学堂管学大臣张百熙奏请光绪,"推荐精通西文,中学尤有根底"的直隶候补道严复,充任译书局总办,同时又委任林纾为译书局笔述。也在这一年,京师大学堂成立了编书处,任命李希圣为编书处总纂。译书局、编书处的成立和同文馆的并入,是北京大学全面翻译外国图书和从事出版活动的开始,也是中国大学出版活动的开始。1902年,是北京大学出版社的创设之年。

  辛亥革命以前,京师大学堂就翻译和出版过不少外国的教科书和西学方面的图书。这批图书成为当时中国人睁眼看世界的重要参考书。从严复到蔡元培、蒋梦麟、胡适等校长执掌北大期间,北大更是以空前的热忱翻译了大量的外国作品。二三十年代,当年商务印书馆出版的汉译世界名著丛书及万有文库中的许多译者来自北大。百年来,在北大任教过的严复、林纾、蔡元培、鲁迅、周作人、杨昌济、林语堂、梁实秋、梁宗岱、朱光潜、冯至、曹靖华、金克木、马坚、贺麟、洪谦、宗白华、周一良、齐思和、唐钺、刘振瀛、赵萝蕤、杨周翰、郭麟阁、闻家驷、罗大冈、田德望、吴达元、高名凯、王力、袁家骅、岑麒祥等老一辈学者,以及仍在北大任教的季羡林、杨业治、魏荒弩、周辅成、许渊冲、颜保、张世英、蔡鸿滨、厉以宁、朱龙华、张玉书、范大灿、王式仁、陶洁、顾蕴璞、罗芃、赵振江、赵德明、杜小真、申丹等老中青三代学者,在文学、哲学、历史、语言、心理学、经济学、法学、社会学、政治学等社会科学与人文科学领域里,以扎实的外语功力、丰厚的学识、精彩的文笔译介出了一部又一部外国学术文化名著,许多译作已成为传世经典。在他们的译作中体现了中国知识分子对振兴中华民族的责任和对科学文化的关怀,为我们的民族不断地了解和吸收外国的先进文化架起了一座又一座的桥梁。

值此北大出版社建立100周年之际,我社决定推出大型丛书"未名译库"(Weiming Translation Library)。"译库"为大型的综合性文库。文库以学科门类系列及译丛两种形式出版。学科门类系列包括:哲学与宗教系列、文学与艺术系列、语言与文字系列、历史与考古系列、社会学与人类学系列、传播与文化系列、政治学与国际关系系列、经济与管理系列等;译丛为主题性质的译作,较为灵活,我社即将推出的有"经济伦理学译丛"、"新叙事学理论译丛"、"心理学译丛"等等。"未名译库"为开放性文库。未名湖是北大秀丽风光的一个象征,同时也代表了北大"包容百川"的宽广胸襟。本丛书取名为"未名译库",旨在继承北大五四以来"兼容并包"的学术文化传统。我们将在译库书目的选择(从古典到当下)和译者的遴选上(不分校内校外)体现这样一种传统。我们确信,只有将人类创造的全部知识财富来丰富我们的头脑,才能够建设一个现代化的社会。我们将长期坚持引进外国先进的文化成果,组织翻译出版,为广大人民服务,为我国现代化的建设服务。

由于我们缺乏经验,在图书的选目与翻译上存在不少疏漏,希望海内外读书界、翻译界提出批评建议,把"未名译库"真正建成一座新世纪的"学术文化图书馆"。

《未名译库》编委会
2002年3月

"经济伦理学译丛"导言

"经济伦理学译丛"为中国读者提供一种新的视野,让他们了解将商务、经济、金融界同伦理学联系在一起的一个富有吸引力的领域。经济伦理学在中国已经越来越成为一个流行的话题,这并不是一个纯粹的巧合。在过去20年间,中国经历了空前的经济增长,也刺激企业获取更多利润的胃口。

但是,最近亚洲金融市场的风波戏剧性地动摇了对经济增长天真而又排他的信念。整个亚洲逐渐形成了一种新的看法,认为迅速增长的经济如果同腐败的政府行为和不诚实的企业实践有关,那么这种经济是很容易崩溃的。在许多亚洲国家,人们越来越相信,对于腐败,绝不能再把它作为"游戏的一部分"来容忍了。由于不诚实的交易,一些公司和政府部门不仅丧失了大量钱财,而且也丧失了他们的企业合作者的必要信任。腐败和经济违法行为是一对孪生兄弟。

因此,这套新的"经济伦理学译丛"满足了一种迫切的需要,为金融、经济、企业、文化领域里的研究者和业务人员同伦理学家之间的必要对话提供最新的信息。它旨在为中国的学术界和企业界提供一个观点框架,唤醒共同的价值意识,这对成功的企业经营非常必要。

经济伦理学最初创立于20世纪70年代的美国,并确立了在美国和欧洲的商学院管理教育课程中的地位。但是在中国,还有待于将这个综合了经济学、心理学、法律学、哲学的交叉学科变成每一个管理学学生的必修课。我们的第一本书是经济伦理学领域的开拓者理查德·德·乔治的著作,涉及广泛的重要问题,反映了多年来所做的全面工作中取得的成果。

这套丛书的目标是给人以有益的启发,裨益于那些在中国工作的人,使他们在不得不做出困难的决策但又经常感到孤立无援时得到一些启示。为了分析个案研究,我们首先必须依靠一套共同的价值标准,使不同(家庭、信仰、文化等)背景的人们能够一起合作。如何才能使诚实、可靠、笃信、责任心等基本的人类价值观发挥作用呢?考虑到腐败的广泛反文化倾向,这个问题肯定不容易得到回答。但是,有鼓舞人心的迹象表明,中国政府现在正致力于进行的反腐败斗争将越来越被作为一种绝对必要的事情来接受。如果中华人民共和国建国以来最大的走私案——非法的厦门远华集体走私活动——被作为"游戏的一部分"来接受,那么中国所受的损失将不仅是在经济领域。经济伦理学必须提出令人信服的理由,说明回扣和贿赂是再坏不过的投资,有一天会给你带来严重后果。经济伦理学这门新学科以西方和中国伦理学家(亚里士多德、康德、孔子、孟子、庄子)的重要观点为基础,同样是要证明,自古以来就有破坏人类尊严的非法买卖,如毒品交易,仅仅为了增加利润这个惟一的理由而使无辜的男女老少身心受到摧残。

经济伦理学的影响主要依靠不同领域——政府部门,企业,大学——之间人们的对话与合作。没有不得不在新的竞争氛围一方面造就一批赢家,另一方面增加大批失败者的"淘金热资本主义"氛围中寻求出路的人的不断反馈,一般的指导原则就绝不会有意义。

从经济伦理学的角度来看问题,在一个法律体制还不够健全的环境中就显得格外迫切。

无疑,现在有越来越高的呼声,要求运用伦理标准。这套新的丛书反对某些悲观主义的观点,认为在中国改善道德标准是可以实现的:中国仍然有着巨大的伦理潜力,需要被更大规模地调动起来。人们期待着将世界不同智慧传统与中国对真理的追求结合起来的对话。那时候,经济伦理学将成为一种最终的挑战,使这种对一种恰当的伦理学的共同探索不仅仅停留在理论层面,而且得出具体结论,提出改善中国生活与工作条件的决定性实施方案。

此外,在中国,若干年以来关于如何将英语术语"Business Ethics"翻译成中文有过一场争论。许多研讨会及各种讨论与开会的结果是,最恰当的中文翻译应该是"经济伦理学"。"经济伦理学"是"经济发展"在它同道德哲学有关的重要方面,如必须被运用到企业管理、金融、行政管理、生态政策、信息技术、劳动权利等领域里去的责任、公正、诚实等概念在一切经济领域里的伦理反映。同时,最近在上海刚出版的《经济伦理学大词典》中关于这个词的界定和翻译,也可以作为本系列丛书之所以使用"经济伦理学"来表示"Business Ethics"这一英语术语的理由的佐证。

罗世范(Stephan Rothlin)
杨恒达
2001年12月于北京

经济伦理学译丛编委会

主任：杨恒达（Yang Hengda）中国人民大学
　　　罗世范（Stephan Rothlin）北京理工大学
编委：刘曼红（Liu Manhong）中国人民大学
　　　盖霍尔德·贝克（Gerhold Becker）香港浸会大学
　　　多米尼克·梯尔（Dominique Tyl）台湾辅仁大学
　　　乔治·恩德勒（George Enderle）上海中欧管理学院
　　　张文定（Zhang Wending）北京大学
　　　陆晓禾（Lu Xiaohe）上海社会科学院
　　　金黛如（Daryl Koehn）美国圣·托马斯大学

目 录

中文版序 ·· 陆晓禾 （1）
序 ·· 贝　克 （9）
致谢 ·· 金黛如 （11）
作者介绍 ·· （13）

引言　东西碰撞：超越"亚洲价值观" ································ （1）
　　第一节　"亚洲价值观"的存在和讨论 ························ （3）
　　第二节　追求微观策略的理由 ···································· （13）

第一章　在孔子的世界中作人和经商 ································ （19）
　　第一节　仁善的言行举止 ··· （20）
　　　　一、仁：自律 ·· （20）
　　　　二、仁与礼仪行为 ·· （36）
　　　　三、仁与行为 ·· （47）
　　　　四、仁与秩序 ·· （54）
　　　　　　1. 通过友好协商解决纷争 ································ （59）
　　　　　　2. 高层管理者的高薪问题 ································ （63）
　　　　　　3. 公司行为准则的应用 ···································· （65）
　　第二节　孔子伦理体系存在的问题 ······························ （66）
　　第三节　结论 ··· （72）

第二章　和辻哲郎伦理和日本的商业实践 ························· （73）
　　第一节　和辻哲郎伦理观纵览 ······································ （74）
　　第二节　商业背景中的和辻哲郎伦理 ···························· （84）

一、雇员终身制……………………………………（87）
　　二、以资历为基础的薪酬和升迁制……………（94）
　　三、家族制度……………………………………（98）
第三节　对和辻哲郎伦理的异议……………………（105）
　　一、异议之一：它是反应性的…………………（105）
　　二、异议之二：和辻哲郎伦理忽略了某些利益
　　　　相关方…………………………………………（106）
　　三、异议之三：个体被湮没在整体中…………（112）
第四节　结论…………………………………………（113）

第三章　和辻哲郎式的信赖、人类存有和商业实践……（115）
第一节　信赖和人间…………………………………（115）
　　一、信赖不是通过规则或契约而建立或保证的……（118）
　　二、信赖不是一种个人间的现象，而是一种人际间的
　　　　现象……………………………………………（118）
　　三、信赖并不是以一个个人所收集的关于另一个个人的
　　　　表现或历史……………………………………（119）
　　四、信赖不是那种成本效益核算的结果………（120）
第二节　信赖的基础…………………………………（123）
第三节　讲实话、诚实与欺诈………………………（128）
第四节　和辻哲郎之信赖概念的潜在危险…………（134）
第五节　结论…………………………………………（142）

第四章　孔子的值得信赖观……………………………（143）
第一节　孔氏伦理中的可信赖观……………………（143）
　　一、对合同的怀疑………………………………（149）
　　二、关系的重要意义……………………………（153）
　　三、对道德领袖的强调…………………………（157）
第二节　对孔子之可信赖概念的反驳………………（162）
　　一、反驳之一：孔子的孝德鼓励不信赖………（162）

目录

  二、反驳之二：孔子伦理忽视在信赖中胜任能力和
    共同分享价值所扮演的角色……………………… (163)
  三、反驳之三：自省很容易就成为危险的
    自我批评……………………………………………… (165)
 第三节 结论……………………………………………… (166)

第五章 和辻哲郎伦理中的公共与私有概念对商业实践的
    意义……………………………………………………… (168)
 第一节 西方的三种"公共"概念模型……………………… (169)
  一、模型之一：政治权力所能涉及的所有领域都称之为
    公共范畴……………………………………………… (169)
  二、模型之二：公共范畴是一种展示空间…………… (172)
  三、模型之三：公共范畴是个人行为的后果………… (175)
 第二节 和辻哲郎的公共概念及其对商业实践和
    规范的意义…………………………………………… (178)
 第三节 和辻哲郎伦理的一些问题…………………………… (184)
  一、问题之一：缺少对人权的考虑…………………… (184)
  二、问题之二：政府干预的局限……………………… (187)
  三、问题之三：政府和企业之间也是互相联结的…… (191)
  四、问题之四：防止公共范畴退化的不妥措施……… (195)
 第四节 结论……………………………………………… (197)

第六章 孔子伦理中的公共范畴对商业伦理的意义………… (199)
 第一节 孔子伦理缺乏对公私的区分………………………… (199)
  一、仁善范畴的产生…………………………………… (201)
  二、仁善范畴和商业实践……………………………… (208)
  三、对孔子商业伦理的可能反对意见………………… (221)
    1. 反对意见之一：孔子伦理赋予精英太多权力…… (222)
    2. 反对意见之二：孔子伦理与现状紧密联结……… (225)
    3. 反对意见之三：当代经济需要法治……………… (227)

第二节 结论 …………………………………………(229)

第七章 建立一个普世商业伦理 ……………………………(231)
  第一节 普世伦理基础之一：人类利益和圣善的多重性和
        不可测量性 …………………………………………(233)
    一、和辻哲郎和孔子的伦理中包含的人类利益和
        圣善是多重的及多元的 ……………………………(233)
    二、当善是多重而可能不可测量时，给出理由
        最具意义 ……………………………………………(240)
    三、德性的前提是众多的人类之善 …………………(245)
        1. 完整性 ………………………………………(245)
        2. 忠诚 …………………………………………(247)
        3. 和谐 …………………………………………(249)
        4. 可信赖性 ……………………………………(250)
  第二节 个人是伦理上善的行为的标准 …………………(252)
  第三节 普世伦理内的恶的概念 …………………………(258)
    一、个案研究 …………………………………………(259)
    二、良好判断 …………………………………………(265)
        1. 通过寻求不同观点和众多善而在背景环境中
           做出判断 …………………………………(265)
        2. 尽可能尊重所有的善 ………………………(272)
        3. 绝不可低估一个文化发展的能力 …………(279)
        4. 谦逊 …………………………………………(282)

参考书目 ………………………………………………………(284)

中文版序

最近一二十年西方学术界所关心的"经济全球化与文化差异问题",首先是跨国企业所面临的实践问题:当公司穿过文化边界时,它们面临通常将导致价值观和伦理规范冲突的文化差异。这种差异将导致误解和妨碍彼此交流,影响公司的效率。令西方跨国企业和西方学术界感兴趣的"亚洲价值观",特别是在20世纪80年代东亚经济的崛起而更加引人注目。正如本书作者金黛如所指出:"随着亚洲市场的发展,企业界和哲学家对所谓'亚洲价值观'的兴趣也相应地变得浓厚起来。人们认为,如果西方企业要使开放日本、韩国和中国市场的谈判成功,就必须了解亚洲价值观和伦理体系。实力政策在对亚洲价值观发生兴趣的过程中也起了重要作用。随着这些发展中国家财富的增长,它们在国际事务中的发言权也愈益举足轻重。西方人现在不得不刮目相看亚洲人,并尽可能地去了解他们。"(《东方哲学给予我们的经济伦理学启示》,上海社会科学院《学术季刊》1998年第2期)正是适应这种需要,有关"亚洲价值观"的文章书籍一时间成为西方出版界的一个热点。

就与企业实践关系密切的经济伦理学而言,"经济全球化与文化差异问题"最初是在国际商务伦理层次上展开的,是作为国际商务伦理问题提出的。20世纪七八十年代的美国经济伦理学界要解决因而争论的问题是:跨国公司应如何看待和处理不同国家不同文化的伦理规范差异?是"到罗马就做罗马人"即入乡随俗呢,还是"做一个正直的美国人"即坚持本国伦理标准?这期间美国出版了大量文章书籍,提供了处理这种规范差异的种种伦理准则;他们还就国际商务伦理共识举行了各种国际会议,形成了多种国际协议。然而,由"公司穿过文化边界"而引出的研究和争论并非仅限于经济伦理学领域的国际商务伦理层次。90年代后,国际企业、经济学和伦理学界进一步将这问题扩展到文化研究领域,并进而作为全球经济伦理问题而展开。而哲学、文化、宗教研究者以及政治家的参与,如亨廷顿、福山、汉斯·昆(Hans Küng)等知名学者有关全球文化全球伦理问题的论述,新加坡前总理李光耀对"亚洲价值观"的捍卫,也使有关这问题的研究和争论在更深的层次和更广的范围展开。"由公司穿过文化边界"而引出的问题进一步发展成如下问题:经济全球化是否将导致人类价值与行为形式最终汇合成一种世界文化,还是世界不同文化的汇合只发生在表层并未涉及不同的根本价值体系?这样,一方面,经济伦理研究和国际商务伦理研究促进推动了文化研究,为文化研究提供了新的课题和问题;另一方面,文化研究又深化拓宽了经济伦理研究,致使"全球环境中的经济伦理学、组织设计和个人发展等的未来理论讨论和实践应用很大程度上在文化研究领域中进行"。最后,由"经济全球化与文化差异问题"而引发的经济伦理研究文化研究还促进了哲学研究,例如有关相对主义与绝对主义的哲学问题的争论又在新的形势下展开。

由于东亚经济的崛起,由于西方企业更多地在亚洲进行,因此,"经济全球化与文化差异问题",对有兴趣于亚洲的西方人来说,特别地表现为如何理解和对待"亚洲价值观"的问题,经济伦理的文化研究也特别在有关儒家、亚洲价值观等问题上展开,并引出了如下两个基本问题的争论:首先是,如何理解儒家、亚洲价值观等地域伦理特殊伦理的问题;其次是,能否以及如何从地域伦理特殊伦理达至全球伦理普遍伦理的问题。有关这两个问题的争论:1.显示了东亚经济崛起的影响:"西方人现在不得不刮目相看亚洲人,并尽可能地去了解他们";2.表明了西方人意识到东亚经济从而经济背后的文化研究价值研究的重要性;3.与殖民时期和冷战时期的"文化帝国主义"不同,西方主流经济伦理学者在这些争论中倾向于,在强调全球环境中达至共同的价值标准和法律形式的重要性的同时,重视不同文化之间的对话交流和研究。

总之,由跨国企业发生的"经济全球化与文化差异问题"促使这些国家的学术界从伦理、文化、价值观方面来研究这个问题,并特别重视对东方价值观的了解研究,以有助于西方企业解决其所面临的问题,同时这些研究也进一步促进了西方学术的发展。

本书就是在这样的背景下问世的,作者不仅特别回应了经济全球化中的西方企业在东亚做生意的伦理规范需要,而且通过这种特别回应,具体探索了如何解决由上述"当公司穿过文化边界"而引出的经济伦理问题、文化问题和哲学问题。特别值得注意的是,作者不仅敏锐地把握了上述两个基本问题,还对有关争论提供了独特的研究成果。

从西方企业的角度,作者考虑的基本问题是,应怎样理解那些生活在远东的人们的伦理,对西方人来说,究竟应从哪里着手?作者指出,有两种研究方法可供选择。一种是"宏观研究方法",即假定有一个普遍的、所有亚洲人都具有的伦理。这种研究方法在西方"报刊和社会学文献中是习以为常的"。但她认为,这种研究方法是不能令人满意的,因为:1.亚洲地区的文化极为多样,文化价值又变动不居,并不存在这样一套大一统的静止的亚洲价值观;2.这种研究方法只是提供了笼统的价值观,并没有提供在这些价值观背后的思想,也不鼓励反思或更深地了解亚洲地区人们的伦理,因而无助于西方人真正了解他人和改善自己。另一种方法是"微观研究方法",即她所捍卫和使用的方法。这种方法具体考察由有影响的哲学家所提出的特殊的伦理论证。她认为,这种方法比宏观研究方法更富有洞察力和说服力,因为它可使西方人更深刻地理解某些亚洲人的伦理思想,还可指出从不同个人和文化达至普遍伦理的方式,从而避免文化相对主义。

本书第一至六章具体运用了这种方法。作者选择了中国古代哲学家孔子和日本近代哲学家和辻哲郎作为微观研究的对象。后者的三卷本《伦理学》(1934~1949)构成日本近代伦理思想史上最庞大的伦理体系,深刻影响了战后日本现代伦理思想的发展。作者认为,尽管他们并不代表所有中国人或日本人,但都深刻影响了各自文化的一些基本态度和习惯。因此,要理解中国人或日本人的经济行为,就有必要了解这两个人的基本思想。作者具体考察评析了作为孔子与和辻哲郎伦理学基础的有关人性、信任和公共领域概念及其他们对经济行为的意义。由于她提供的微观研究,现在西方人:1.在了解东亚人的伦理时,有可能不再信任笼统的"亚洲价值观",而是注意从具体国家有影响的伦理思想家,例如,从孔子着手来了解中国人;2.由于诉诸的是特殊论证,注意的是背后的思想,因此,孔子与和辻哲郎的思想变得可理解和可鉴赏的,而不是原始和非理性的,因而使西方人能够认真看待亚洲智慧,从而能真正有所获益;3.由于采取具体分析的态度、比较分析的方法,使西方人也反思自己,从而改变独断论的态度。她这样说,"采取和辻或孔子的观点肯定不是治疗所有西方病的灵丹妙药。然而,认真对待这些传统,将有助于我们认识自己的偏见,了解诸如信任这样一些可加选择的重要的思想概念。西方人也许并不想接受这些观念,但至少能够更好地做出何以应该拒绝它们的充分论证,并且能更好地理解中国或日本企业家和哲学家对我们的传统可能提出的批评。"(同上文) 4. 由于注重具体论证和背后的思想,读者会发现,她对我们所熟悉的孔子的许多论述的分析是令人赞叹的,提供了我们所不曾注意的独特的视角。正如长期在香港执教的贝克(Gerhold K. Becker 另有汉名为百里浩)教授所说,她的书优美地体现了她关于微观研究方法的主张,"这方法将使我们摈弃流行的套话,洞见东方重要的伦理思想。"

基于对孔子与和辻哲郎的伦理思想的评析,作者在最后一章对上述第二个基本问题即有否普遍伦理以及如何从特殊伦理达至普遍伦理的问题做了阐述。她指出,对孔子与和辻哲郎的伦理思想的分析表明,它们在某些方面可补充基于人权或德性的西方伦理。不过,仍然存在的问题是:当它们与后者发生冲突时怎么办?通常有两种选择。一种是独断论的:断言前者绝对优越于后者或者相反;另一种是相对论的:宣称根本就没有决定伦理问题的规则系统,不同民族有理由按照他们特殊的价值观和伦理规范行动。她相信有第三条道路可走,这道路尊重差异、允许个人有新的见解、但并不沦为伦理相对主义。她认为,孔子与和辻哲郎实际上指出了达到这种普遍伦理的道路。因此,西方人有充分正面的理由认真对待这些思想家,这不仅有助于更好地理解许多中国人和日本人的思维方式,而且也可为普遍伦理以及普遍经济伦理探明基础。

按她的理解,"普遍伦理不是以一套实质性的规范,而是以基于过程的指南为中心建构的。"换言之,作者并不归纳、抽象、提供一套为东西方文化所共同承认的伦理规范,如许多人仍然试图做的那样,而是用孔子与和辻哲郎的伦理学来阐述一种对西方人陌生的普遍伦理概念,这概念是一种承认和包容差异的伦理理想,是一种达至这种伦理理想的实践指南。它包含如下重要思想:1.普遍伦理不是同而是异,它是以没有高下之分的多样善为前提为基础的;2.处于多样且通常是冲突的善的境遇中的个人是决定伦理善行为和选择的标准,他们在认识和处理这些多样冲突的善的过程中,并不只诉诸一种标准或典范,而是在与所涉及个人的对话协商中将这些善置于恰当的位置,"美德就表现在不同意见的可能性中";3.由于普遍伦理是尊重和容纳差异的过程,因此与西方伦理学通常所理解的不同,恶并不在于违背某种伦理规则,而在于谎称只存在一种善。作者最后还具体说明了由多样善构成的普遍伦理如何解决跨文化价值观之间的冲突问题。

概言之,作者主张对地域伦理特殊伦理采用微观研究方法,通过了解个人是如何思考的,以有助于了解这地方的人是如何思考的,因此,她不仅否定了抽象笼统的宏观研究方法及其"亚洲价值观",而且否定了唯西方话语权论:"西方人如果不是坚持用人权的语言,而是用孔子的语言,就能更好地倾听中国人说什么,同时克服自己的不足。"不仅如此,她对个别思想家的微观研究还论证了通向普遍伦理的道路,以否定相对主义、独断论并超越有关同质世界的争论。如果普遍伦理以差异为前提为基础,那么就要认真对待地域伦理地方文化,就要尽可能寻求和尊重不同观点和多种善,就不可能只诉诸一种伦理标准,世界文化全球伦理就不可能西方同质论。当然,作者对于原则伦理学的理解和批评是否恰当还可以讨论,但她用孔子与和辻哲郎来论证的普遍伦理概念,对经济全球化与文化差异问题的争论确实提供了精彩而独特的新观点。

本书不仅对西方读者具有启迪意义,而且对中国读者也有参考价值。首先,本书将有助于我们深化有关全球经济伦理问题的争论。国内有一种看法,因经济全球化有鲜明的西方伦理价值取向而否定全球经济伦理命题的可成立性。经济全球化当然不单是事实问题,还有价值判断问题,并表现有强烈的西方伦理价值取向,但这并不成为否定全球经济伦理命题的根据。对西方企业来说,例如在中国"应如何行为"是一个真实的问题。同样,走出国门的中国企业也面临类似问题,因而在跨文化地域应如何行为、有否普遍伦理全球伦理是一个非常现实的问题。经济全球化还扩大了贫富国差距和不平等经济关系,但这也不能成为全球经济伦理是虚构伦理的根据。用马克思关于英国资本主义变革过程的话来说,"它[这过程]采取较残酷的还是较人道的形式,那要看工人阶级自身的发展程度而定。"就目前的经济全球化来看,如果它是马克思所揭示的"现代社会的经济运动规律"的表现的一部分,"是既不能跳过也不能用法令取消自然的发展阶段",那么这过程究竟"采取较残酷还是较人道的形式",同样要看我们自身的发展程度包括在经济伦理方面的努力。因此讨论全球经济伦理,争取我们在全球经济伦理建设中的话语权就不是毫无意义的,它将可能有助于我们的社会"缩短和减轻分娩的痛苦"(《资本论》第一版序)。就此来看,本书作者的微观研究将有助于西方人认真地看待我们的伦理话语权,她的尊重地域差异的普遍伦理概念也可为我们所用,争取经济全球化中的多元伦理价值取向的生存和发展空间。其次,本书将有助于我们对西方经济伦理学的"宏观研究方法"的反思。西方经济伦理学成果也是西方公众、学术界以及企业界过去近30年经验教训的总结,无论从"工业较发达的国家向工业较不发达的国家所显示的,只是后者未来的景象"(同上书序),还是从全球市场中的"竞争对手"意义上看,将西方经济伦理学成果简单笼统地作为"单边主义伦理"而加以否定拒斥,都是不恰当和无益于我们自己的。我们应认真对待他们的伦理成果,或者不妨也用"微观研究方法",从他们的有影响的伦理学家个人入手,借用作者的话来说:我们也许并不想接受这些观念,但至少能够更好地做出何以应该拒绝它们的充分论证,并且能更好地理解他们对我们的传统可能提出的批评。最后,本书还将有助于我们重新审视中国传统伦理在社会主义市场经济和全球伦理建设中的作用。中国在转向市场经济过程中,一直伴随着如何对待中国传统伦理的争论,一些学者认为儒家文化是目前市场经济伦理问题的深层原因,必须对文化传统进行改革,从根本上抛弃儒家文化。本书作者通过对孔子及其对当代西方企业实践意义的分析,论证了儒家伦理的某些方面可补充基于人权或德性的成熟的西方市场经济伦理并导向一种尊重差异的普遍伦理概念,从而可促使我们进一步反思对孔子以及传统伦理文化的态度和争论。有必要指出的是,需要具体分析的,不仅是孔子和中国古代传统伦理,还有过去50多年的社会主义时期的伦理。当然这方面的工作更应由我们自己来做。

本书作者现任美国圣·托马斯大学(University of St. Thomas)卡伦经济伦理学教授(Cullen Chair of Business Ethics)、经济伦理研究中心主任、《在线伦理学杂志》(Online Journal of Ethics)主编、美国"经济伦理学会"(Society for Business Ethics)会长(2002~2003),还任《经济伦理学季刊》(Business Ethics Quarterly)、《生意与社会评论》(Business and Society Review)等刊物的编委以及国内外多所研究机构的特约研究员和客座教授。她学识渊博,能广泛深入和敏锐地涉及许多前沿课题,伦理学方面,属于美国德性伦理学派知名学者,特别是信任问题的研究专家。她在经济伦理学和职业伦理学方面发表有大量著述,一些已被译为其他文字。除本书外,还发表有:《职业伦理学基础》(The Ground of Professional Ethics,1994)、《生意与信任:障碍与桥梁》(Business and Trust : Barriers and Bridges,1997,中译本,2003);《重新思考女权主义伦理:关爱、信任、同情》(Rethinking Feminist Ethics : Care, Trust, Empathy,1998)和《公司治理:全面的伦理》(Corporate Governance : Ethics Across the Board,2000)。

我认识金黛如教授多年,本书初稿曾寄给我看过,书中还引用了我的文章《论经济价值与伦理价值》和《经济全球化与企业价值取向》。我也欣赏她的许多富于思想的独立见解。她反对欧洲中心主义,尊重中国和亚洲文化,对中国态度友好,发表过多篇研究中国伦理的文章,向西方读者介绍中国文化对解决当代经济伦理问题的重要意义。我曾译介过她的多篇文章和《生意与信任:障碍与桥梁》一书。现在,很高兴罗世范教授组织翻译出版她的这部最新重要著作,衷心希望她的研究成果能引起我国经济、管理、伦理、哲学、文化等多领域研究者和从业者的兴趣,从而为使中国文化与世界不同智慧传统一起促进中国和世界的繁荣昌盛与公正和平而做出我们新的贡献。

陆晓禾

2003 年 7 月于上海社会科学院

序

很多世纪以来,商业活动已经跨越了许多国家的边境,与许多遥远的地方都建立了贸易联系。然而,随着全球化和真正跨国公司时代的到来,国际商业已经呈现出一个全新的维面,一个对人们所熟悉的商业活动模式进行挑战的新维面。世界范围内社会关系的强化(Anthony Giddens),世界的密集与压缩(Roland Robertson)以及通过商业与贸易而实现的日益增长的民族间相互依赖水平(Malcolm Waters)等等都不禁使许多西方商人开始相信,文化壁垒或界线也已经消失,或者至少说,这些壁垒和界线在商业界不应该再存在。

然而,对那些持批评眼光的人来说,这种单一世界的看法不过是一种幻像,文化多样性仍真实存在,文化差异在正在兴起的全球经济中仍是非常强大的因素。那些"亚洲价值观"的支持者们有力地说明了这一点,他们批判了西方的文化统一假说,斥其为后殖民时代文化帝国主义的漏洞百出伎俩的一个组成环节。尽管最近的亚洲危机极大地打击了关于亚洲价值观论战的政治雄辩和热情,但这里面的问题仍值得人们对其加以审视。

对金黛如(本书作者 Daryl Koehn)来说,问题不是西方商人是否应该对东方的文化以及伦理价值予以关注,而是太需要了。她考虑的是此类关注如何进行,并且寻求识别那些有助于加深理解亚洲伦理和文化定位的途径与方法。虽然这种理解特别适用于在亚洲环境中所开展的商业活动,但是她的方法也会对伦理研究提供有趣的新视野和新角度。

金黛如认为,那种为人类行为假定超越时空的指导性价值观的"宏观方法"是肤浅而没有效果的。她更喜欢"微观方法"。这种"微观方法"就是细致研究那些对各自文化传统产生深远影响的思想家的伦理观点。因为众所周知的原因,金黛如在中国传统中选孔子为代表;而在日本传统中,她则选和辻哲郎为代表,因为他的思想浓缩了日本的传统文化以及它在现代的演化和重新肯定。金黛如的著作以大量的证据证明了她的观点:她的这种方法能够使我们摆脱一些普遍的思维定式,还能为理解东方伦理要素提供有意义的洞识。在前六章的讨论中,金黛如仔细研究并批判地分析了孔子的伦理基础和和辻哲郎的哲学思想:人的本质、信任以及公共范畴以及这些关键概念对商业行为的意义。她对西方人中普遍存在的对东方文化的过于简化做法的深刻批判以及在最后一章中对建立一种既具普遍性又考虑文化差异的伦理观点的有力论证都对普通伦理理论研究和国际商业伦理研究做出了巨大而及时的贡献。

贝克(Gerhold K. Becker)
实用伦理研究系列丛书主编

致 谢

在此我需要向许多人致谢。首先感谢Pam Maben和Astrida Tantillo对整部书的文稿进行阅读和评论。另外，Johnthan Chan和我之间的对话富有启发意义。Angela Wong和Maki Yamazaki对本书的中文和日文参考资料进行了仔细的检查。Clifton Lee Van On和Laura Peyton在本文稿的编写过程中提供了诚恳的帮助。

香港浸会大学（Hong Kong Baptist University）实用伦理中心慷慨地授予本人1999年夏天的研究员身份，该研究员身份使我能够查阅亚洲有关资料，使我有足够的时间完成此书。该中心的助理Peter Luk先生帮助解决了许多后勤方面的问题。

"价值探索系列丛书"的副主编Gerhold K. Becker先生以及该丛书的执行主编Robert Ginsberg先生提出了一些有用的问题，并对本书的完成提供了慷慨的帮助。

本书的一些观点曾出现在我最近几年发表的论文中，对那些曾对我的观点与论证提出许多质询问题和反对意见的读者，在此一并表示感谢。在此我敢肯定，尽管我还没有回答他们所提出的所有问题，但我希望我的论点比以前更经得住推敲，因为它们毕竟经过了那么多的检验。

本书引言中的部分内容曾发表在《经济伦理杂志》（1999）上，感谢获允准重印。

金黛如

作者介绍

本书作者达瑞尔·科恩(Daryl Koehn),自己起了中文名的金黛如是美国得克萨斯州休斯敦市的圣托玛斯大学经济伦理研究中心主任、卡伦经济伦理学教授。1999年时,她被评为北美最优秀的商业伦理学家之一。

金黛如拥有芝加哥大学的伦理学博士学位、美国西北大学的金融管理硕士学位、芝加哥大学的哲学学士学位以及牛津大学的哲学、政治和经济学士学位。1977年时,她获得了罗德奖,是首批获得此项殊荣的十一名妇女佼佼者之一。

金黛如已经发表了许多关于理论伦理和实用伦理方面的论文和书籍。她的一些书包括:《生意与信任:障碍与桥梁》、《职业伦理学基础》、《公司治理:全面的伦理》、《重新思考女权主义伦理:关爱、信任与同情》等等。她的作品现已被翻译成了中文、西班牙语和印尼语。金黛如是芝加哥大学的客座教授和香港浸会大学的客座研究员。她并被香港浸会大学和上海社会科学院聘任为经济伦理特别研究员。1997年,美国丹佛大学召开了一次专门讨论她职业伦理著作的研讨会。

1998年,她被邀请到得克萨斯州休斯敦市建立新的商业伦理中心。1999年,该中心举行了一次名为"集团管理:董事会伦理"的专业研讨会。在法扎制药(Pfizer)的资助下,该次大会主要讨论管理艺术中的伦理及法律问题。

休斯敦市长已经邀请金黛如担任"休斯敦2012基金会"的伦理委员会主任之职,协助休斯敦市申请承办奥运会。金黛如也任职于"大休斯敦商业伦理圆桌会议",该会议由一些意在休斯敦培养良好商业伦理的商人和学者组成。2000年,她被选为商业伦理协会的管理理事会的成员。同时,她还是一些主要商业伦理杂志的编委。

媒体时常对她进行采访和报道。她的一些作品发表在《哈佛商业评论》、《休斯敦商业杂志》、《达拉斯商业杂志》、《菲尼克斯商业杂志》等一系列报刊上。

她所建立并仍继续编辑的杂志《伦理在线杂志》(*Online Journal of Ethics*)是最优秀的电子杂志之一。该杂志是首批被美国国会图书馆所承认的少数电子杂志之一。她参与规划的圣保罗伦理网站是美国第一个伦理网站,并已经获得三次"最佳网站"奖。她最近通过圣托玛斯大学所成立的伦理网站已经被"学习网"(StudyWeb)命名为最佳网上教育资源之一。

引言　东西碰撞：超越"亚洲价值观"

> 残忍手段导致巨大伤害。
> ——日本格言

随着亚洲市场的成长及其对外国资本的吸引,商人和哲人越来越对所谓的"亚洲价值观"这一说法表示出浓厚的兴趣。西方的企业意识到,如果它们想向日本、韩国、新加坡、印度尼西亚、泰国和中国成功出售它们的产品,它们必须了解这些潜在客户的价值观和伦理体系。那些不能发现达成协议的合适方式,或者不能以一种利用和发展当地人的信任的推销方式的销售人员不太可能是有效率的推销员。

"现实政治"(realpolitik)同样也对亚洲价值观表示出了兴趣。随着财富的积累和增加,远东发展中国家也越来越在国际事务中有发言的权力。到1996年的时候,亚太经合组织(APEC)已经成为世界上最重要的地区经济。① 西方人因此被迫向一些亚洲官员至少表示出口唇上的尊敬,因为这些官员能够决定哪些企业在什么样的条件下可以进入在其公民间展开业务。最近的东南亚经济危机更使人们认清了这一点。东西方经济之间的相互依赖性变得越来越明显。如果西方人想与中国人、日本人、韩国人和印度尼西亚人一起解决无力偿还银行、不良信贷以及通货紧缩压力等问题的时候,他们必须注意亚洲人对伦理价值的理解方式。亚洲人限制市场准入的力量以及他们影响世界经济的能力都吸引了西方人的目光。

---

① Kiyohiko Fukushima, review of *Asia Pacific Fusion*: *Japan's Role in APEC*, by Yoichi Funabashi, in *SAIS*, *Review*, 16:2 (Summer-Fall 1996), pp. 205 – 207.

那么,我们应该如何着手理解那些生活在远东的人们的伦理价值呢?其中的方法之一就是试图寻找远东国家所共同分享的亚洲价值观,这种"宏观方法"在大众传媒和社会学著述中非常流行,它脱离历史性变化,而抽取假定一些永恒的东方价值观念,如尊敬老人和集体意识等等。因为这种宏观方法只假定一套亚洲价值观,将其作为一种参考选择余地,而不提供其背后的理由与思维,所以这种方法并不会激励人们对亚洲的伦理观进行反省,或加深对其理解。西方人一方面设法迎合这些假定的价值观,另一方面暗地里却将其斥为"非理性的"、"原始的"东西。方法之二就是我将要在本书予以辩护和使用的方法,本方法更为温和,但最终更具启发性和说服力。这种"微观方法"将细致审查具有影响力的中国哲学家孔子和现代日本哲学家和辻哲郎所发展的伦理观点。本微观方法将会超越定式性的价值观,而进一步深入审查这些价值观的背后理由或潜在基础。通过研讨和审查这些伦理观点,我们能够对中国和日本伦理的一些模式有更深的理解。另外,我相信,这两位思想家的分析会引人走向一种敏感对待个人间和文化间的差异的普世伦理,从而避免陷入相对主义。

在本引言中,我会讨论亚洲价值观这种概念,并提出一些反对宏观方法的理由。我认为,"亚洲价值观"不存在,与亚洲价值观这种说法有关的争论都是误导的,也许是危险的。在证明为什么亚洲价值观的说法应该予以反对和提供为什么应该着眼于孔子和和辻哲郎的伦理观点的理由之后,我会在第一至第六章中对他们的重点观点进行批判性审视。这几章会着眼于这两位思想家的下面一些思维模式和观点:一、人性、信任和公共范畴的本质;二、这些观点对于商业行为的意义。目前关于亚洲商业伦理的著述至多只是对目前社会礼仪与习俗的一些综述。这真让人汗颜!诚然,我们应该了解当地的文化习俗,但我们更需要理解更深层的东西。我们还应该理解为什么这些习俗会存在,还应该聪明地讨论这些习俗背后的规范和方法是否对人真有益处。诸如孔子和和辻哲郎之类的思想家所提出的关于人类条件的独特见解和观点可以被用来发展一个全新的、更禁得住推敲的国际商业伦理观。现在时机已经到了,商业伦理学家应该超越肤浅的亚洲礼仪,而批判性地评估亚洲哲学家所辩护的伦理观点。

本书的最后一章会讨论是否以及在什么意义上普世商业伦理是可能的。如果孔子和和辻哲郎的伦理是有效的,那么以规则为基础的普世伦理就不存在。因为这两位思想家都反对这样的观点:依伦理行事就是先辨别确认一个伦理规则或原则,然后将某个提议的行为或过去的行为归入那个规则或原则中的做法。另外,我们也不能通过简单假设东西方思想家共同分享一些核心伦理观点的做法来获取一套普世伦理。虽然孔子的伦理观确实在某些方面与古希腊哲学家亚里士多德有相似之处,但是孔子的伦理观并不像亚里士多德的伦理观那样对人性论有着很深的依赖。孔子和和辻哲郎恐怕都不会接受德国伦理学家康德的观点:所有的伦理行为都起源于一位理性主体那种自谐的愿望(a rational agent's desire to be self-consistent)。即使在东方哲学内部也存在着一些主要的分歧。我们将会看到,孔子着眼于自我发展,而和辻哲郎则强调一种纯正伦理(an ethic of authenticity)。如果普遍伦理存在的话,我们也不会通过开列一个共享的价值清单来论证这个普世伦理。这个普世伦理尽管必然存在,或者,正如我要讲的那样,正是因为人们有时有非常不同的观点。

以上就是本书所要展开的讨论过程。让我们先从宏观亚洲价值观方法的固有问题开始本书的讨论。

第一节 "亚洲价值观"的存在和讨论

如果我们想要认真面对远东各民族的伦理观,我们需要放弃这种"亚洲价值观"的肤浅提法。许多经济学家、政治领袖和记者都宣称,拥有众多华人的中国、日本、韩国以及其他远东国家和台湾地区都因为共享的孔子传统而享受着巨大的经济成果。据他们讲,勤劳、节俭、谦逊、教育、团体忠诚和自律等孔子价值恰恰培养了那种能在资本经济中成功的必要习惯。如果从20世纪90年代的亚洲经济危机的角度来看,这些说法又特别显得具有讽刺意味。如果这些孔子价值是亚洲经济成功的惟一或主要的决定因素,那么人们就可推论,这些价值也必须对该地区的大规模经济衰退负责。这些价值有其黑暗的一面吗?或者亚洲人忽然之间失去了他们的孔子价值观吗?如果是这样的话,这种价值丧失是为何发生得如此之快?

即使我们承认孔子传统的广泛性,但这些价值也很难被认为是亚洲的价值。"亚洲"这个词所指的地理范围很广,中国、日本、印度以及所有远东国家(或当地人的"东亚国家"的提法)都在这个范围之内。①前苏联也曾被欧洲人认为是亚洲的一部分。现在西方人所讲的"中东"也属于亚洲。古希腊历史学家希罗多德(Herodotus)一贯将波斯和腓尼基称为亚洲的帝国。②因此我们可以想像,因为亚洲的庞大,各文化也会有很大的不同,这正如各个世界性宗教,如佛教(无数的派别)、印度教、儒教、依斯兰教、基督教等等所表现出来的。

亚洲这个地区内一个国家的文化往往会有许多不同的流派。就拿中国来说吧,她就曾被许多不同的传统所塑造,如孔子(儒家)思想、清王朝的统治(1644—1911)、军阀混战(1911—1927)、蒋介石国民党的统治时期(1927—1949)、毛泽东主义(1949—1976)以及目前既有市场性质又有列宁性质的后毛泽东主义时期。③这些流派之间大多产生张力,例如,毛泽东主义主张破"四旧":旧思想、旧文化、旧传统、旧习俗,这"四旧"也包括儒家观念,如对家庭的忠诚。④中国共产主义者的一个反孔口号是:"爹亲,娘亲,没有咱毛主席亲!"⑤

现在已经成为中国一部分的香港也向那些试图总括"亚洲价值观"的人提出了另一个问题。香港的城区市民视自己为香港人,而不

---

① William Theodore de Bary, *East Asian Civilizations* (Cambridge, Mass.: Harvard University Press, 1988), p. 105.

② Herodotus, *The Persian Wars*, trans. Alfred Denis Godley (Cambridge, Mass.: Harvard University Press, 1975).

③ Jeffrey N. Wasserstrom and Elizabeth J. Perry, *Popular Protest and Political Culture in Modern China*, http://www.snmis.org/gate/links/Perry.html, p. 7.

④ Jung Chang, *Wild Swans* (New York: Doubleday, 1991), p. 284.

⑤ Ibid., p. 256.

是中国人。香港人的价值观是典型的中西合璧式的价值观,①他们的价值有明显被孔子思想所影响和塑造的痕迹。但是另一方面,香港市民以其高度的实用主义、资本主义和个人主义的"西式"观点而著称。②更为复杂的问题是,即使在香港内也存在着不同的种族群,它们往往彼此并不相同。客家人和蛋家(Tangka)人以打鱼为生,他们对渔村的忠诚超过其对香港政府的忠诚,都膜拜与其他香港人不同的神祇,他们并不拥有香港城区居民的民主自由精神。

在日本,我们也会发现同样的多样性。日本的制造业被认为是"命令及控制"式的等级管理模式,这种模式强调的是资历,而不是创新。然而,大阪地区以商业中心著称,这里曾诞生了许多著名的商业,从住友帝国到19世纪的纺织企业,再到20世纪的电子巨头。③让我们再看一个例子:日本人被认为是自我牺牲式的,将团体的利益置于自己的利益之,有些情况下是这样的。横井秋平(Akihiro Yokoi)发明了电子鸡玩具,但他将其归功于一位女性合作者,因为正如他自己所讲的:"日本社会不会公井赞扬个人成就。"④然而,仍有些日本公司和机构鼓励个人主义和逆反精神(non-confirmity)。本田汽车的创始人本田先生(Soichuro Honda)曾鼓励过个人主义:"每个人都为自己工作,不这样讲就是在撒谎。"⑤Keio大学的创始人福泽裕吉(Yukichi Fukuzawa)强调只有"独立的个人才能促就独立的民

---

① Ho-fun Hung, "Rethinking the Hong Kong Cultural Identity: The Case of Rural Ethnicity," *Occasional Paper No. 81* (June 1998), Hong Kong: Hong Kong: Institute of Asia-Pacific Studies.

② Thomas W. P. Wong and Tai-lok Lui, "Morality, Class, and the Hong Kong Way of Life," *Occasional Paper No. 30* (November 1993), Hong Kong: Hong Kong Institute of Asia-Pacific Studies.

③ Bernard Wysocki, Jr., "Its Economic Empire in Asia Languishing, Japan Mostly Hesitates," *Wall Street Journal* (1 October 1998), p. Al.

④ Sheryl WuDunn, "Learning to Go Against the Grain," *New York Times* (8 March 1998), p. A3.

⑤ Soichuro Honda Quoted in Steve Lynch, *Arrogance and Accords* (Dallas: Pccos Press, 1997), p. vii.

族",而且"一个民族的伦理气候来自于个人的伦理道德"。①

除了这些地理性和总体性的差异之外,每个民族都有利益与兴趣完全相反的阶级与团体。在处理金融危机的问题上,日本的商业界要求政府干预的程度远远超过政府代表所愿意给予的程度。②因而,一方面我们可以将地球的某一个地区圈起来,暂且将其称为"亚洲",另一方面,我们又很难确定这些不同文化所共有的共同价值观,因为每一个文化内都有令人难以置信的多样性。(当然,这一点也同样适用于各"西方"文化)。

那些归纳出来的所谓核心价值常常不过是程式而已。美国人听说,日本文化是一个非常团结、以廉耻为中心的文化,它的自杀率很高,特别是在年轻人中间。③这种看法具有误导性,实际上,日本文化的自杀率低于一些西方文化的自杀率,如匈牙利、瑞典、德国、丹麦、瑞士以及奥地利。日本的自杀率和法国、比利时差不多。另外,日本年轻人自杀也并不"特别"多。在15—24岁的年龄段中,美国的自杀率是日本的两倍。而日本此年龄段的自杀人数低于加拿大、澳大利亚、丹麦、法国、德国、波兰和瑞典在同一年龄段的自杀人数。④

一些日本人确实认为,自杀是一种逃避羞耻的体面方式。在1997—1998年的经济丑闻中,几个被指控的日本大臣相继自杀身

---

① Yukichi Fukuzawa quoted in Yukichi Shitahodo, "The Japanese Tradition of Economic Ethics," *Business Ethics: Japan and the Global Economy*, eds. Thomas W. Dunfee and Yukimasa Nagayasu (Dordrecht, The Netherlands: Kluwer Academic Publishers, 1993), p. 224.

② Stephanie Strom, "Ruffled, Japan Advises U.S.: Mind Your Own Business," *New York Times* (9 April 1998), p. A 12.

③ Nicholas D. Kristof, "When Cultures Collide, Etiquette Loses Something in Translation," *New York Times* (15 February 1998), p. Y27; Edwin O. Reischauer and Marius B. Jansen, *The Japanese Today* (Cambridge, Mass.: Harvard University Press, 1995), p. 194.

④ Tomoyuki Tanaka, "Frequently Asked Questions about Japan," http://www.jnms.co.jp/FAQs/japan/american-misconceptions, pp. 12 - 13.

亡。①虽然"自负"的美国人有时也会以同样的方式进行了结,但没有人认为美国文化是一种"羞耻"文化。克林顿总统的助手福斯特(Vincent Foster)在克林顿的金融丑闻逐渐白热化后自杀而死。在哈丁(Harding)总统执政期间,总检察长道弗太(Harry Daugherty)以及他的几个亲信被指控从政府贪污盗取钱财,其中两个人自杀了结。②让我们再看一个例子:西方的一些作家强调,日本人不愿意起哄捣乱,不愿做任何有损"和谐"或"wa"的事情。③这些作家似乎忘记了日本20世纪40年代经历的那场大规模劳工骚乱。自60年代以来,日本的工会组织已经发动了"春季攻式",目标直指那些重要的工业和产业,为了能获得更高的薪酬待遇,频频举行罢工和其他劳工活动。④日本的这些罢工可能不如美国和韩国的罢工那样具有很强的对抗性,但是它们确实能够证明,日本人并不总是因循保守的。

避免概念程式和寻找核心亚洲价值观并不是困扰这种宏观做法的仅有难题。即使在这个地区内确实存在着一些共同分享的价值观,但这些价值观也并不是一成不变的。这些亚洲价值观也会如西方的价值观一样因政治、经济因素的影响而改变。这种西方和亚洲价值观的对比做法非常不幸地使这二者变得似乎总是对立的。这其中最显著的一点就是:西方的个人主义相对于亚洲的集体主义(以及

---

① Sheryl WuDunn, "Finance Scandal in Japan Takes a Nasty Turn," *New York Times* (20 February 1998), p. Cl.

② Thomas Fleming, "History's Revenge," *New York Times* (23 February 1998), p. A19.

③ Yui Tsunehiko, "Economic Development and Ethics in Japan: A Historical Perspective," *Business Ethics*, eds Dunfee and Nagayasu, p. 270; Edward A. Gargan, "Bowed. Not Battered: Taiwan Is Riding Out the Storm That Is Inundating Its Neighbor," *New York Times*, (24 February 1998), p. Cl; Christopher LingJe, "The End of the Beginning of the 'Pacific Century'? Confucian Corporatism and Authoritarian Capitalism in East Asia," *The Pacific Review*, 9:3 (1996), pp. 389–409.

④ Tadashi A. Hanami, *Labour Law and Industrial Relations in Japan* (Deventer, The Netherlands: Kluwer Law and Taxation Publishers, 19853, pp. 61–63.

东方对权威的尊重）。①然而，正如 Akio Kawato 所指出的那样，西方对个人主义也并不总是现在的这种热衷程度。②中世纪的欧洲比现在的欧洲更为家族式。亚里士多德论证说，古希腊的城邦起源于古时的部落，当时的部落只有一个首领，其他部落成员都要惟其马首是瞻。③相反，中国曾有机会比今天的西方还要西方：

> 我们越回溯到更早的历史，我们越会发现当时中国人和中国文化与现在西方人和西方文化越接近。古代民众信仰、古代的隐士、《诗经》的老歌，古代诸侯王，封建制度……等等，这些东西都更相似西方的现象，而更不似孔化中国（Confucian China）的特征。因此我们可以认为，许多被认为本身固有的中国特征也可能是纯历史和文化影响的产物。④

如此看来，随着历史的发展，亚洲可能会变得更加个人化，而西方可能会变得更加部落化（tribal）。

没有任何文化是完全闭关自守的，那种认为文化是一个封闭体系的人从很大程度上误解了文化本身及其演进过程，这种演进往往是因为与其他文化的影响和刺激而发生的。⑤例如，1945 年以后，美国对日本的政治和社会体制产生了很大影响。在二战之前，军国主义统治着日本，⑥二战后，美国所强加的宪法将日本定义为一个和平主义者的国家。一些美国公司已经采用了日本人的"Kaizen"（开进，

---

① Thi Lam, "The Notion of Asian Values Is a Myth," http://www.viet.nct/xictmag/507, p. 1.

② Akio Kawato, "Beyond the Myth of Asian Values," first published in *Choukoron* (December 1995), p. 2.

③ Aristotle, Politics, trans. Ben Jamin Jowett, in *The Basic Works of Aristotle*, ed. Richard McKeon (New York: Random House, 1941), line 1252b.

④ Max Weber, *The Religion of China: Confucianism and Taoism*, trans. Hanslt. Gerth (Glencoe, Ill: Free Press, 1951), p. 231.

⑤ Mary Midgley, *Can't We Make Moral Judgments?* (New York: St. Martin's Press, 1993), pp. 87-96.

⑥ Daniel Nassim, "Shaming the Japanese," *Living Marxism*, no. 81 (July-August 1995), http://www.informinc.co.uk/LM/LM81/LM81-Books.html#1, pp. 5-6.

即"不断完善")观念,①日本人以借鉴吸收外国观念和影响而著称。②一些外国银行正在敦促泰国那些以现金交易为主的公司改变他们古老的金融结算方式。现在外国银行要求泰国公司最多的一个词就是"透明度",要求泰国公司清楚而精确地通报他们的资产负债情况。③因为文化间的接触,文化中的价值观也总是处于一种不断变化演进的状态,另外一些全球性的经济性力量也会导致一些主要的变革。虽然日本公司通常倾向于雇佣那些毕业于日本名校的男生,但是一些网络公司现在正雇佣那些没有大学文凭的男男女女。这些必须处于迅速变化的网络世界的公司,更关心所雇佣人员的实际能力,而不是著名的文凭。这些公司的奖励基础是业绩,而不是传统的资历,④他们所追求的是那种敬业精神。⑤

"亚洲价值观"很可能曾经成为"西方价值观"(反过来也是如此),也可能还会再次成为"西方价值观"。即使亚洲有这样一套核心的独特亚洲价值观,但那种完全以非历史的手法对待这种价值观的人也未必有点太单纯了。我们不应该忘记东亚具有较长的殖民史。亚洲价值观中的听命于权威这一点未必就是亚洲人自己愿意选择的价值,其中有些价值是被强迫接受的。中国人向来以节俭自夸,但当我们了解到,在80年代,中国人被迫购买政府的国库券时,⑥以及当我们回忆他们在购买消费品方面没有太多的选择时,这种情况恐怕

---

① David L. Taylor and Ruth Karin Ramsey, "Empowering Employees to 'Just Do It'," *Training and Development* (May 1993), pp. 71–76.

② Bary, *East Asian Civilizations*, p. 136; Wysocki, "Japan Mostly Hesitates," p. A1.

③ Peter Waldman, "'Asian Values' Concept Is Ripe for Change as Economies Falter," *Wall Street Journal Interactive Edition* (28 November 1997), http://interactive.wsj.com/edition/, p. 4.

④ Khanh T. L. Tran, "Internet Firms Hire Nontraditional Employees," *New York Times* (7 October 1998), p. A17.

⑤ WuDunn, "Learning," *New York Times* (8 March 1998), p. 3.

⑥ Nicholas D. Kristol and Sheryl WuDunn, *China Wakes* (New York: Random House, 1994, p. 477, n. 320.

会有不同的含义。

因为我们西方称之为"亚洲"的这个地区具有格外的文化多样性,以及因为文化价值内固有的活力,我们有很好的理由怀疑,单一静止的亚洲价值观是否曾经存在过或将来可能存在。这并不会否认该地区内的一些国家领导人频频诉诸于亚洲价值,但是这种出于辞令目的而诉诸于亚洲价值的做法需要我们进行审查。对"第三世界(同样是西方所给予的标签)"来说,亚洲价值观的吸引力主要在于国家能够进行自治。在过去近二十年的时间里,东方的一些学者和思想家一直都在挑战西方对东方的理解,他们争论说,19世纪和20世纪早期的西方学者一致地将东方(包括西方称之为"中东"和"远东"的地区)各民族描画为具有异国情调、神秘且落后的民族。[1]

这种对东方的理解方式既反映了殖民统治的思想,又很好地支持了这种思想。这些地区的人们还没有被允许用自己的声音来表达他们自己、他们的关注、他们的价值以及他们的历史。[2]相反,西方一直都在冒昧地指出他们是谁。西方的策略一直都在扼杀任何对殖民统治的异议或挑战,这就导致了镇压、屠杀等等,该策略是那么得有效,以至于王尔德(Oscar Wilde)曾如是宣称:"……整个日本都是纯粹的创造……根本没有这样一个国家,根本没有这样一个民族。"[3]

殖民列强视自己为文明的,而视其他国家或部落为原始的。启蒙运动是一个光芒四射的灯塔,一方面它显示出许多重要的一直被用来证明正确行为规范和被用来确认西方人身份的价值(如个人不可剥夺的尊严、人们选择自己政府的权利以及那能帮助人类控制周围环境的

---

[1] Xiaorong Li, "'Asian Values' and the Universality of Human Rights," *Report form the Institute for Philosophy and Public Policy*, 16:2 (Spring 1996), http://wwwouaf.umd.edu/ipp/.

[2] Edward Said, *Orientalism* (London: Routledge, Kegan and Paul, 1978) *Passim*; Koichi Iwabuchi, "Complicit Exoticism: Japan and Its Other," *Continuum: The Australian Journal of Media & Culture*, 8:2 (1994), http://kali.murdochedu.au/~contimmm/8.2/lwabuchi.html, pp. 1–16.

[3] Oscar Wilde quoted in Patrick Smith, *Japan: A Reinterpretation* (New York: Pantheon Books, 1997), p. 1.

理性能力等等），另一方面它又给那些具有不同价值观和不同理念的非西方人投下了一道长长的阴影。康拉德(Joseph Conrad)的小说《黑暗的心灵》(Heart of Darkness)向人们显示，那些没有也不能实际看到他们统治的殖民的西方征服者很容易就做出结论说，这些被征服者本身就不应该存在。康拉德笔下的征服者柯慈(Kurtz)的后记("除掉野蛮人")可以被理解为殖民政策的凝练宣言和传统。①

亚洲国家的领导人往往坚持独特的亚洲价值观，对此的一种宽厚理解就是，他们在强调东方各国那种描述自己和自己身份定位的权利，以及那种摆脱西方压迫的志向。但是这种诉诸亚洲价值观的做法也有其黑暗的一面，问题既是形式上的，又是内容上的。从形式上看，将亚洲价值观与西方价值观对立起来的做法是极化的。如果这两个价值观体系，如一些人所宣称的一样，是彻底且永久不兼容的，那么这样做的趋势就是"要么将别人视为完全的陌路而不予理睬，要么将自己的价值强加给别人。"②在这种极化的气氛中，双方都不会付出努力来在双方之间寻找共同基础。

这种诉诸亚洲价值观的做法能够加强一些亚洲强人的地位，可能成为施威者和独裁者的又一利器。这种亚洲价值观的论调也会引起西方人的恐慌：远东的一些较发达国家要与西方展开文化战争了（试理解"黄色部落的威胁"这种说法）。另外，它还会削弱远东人民向其权威质询听证的力量。"只有亚洲人自己才能评说亚洲价值观的"假定往往非常巧妙地使一些亚洲领导人受益，这些人通过为自己披上"独特亚洲价值观捍卫者"(Defender of Unique Asian Values)的披风，而使自己免于内部和外部的批评。一些中国领导人已经开始宣称，因为中国价值观内固有的优越性，"未来将属于中国"。③前印

---

① Stein Tonnesson, "Orientalism, Occidentalism, and Knowing About Others," *NIAsyntt*, no. 2 (April 1994), http://nias.ku.dk/Nytt/Thematic/Orientalism/Orientalism.html, p. 4.

② Kawato, "Myth of Asian Values," p. 1.

③ Jing Wang, *High Culture Fever: Politics, Aesthetics, and Ideology in Deng's China* (Berkeley: University of California Press, 1996), p. 209.

尼总统苏哈托曾多次强调,印尼的民主不需要任何反对意见。新加坡的资深外交官马布哈尼(Kishore Mahbuhani)曾极力赞扬亚洲人那种为了更大的福祉而愿意牺牲个人利益的精神。根据他的说法,新加坡展示了一种理想的纪律性与凝聚力,而这些都是美国所完全没有的,因为它对"民主、人权、自由、平等和公义"的崇拜而变得"僵化无情"。①新加坡前总理李光耀是新加坡的一个开国者,他一直都认为,孔子(儒家)思想中有关纪律和工作的美德是"东亚经济小龙"成功的基础。然而,所有这些说法都不应该不加批判地接受。例如,我们可以这样认为,新加坡的建立者之所以不遗余力地避免提及孔子价值观中的不朽部分,这是因为他们想建立一个尊重多种善的多种族的社会,而不想建立一个从某个宗教或伦理意识形态而衍生出来的单一社会。如果真是这样的话,那么这些"孔化"东亚的领导人就在破坏那些努力避免单一意识形态的公民的民主志向。②

那种较少形式更多内容方面的问题主要是关于独特亚洲价值观的内容的问题。有些人认为,亚洲人强调的是责任,而西方人关心的是权利。③虽然佛教或儒家都没有形成人权方面的概念,但是这些宗教的静默并不是说,权利观念在亚洲各族人民之间没有相应的表现形式。孔子的"治不预,则民兴"训谕听起来很像西方的自由价值。事实上,那被称为"孔子地区"的台湾的民众也时常争取自己的权利,而另一个受孔子思想影响的民族日本也是如此。④

佛教似乎也不反对权利。虽然该宗教的着眼点是人的发展,但

---

① Waldman, "'Asian Values' Ripe for Change," p. 3.

② Janamitra Devan, "Lessons from Singapore: A Rejoinder" *Business Horizons*, 33:2 (March-April 1990), pp. 3–5.

③ Stein Tonnesson, "Do Human Rights and Asian Values Go Together?", NIASnytt, no. 4 (December 1996), http://nias.ku.dk/Nytt/Thematic/human-rights/hasianvalk.html. p. 4.

④ "Taiwanese Women Speak Out for Rights," *Taiwan Communique*, no. 65 (April 1995), http://www.taiwandc.org/twcom/65-no7.htm, p. 1; U.S. Department of State, "Japan Report on Human Rights Practices for 1996" (30 January 1997), http://www3.itu.int/MISSIONS/US/hrc/japan.html, pp. 1–2.

其也愿意承认人权的存在,不过它试图将这些权利与人的潜在联系起来。①西藏人的律法体制为这种联系方法提供了一个很好的范例,该律法体制承认一种公平审判权利,而西藏人的法庭也采用一种能确保公义的程序。该律法体制与西方国家律法体制的不同点之一就是对惩罚概念的理解。在西藏,惩罚的出发点不是考虑罪犯的"罪有应得",而是考虑帮助罪犯获得更深的认识以及更高水平的责任意识。②

总的来讲,亚洲价值观与西方价值观的对比做法本身是误导性的,这是因为一成不变的亚洲价值观(或西方价值观)根本就不存在。那种在此二者之间假定一个宽广而不可逾越的鸿沟的做法只能妨碍我们向亚洲的思想家进行借鉴与学习。虽然这种对亚洲价值观的强调做法的目标常常是想重新听到以前被喑哑的声音,但这种对立东西方伦理的极化做法也只能会导致更进一步的喑哑。最终,如果东西方伦理完全独特且完全不同,那么我们又何必聆听外国人怎么说?既然我们之间的伦理观是那么不同,不能互相借鉴,那么我们任何一方也就不能清楚地对各自观点予以对比。

正是因着以上这些问题,我们应该避免作关于文化差异的全球性主张,相反,我们应该追求一种微观策略,审查一个文化中某些思想家所作关于最佳生活方式的反省。为了能充分理解这些人的价值观,我们不仅需要审视这些思想家所支持的价值观,而且还要审视他们的论证过程和辩护方式。即使我们可能会反对这些如孔子所提的价值观,但是我们会发现孔子反省何为好生活的方式却很让人信服。

第二节 追求微观策略的理由

微观策略比宏观策略优越体现在几个方面:

---

① Kenneth Inada, "A Buddhist Response to the Nature of Human Rights," *Journal of Buddhist Ethics*, 2 (1995), http://www.gold.ac.uk/jbe/2/inada.1.html, p. 3.
② Rebecca Redwood French, *The Golden Yoke: The Legal Cosmology of Buddhist Tibet* (Ithaca, N.Y.: Cornell University Press, 1995), pp. 318–319.

首先,这种微观策略正视亚洲地理区内的文化多样性。如果我们想要听到非西方人以自己的词汇和自己的声音讲话,我们必须放弃这样一种观念:亚洲有一套由所有亚洲人共同接受的一成不变的核心价值观。事实上,亚洲作为一个整体没有声音,只有其内的个人才有声音,如果我们想要避免任何不公正的做法,我们就必须聆听这些个人的声音。另外,某一个国家内不同的民族人种也会有不同的声音。生活在日本的朝鲜人或韩国人以及生活在日本北部的土著人阿伊努已经被身边的日本人压迫了几个世纪。① 很明显,这两个少数民族并不分享大多数人那种用以证明这种压迫的价值观。我们能了解阿伊努人真正想法的惟一方式就是聆听这个少数民族内的个人成员。

其次,这种微观方法可以使我们发展一种对别人思维的更细微的审查。如果我们对日本、中国、印尼等文化内的不同观点足够敏感的话,我们就可能避免做出关于这些文化内的价值观的误导性概括与总结。另外,这种方法还能使我们对支持这些个人思想家观点的论据进行更细更深的了解。正如我前面所提的,因为"亚洲价值观"这种方法只是简单地列举出它认为所有亚洲人都分享的价值,所以这种方法没有给出为什么亚洲人都高度重视"和谐"这个概念的理由,或者亚洲人说的"和谐"这个词到底指什么。即使亚洲人真的总是将"和谐"视为终极价值(事实上这种说法是令人怀疑的),我们仍然需要了解为什么这个价值是那么得重要以及这个价值如何与其他所提的亚洲价值联系起来。如果不对这些方面进行了解,我们很容易就会形成对这些文化中的伦理观的滑稽模仿。我所提的这种微观方法可以对亚洲单个思想家的观点与论证进行批判式评估,从而使得形成滑稽模仿的可能性大大减少。

然而,我们仍然有可能错误诠解那些个人思想家的著述与演讲。

---

① Yasunori Fukuoka and Yukiko Tsujiyama, "MINTOHREN: Young Koreans Against Ethnic Discrimination," *The Bulletin of Chiba College of Health Science*, 10:2, http://www.han.org/affukuoka92.html, pp. 1－17.

但是,如果这位思想家(或他的捍卫者)希望挑战我们的诠解,他或她尽可以回应我们就某个论证所作的声明或评论。通过这种微观方法,双方都非常清楚,各方的争论焦点是什么,各方接受的论证与声明是什么。通过这种论证与反论证的过程,互不同意的各方可能会对争议的价值观产生更深的理解。虽然我们仍会继续对权利、义务、关系和德性等的相对重要性有歧义,但我们至少会弄清楚什么是争论的焦点。

在这种微观分析法的精神下,我要讨论的是孔子(公元前551—479)和日本哲学家和辻哲郎(1889—1960)的著作。[①]为什么我要选择这两位哲学家的著作进行分析和研究?为什么从他们的作品里面获取对亚洲商业实践的理解呢?因为他们两位并不像今天某些研究中国和日本的专家,这些专家学者往往只在这个地区呆过几年或几个月,而这两位哲学家在这里出生并在这里生活终生。虽然他们出生于此的事实并不会自动使他们成为亚洲的代言人或他们自己同胞的代言人,但正是上面我们所给的那些理由,他们两位所处的位置使他们能够留意及反省其同胞如何思考他们的实际行为问题。假如我们想要了解某些日本人如何处理实际问题,最好的办法就是研究本国人的著作。

更为切题的一点是,这两位哲学家都思考形成了各自纯正的伦理。也就是说,他们整合出各自的合乎逻辑的世界观,并对之有效论证及辩护。他们所形成的世界观能够有效地对实际问题进行分析,并且以一种非武断的方式对问题提出解决方法。另外,他们的世界观都提供了一种对现状进行质疑的基础。在最后一章里,我会讨论为什么他们的思想是纯伦理性的。在目前这种情况下,我只想强调一点,孔子和和辻哲郎的贡献并不像某些人所说的,[②]他们的思想只

---

① Tetsuro Watsuji, *Rinrigaku: Ethics in Japan*, trans. Setsaku Yamamoto and Robert E. Carter (Albany, N.Y.: State University of New York Press, 1996; Confucius, *The Analects*, trans. with introduction by Dim Cheuk Lau (London: Penguin Books, 1979).

② Weber, Religion of China, p. 152.

是关于中国人和日本人风俗中的怪异礼节的或仅仅是这些风俗的再现与重复而已。

最后,虽然我不希望将孔子思想变成亚洲伦理,但孔子的思想确实在中国内地、韩国、日本以及台湾有极深的影响。他的思想已经塑造了这些国家的思维、言行和体制达两千年之久。①后来的一些思想家和一些统治者都曾想方设法涤除孔子的影响,但越是这样,孔子的一些基本思想就越以不同的方式重新得到确认。孔子的思维模式仍继续体现在中国内地、台湾以及韩国等地的商业实践中,就连后毛泽东时代的共产党也一直在积极地推行孔子的思想,②他们也许正将其作为马克思主义意识形态的又一补充,或者他们对孔子思想的重视只是一种口唇上的尊敬而已,不过是分散人们对共产党高官过于权力集中的注意力罢了。不管怎么说吧,1980年以来,中国政府已经主持了一些大的关于孔子思想的研讨会,另外还建立了一个孔子研究基金会。前副总理邓小平还着手恢复修建了"文化大革命"期间被毁的一些孔庙。

正如巴利(William Théodore de Bary)所指出的那样:"Plus ca change, plus c'est la même chose Chinoise."③因为孔子思想的深远影响以及它的反弹,对孔子伦理的了解对那些想要批评或改变中国或韩国现行实践的人们来说是有用的。虽然孔子没有讲论权利这方面的字眼,但是他的伦理确实能够为那些欲提高中国工人待遇和推行更严格环境控制政策的人们提供许多素材。如果西方人将自己的抗议和关注以孔子的语言表达出来,而不强迫中国人讲人权的字眼,也许他们的声音会得到更多的聆听。

和辻哲郎也许是第一个为基于佛教的"非一我"(non-unitary self)观念的伦理进行辩护的日本思想家。他在日本伦理哲学方面的

---

① Gilbert Rozman, ed., *The East Asian Region: Confucian Heritage and Its Modern Adaptation* (Princeton, N.J.: Princeton University Press, 1991, Passim.

② William Theodore de Bary, "The New Confucianism in Beijing," *Cross Currents*, 45 (Winter 1995 – 1996): pp. 479 – 492.

③ Bary, *East Asian Civilizations*, p. 104.

影响不亚于康德在西方伦理学界的影响。更重要的,他的思维模式更易于非日本人予以理解。因为他在欧洲接受教育,所以他自己的伦理体系参照了西方哲学家的伦理思想体系。这种方法可以使西方人了解他是如何对待与理解自己"典型"的日本伦理和西方伦理之间的区别的。他对最近浮出盎格鲁—美利坚传统的一些西方伦理观点提出了许多批评,例如,他对西方个人主义观点的深刻批评。他并不仅仅强调日本伦理和西方伦理之间的差异,他还为他的伦理体系的合理性进行论证。因此,他的著作是那些想要弄清一个在日本出生长大的人如何看待规范性问题的商业伦理学者的一个很好的开端。另外,因为他想论证和辩护一个独特的纯日本伦理体系,所以他的伦理体系也正好成为本书中心命题(即,创立一个普世商业伦理是可能的)的一个测试案例:像这样一个高度个案性的伦理是否能够引导我们走向创立一个对所有文化以及所有时代都有效的普世商业伦理呢?

因此综上所述,孔子和和辻哲郎的伦理学体系确实值得我们注意。聪明的读者也许会注意到,虽然我曾多次警告人们不要假设统一同源文化的存在,但我已经不知不觉陷入了"日本"哲学思想、"中国"商业实践以及"西方"理论等说法之中,日本哲学思想和西方哲学思想不是也包含许多的分支与流派么?中国实践中不是也有许多地区性的差异么?没错,这正是我一直强调的内容。但是因为思想总是抽象的,某种程度上的对人、地和事物的扼要描述是无法避免的。当我讲日本人、中国人和西方人的时候,大家应该理解为"那些具有许多、不同、不断变化的民族与人种、大家称之为日本、中国和西方的地区",因为缺少确切的表达方式,我姑且沿用别人的说法。

另外一个警告:虽然孔子和和辻哲郎的伦理体系对理解目前日本人和中国人的许多商业实践有所启发,但我并不是说,这两个伦理体系能够解释所有这些实践,或其中的大多数。有些中国人的实践是毛泽东思想指导下的政策的结果,与孔子观念和价值并没有太大的联系。日本出生率的降低意味着这个国家需要更多的劳动力,也正是这种劳动力的缺少,而不是日本人的伦理原则,才使得传统的家庭主妇进入公司业界。虽然这样讲,我仍坚持认为,我们还应该从孔子和和辻哲郎伦理体系的角度来理解与看待当地的商业活动。这些伦理的诠释力量到底有多大,是不能予以抽象理解的。我们只能通过对这些伦理体系进行较好的理解以及通过将它们用来检测当地的实践来评估这些伦理体系的正确性和力量。这也正是我们采用微观方法和认真对待这些哲学家思想的理由!

很显然,地方的商业实践是会随着时间的变化而变化的。然而我们需要记住,实践是会因个人的选择而变化的。如果,如我所主张的那样,和辻哲郎和孔子的思想可以指出一条确立普世伦理的道路(这应该是一种任何人任何时代都能够有意应用的普世伦理体系),那么商业实践的变化特性并不会影响我所建议的这种微观方法。相反,这种变化性反倒能确认我这种方法的明智性。这也就是说,我们必须总要对这种普世伦理进行检验,以决定它是否真正有效和普遍。孔子和和辻哲郎的思想有可能在某一时代就不再是中肯有效的,以他们思想为基础的这种普世伦理也就会同时失效。我们真得不能停止思考。现在让我们开始我们的思考旅程,将我们的目光投向孔子和和辻哲郎的思想。

第一章　在孔子的世界中作人和经商

孔子的伦理体系主要是围绕着"仁"这个概念展开的,这个概念被理解为德性、慈善、仁爱、仁慈、人心或范式人性。[①]"仁"这个字在孔子《论语》的499节中一共出现了105次,这个字由两部分组成,一部分代表"人",另一部分代表"二"。[②]这两部分放到一起所组成的字代表一个人性团体。因此,我们可将"仁"这个概念理解为一种在人性团体中所应该获得的德性,或者一种使人性团体成为可能的态度,或者一种所有人类都应该拥有的优点。[③]因为这三种理解方式都涉及人类存在这个概念,所以我们在理解孔子伦理时需要从孔子对这个概念的观点入手。

本章的第一部分会展开对孔子人类概念及这个概念与伦理行为之间关系的讨论。为了能更好地理解孔子的伦理,我会将其与西方的伦理理论进行对比和对照。另外为了能显示孔子伦理的力量,我要将其用于评估某些选定的商业实践和问题。孔子对资本主义的伦理善性(ethical goodness)是如何看待的?孔子如何理解美国日益加剧的薪水差距?孔子伦理是否会允许采用公司行为规范?孔子的伦理既有描述的能力又有规范的能力。它可以帮助我们看清,从那些被孔子伦理塑造的中国商业管理者和雇员的角度,什么是问题的关键。另外,孔子伦理能够帮助我们去批判和评价一些商业实践以及

[①]　Yi-pao Mei, "The Basis of Social, Ethical, and Spiritual Values in Chinese Philosophy," *The Chinese Mind*, ed. Charles Moore (Honolulu: University of Hawaii Press, 1967), p. 151; David L. Hall and Roger T. Ames, *Thinking Through Confucius* (Albany, N. Y.: State University of NewYork Press, 1987), pp. 112–115.

[②]　Ibid., p. 115.

[③]　Mei, "Basis," p. 152.

建议一些方式使这些实践更合乎伦理。本章的最后会讨论一些对孔子商业伦理体系的反对观点。

第一节　仁善的言行举止

根据孔子的观点,一个人应该宁愿去死,也不使自己的"仁"受到伤害。①虽然"仁"这个概念非常重要,但是孔子从未对这个概念予以一个简洁而分析性的定义。相反,他通过一系列的故事和主张而对这个概念的意义和范畴进行了阐释,他将"仁"这个概念与纪律、平等、秩序以及批判性尊重传统等概念联系起来。为了能真正理解"仁"这个概念的意义,我们必须归纳出它的具体维度与轮廓。我会着眼于那些独特的、有助于我们理解商业实践和领袖地位的层面。因为"仁"这个词具有那么多的细微含义,所以我决定在许多情况下不对其进行翻译。保留这个音译概念还可以使我们保留"仁"(慈善、慷慨和典型仁性等独特的人性德性)和"人"(普通人)之间的紧密联系。

一、仁:自律

在谈到古时的诗歌时,孔子曾如是评论:"诗三百,一言以蔽之,曰思无邪。"②这种说法几乎可以应用于孔子所有的训谕中,它们都以某种方式表示追随"道"意味着什么。那么这个"道"是什么呢?这条"道"将会把人引向何方呢?也许它不会将人引向任何地方,因为它本身没有特定的终点。它不像西方的伦理那样假设一种终极目标,如救赎、幸福、理性,孔子伦理体系并没有为这条道确立一个目标

---

① Confucius, *The Analects*, trans. with introduction by Dim Cheuk Lau (London: Penguin Books, 1979), 15/8. In all references to the *Analects*, the first number refers to the chapter in the Lau translation, the second number to the saying in that chapter.

② Ibid., 2/2.

第一章 在孔子的世界中作人和经商

(目的地),只是坚持沿着这条典范德性之道前进下去就可以了。坚持这条道就是已经到达了终点。

"道"本身有它自己的力量与美。如果个人能够依"道"而生活,那么别人也会被他(她)的典范所吸引而予以模仿:"为政以德,譬与北辰,居其所而众星共之。"① "仁"者可以招致人们的仿效,因为仁者的行为与选择具有典范作用(exemplary),从而具有一定的权威性(authoritative)。②

怎么样才能追随这个"道"呢?只有一种方法:"克己复礼为仁……为仁由己,而由人乎哉?"③如此看来,"仁"就有两个层面:自律和礼仪实践。自律的意思就是自我控制。虽然"克己"这个词在中文的意思为"克服战胜自己",这样的意思会误导讲英语的人们。

> 孔子的概念(克己)并不是说,人们应该与自己的生理欲望进行艰苦的战斗。他的意思是说,人们应该在合乎伦理的情况下满足这些欲望。'克己'的概念事实上与'修身'这个概念是紧密联系在一起的……从实践的角度来讲,它们是一样的。④

因此,自律意味着自我修习,而不是自我压制。因为我们通过将自己与更大的人性团体整合起来而发展我们的人性,所以这种修习必然就涉及自我的控制。只有当我们以那种有益于公共利益的行为方式而对我们身边的人产生影响时,我们才具有权威性。只有那样,我们才能真正成为一个纯正的人,实现从人(普通人)到仁(范式人)的过渡。孔子这种对"人"(仁)的处理方法,我们西方人不应该感到陌生。当我们讲某人是一个"真正的受尊敬的人"(real Mensch)时,我们也会尽力分辨它的意思。这个德语词(Mensch)既指普通人,又

---

① Confucius, *The Analects*, trans. with introduction by Dim Cheuk Lau (London: Penguin Books, 1979), 15/8. In all references to the *Analects*, the first number refers to the chapter in the Lau translation, the second number to the saying in that chapter., 2/1.

② Hall and Ames, *Thinking*, p. 114.

③ Confucius, *Analects*, 12/1.

④ Wei-ming Tu, *Humanity and Self-Cultivation: Essays in Confucian Thought* (Berkeley: Asian Humanities Press, 1979), p 6.

指具有所有人性德性的人。

如果我们纵容我们的每种欲望与念头,我们就不可能达到"仁"。但是我们也应该清楚,欲望本身并不是不符合伦理的。不像康德伦理体系,孔子伦理体系并没有假设在从欲的行为和从义务的伦理上善的行为二者之间存在某种关键性差异。当欲望是正确的,且从欲的行为实现得好的时候,那么这种行为就是善的,也就显示这个行为的发出者是一个范式人。

正如我在本章开头时所指出的,"仁"这个字和"人"这个字是一样的,只不过书写不同而已。伦理上善的人并不是神,也不是圣人。要想成为有德性的人并不要求人们弃绝或超越其人性。恰恰相反,"仁"人更会意识到以及展示他们的人性。伦理上善的人会将自己从一个平凡普通的人转化成一个范式人,我们每一个人都可能在我们内进行这种转化。①我们的善可以有很多的形式。大多数的西方伦理体系都会明显地区别伦理善和伦理恶或者纯粹中性,而孔子伦理体系却将善视为一种连续的过程:

> 据说,孔子曾如是说,……理性发展过程中共有五种人……,从(1)普通人开始,这类人经过教育之后能够成为(2)有学问、文明的人,在他积累一定知识并获得行动之智慧之后,他将成为(3)具有美丽人格和平衡心态的杰出的人,通过进一步的教育,他能够成为(4)优秀人,他的选择与取舍都符合全人类整体都接受的高价值水平……。他所讲述的真理为世界树立良好的标准,而不会牺牲自己的完整性。最后他能够成为(5)圣人,他具有完善的知识,以符合"道"的方式行为做事,使自己能应对

---

① In The *Chinese Mind*, ed. Moore, see Yu-Wei Hsieh, "The Status of the Individual in Chinese Ethics," pp. 308–309; Charles Moore, "Introduction: The Humanistic Chinese Mind," p. 6; Yi-pao Mei, "The Status of the Individual in Chinese Social Thought and Practice," p. 328; Chün-I T'ang, "The Development of Ideas of Spiritual Value in Chinese Philosophy," p. 199.

第一章 在孔子的世界中作人和经商

生活的任何情形与变化……而不会面对任何风险……。①

因为达到"仁"是一种自我发展和自我修炼的过程,因为这个过程要贯穿我们的一生,所以我们不能因某人已经做了一些善的行为就判断他是善的。人倾向于跌倒,也倾向于纵容自己那些相反修炼的欲望。人要想达到"善"的地步,他就要终生不断学习,并且还要时常注意我们的行为和周围环境。因此,孔子的伦理体系可以被理解为一种意识或警醒伦理。②孔子曾如此警告人们:不曰'如之何,如之何'者,吾末如之何也已矣。"③真正的人就应该勤学好问,④不应该害怕承认自己的错误与不足,⑤还应该及时纠正自己的过失。⑥

从某种意义上说,变得"警醒"就是变得对我们所不知道的事情的警醒。正如苏格拉底一样,孔子认为,求知从很大程度上是对不知道的事情的了解。⑦问问题不是一件羞耻的事情,问问题本身就是正确的礼节。⑧那些努力成为更为人性、人化的人常常会与朋友与同事一起进行讨论⑨以及培养一种自省的习惯:

"仁"是自我反省和对别人真诚回应的("述")实际后果,既是个人的,又是非个人的,它是一种自己与自己、自己与他人的

---

① Thomé H. Fang, "The World and the Individual in Chinese Metaphysics," *The Chinese Mind*, ed. Moore, p. 243.
② Herbert Fingarette, "Reason, Spontaneity, and the Li: A Confucian Critique of Graham's Solution to the Problem of Fact and Value," *Chinese Texts and Philosophical Contexts: Essays Dedicated to Angus C. Graham*, ed. Henry Rosemont, Jr. (LaSalle, Ill.: Open Court, 1991), pp. 209-228.
③ Confucius, Analects, 15/16.
④ Ibid., 1/14.
⑤ Ibid., 5/6.
⑥ Ibid., 1/8.
⑦ Ibid., 2/17.
⑧ Ibid., 3/15.
⑨ Ibid., 12/24.

对话过程,始于家庭并延伸到全部人类。①

　　权威人的欲望是正确的,因为这些欲望反映了权威人对情形及其要求的警觉与意识。孔子并没有先提出伦理难题,最后予以解决。②对情形的描述本身就充满了价值,伦理上的困难不在解决难题,而更在首先对问题的描述,但并不是所有的描述都是有效的。除非我们有敏感的心态和精确的判断能力来对某个情形中的相关特点和潜在因素加以察觉,我们的行为是不会合乎伦理的。一个情形永远不会是"现成的",正确的描述以及实际的解决方法只有那"仁"人才能提供。没有静止的理论或定理能够取代这种"警觉"人士的判断,这是一种通过不断作有意识选择以及通过与同样深思人士讨论而做出的判断。

　　通过完善与提炼我们的判断,我们变得更加自律。那么我们应该如何提高与改善我们的判断呢?众所周知,孔子伦理体系非常强调对传统实践的尊重。孔子要求我们尊重宗教实践,尤其是敬祖方面的礼仪。(当然这种尊敬与尊重并不是那种对继承的习俗进行的盲目遵守。对传统的尊重可能会变成僵化而机械地遵守,孔子自己也意识到了这种危险。在遵守礼仪时,只有我们全面"临在",这种对传统的实践才有价值。③我们不应该只被动地遵守这些礼仪;相反,我们应该努力理解这些礼仪的意义——就在此时,就在此地。我们必须个人化这些礼仪,正如威尔逊所说的那样:"(德性)首先必须产生并成长于那由个人独特的性格、才能、敏感以及盲点所组成的不平整土壤。然后,我们才会因我们的最深、最个人化的动机,受到那反

---

　　① William Theodore de Bary, *East Asian Civilizations* (Cambridge, Mass.: Harvard University Press); p. 6.
　　② Herbert Finagrette, *Confucius*: *The Secular as Sacred* (New York: harper & Row, 1972), p. 23.(英文词"ancestor worship(ancestral worship)"这个词的字面意义是"祖先崇拜",实际上这个英文词有些歪曲中国的敬祖礼仪。单从字面意义来理解,"敬祖"不同于"祖先崇拜","敬祖"是将祖先作为先贤圣人来敬礼,而"祖先崇拜"则是将祖先作为至上神(神明)来崇拜译者。
　　③ Confucius, *Analects*, 3/12; 3/26。

映真正人性的礼仪的感染。或者根本就没有深厚动机而对礼仪无动于衷。"①个人的投入与努力对准备心灵意志以获取认知这个过程来说是非常关键的。一个人不能粉刷修整干燥的粪土之墙。②"临在"的意思是说,通过借鉴旧事物解决新问题而让旧的成为新的。这种重新审视过去并将其整合为我们自己的一部分的能力确实非常有效。对礼仪的机械遵守或对老师的机械服从都不会引人走向德性。③对于那些缺少"仁"、不能在礼仪中全面临在的人,我们真拿他们没有办法。④

另外,对古籍的死记硬背或对先人行为、人格或态度的模仿都不会使我们达至并获得德性。诚然,我们应该尊重我们的长者,不过孔子嘲笑了那些简单模仿他而又不能进行独立判断的学生们。⑤孔子的一生展现了许多应用独立判断的例子。例如,他将自己的女儿嫁给了一个坐监的人,因为他判断,这个人没有作任何错事情。⑥只有当我们专心于那用古代智慧解决现代问题而又不失去现代问题的新鲜维度的方法时,我们才能提高我们的判断力和征服自我。

如果我们通过各种宗教仪式盲目而迷信地全身心投入对祖先和各类神祇的敬礼,我们是不会成功的。这种敬礼方式只会转移人们对此世界事物的注意力。另外,我们也不应该无心地侍奉我们的父母,我们应该尊敬他们。他们给了我们生命,因此当我们埋葬他们及祭祀他们时,我们应该遵守相关礼仪。⑦这样,我们终于弄清了在家庭中作一个文明人的含义:关心、爱护、尊重别人。通过对我们生理生命源泉(即我们的父母)的尊敬,我们了解了尊重那些作为我们文

---

① Stephen A. Wilson, "Conformity, Individuality, and the Nature of Virtue," *Journal of Religious Ethics*, 23:2 (Fall, 1995), p. 266.

② Confucius. *Analects*, 5/10.

③ Ibid., 15/36.

④ Ibid., 3/3.

⑤ Ibid., 5/7; 15/36.

⑥ Ibid., 5/1.

⑦ Ibid., 2/5.

化生命源泉的师长的真正含义。除此之外,我们还学会了关心我们的同胞兄弟与姐妹。正如我们尊敬我们的父母那样,我们也必须尊重他们所创造孕育的人。①

我们的家庭生活为我们发展和培养敏感心态和判断能力提供了很好的机会。②从这种意义上讲,孝和兄弟之爱是仁的根。③当这个根烂掉时,它将不会长出好的东西。④不过,如果一个人不细心、深思熟虑,他是不能真正做到孝顺的。有人认为孝道就是向父母提供食物,他们完全错了,动物也能做到这样一点。⑤因此给父母提供食物是不能使我们足够仁慈的或成为仁人。真正的孝道必须反映我们应该感激父母什么以及为什么要感激他们。当我们哀悼我们的父母时,我们应该反省一下为死去父母守孝三年的传统做法。我们之所以应该为父母守孝三年,也许是因为我们的父母在我们生命的最初三年的所作的完全牺牲与投入。当我们以这种方式反省该礼仪的时候,我们就会接近真正的孝道。我们的反省还应该承认和感激我们的先人,同时还要确认作为一个人意味着什么——我们并不是单纯的生物存有,我们还是那能在先人亲密传递的文化中理解自己的存有。真正的孝道应该是一种细心的尊重,⑥而绝不应该是一种可怜的遵从。如果我们的父母做了什么错事,我们应该以一种温和的方式对其进行纠正:"事父母几谏,见志不从,又敬不违,劳而不怨。"⑦

"仁"人往往会对文化及其与文化的关系进行批判性评价与评估。当这些仁人意识到他们自己是如何彻底地、不可避免地具有社会性时,他们的提高也就开始了。我们每个人都降生于一个关系网中——家庭关系、种族关系和社会关系等等。这些关系网能够承托

---

① Yu-Wei Hsieh, "Filial Piety and Chinese Society," *The Chinese Mind*, ed. Moore, pp. 177–182.
② Ibid., p. 171; Moore, "Introduction," p. 5.
③ Confucius, *Analects*, 1/2.
④ Hsieh, "Status," p. 318.
⑤ ⑥ Confucius, *Analects*, 2/7.
⑦ Ibid., 4/18.

我们,它们不仅满足我们的生理和情感上的需要,它们还会向我们提供那些我们终生都受用的、用以追求我们热衷事物的各种知识与技能。如某些哲学家所讲的,[①]那种"伦理自我不过是一种关系"的说法有些过分,独立判断总是需要的。也许换一种说法则更为确切:人们所实现或获得的个性和权威都是在关系网中所进行的。诗人可能会对语言产生独特的影响,但语言本身具有社会性。当诗人升华和丰富语言的同时,他们也在不可避免地利用这语言。另外,我们的行为模式同样也会反映我们社会的风俗与习惯,就连我们的身体姿态也是通过模仿社会而学来的。

虽然我们会反对来自文化的指令,但是我们的反对行为本身也会有社会的形式,它必须是这样。如果别人不能认出我们的抗议和反对,那么我们的反抗就会失败。如果想要让反对意见被大家认清的话,那么所有各方都必须理解反抗所挑战的社会现实是怎样的。这种共同分享的理解永远不可能被全然抛弃,因为这是任何可能的变革、反抗的基础。孔子也许会同意法国政治理论家亚历克斯·德·托克维尔(Alexis de Tocqueville)的观点:反叛的自我也注定要重复那本是自我定位泉源的文化。[②]我们每个人都会尊重我们的文化,不管我们意识到还是没有意识到。中国的革命分子在推行打破过去口号的同时,也在继续着一些旧的传统。"同志们"被期望向毛泽东的画像磕头,这正如历代的农民被迫向他们的"老爷"行礼一样。"伟大领袖毛主席万岁!"这句口号不过是旧时称誉皇帝的变形而已。[③]

普通人和范式人之间的主要区别在于各自对传统在他们生活中所扮演角色的意识程度不一样。和普通人不一样,那些权威人能够理解,我们所有人对我们所继承的传统的联系性是何等的深厚。他

[①] Nel Noddings, *Caring* (Berkeley: University of California Press, 1984), pp. 3; 49.

[②] Alexis de Tocqueville, *The Old Regime and the French Revolution*, trans. Stuart Gilbert (Garden City, N.Y.: Doubleday Anchor Books, 1955), *Passim*.

[③] Jung Chang, *Wild Swans: Three Daughters of China* (New York: Simon &Schuster. 1991), p. 331.

们的这种意识常常使他们对他们团体的传统进行有意评估,并且自由地拥抱那些他们发现的合意和有用的部分,并且以这些部分为基础进行发展。从理论上讲,他们可以选择与这种传统进行决裂,但是他们很清楚,他们的这种决裂与分离至多也是部分的,"我们应该到我们的团体自我中去寻求我们之存有的实质与源泉"。①

范式人并不认为自己与自己的文化和集体之间的关系是对立的关系。因为我们不可避免地具有集体性,所以憎恨或弃绝我们的集体就是等于憎恨我们自己。我们应该将我们的文化视为一种广泛的资源。一个细心的人之所以遵从过去,并不是因为过去本身,而是因为过去包含了可以帮助人们进行修炼以及建设一个仁善社会的许多实践、习惯以及风俗。传统是重要的,因为它具有价值。孔子自己曾多次区别好的历史事件和坏的历史事件,而且还筛选出一些足以成为典范的历史人物。②

我们对于传统的立场必须是批判性的,只有那无知的人才会重复传统:"事君尽礼,人以为谄也。"③细心的权威人知道,文化传统是演进的,所有的文化都是可渗透的。当文化彼此接触时,它们会相互影响。即使那以吸收同化外国影响著称的中国人也会因与外界的接触而改变自己,那种同化的、东方化的影响毕竟也是一种影响。

另外,不管一个民族对自己文化中的传统多么尊重,这些传统也会随着时间的变化而变化。每个传统都必须由个人予以诠解,当这些个人书写或改写他们的集体历史时,他们会带着自己的兴趣与关注。因为这些个人的关注与兴趣非常不同,所以他们对集体实践和礼仪的诠解也会产生很大的区别。一些大的国家如中国、美国和俄罗斯都有许多种族与民族。随着时间的展开,这些不同的种族与民族会对许多传统进行实质性的改变,而不管这些传统有多大的可感

---

① Karl Jaspers, *Socrates*, *Buddha*, *Confucius*, *Jesus* (San Diego, Cal.: Harcourt Brace Jovanovich, 1962), p. 43.

② Confucius, *Analects*, 3/1; 3/2; 3/14; 6/1.

③ Ibid., 3/18.

觉的力量。

孔子伦理本身就非常微妙地显示出这种这种活力。孔子是一个真正的人，虽然他没有写下他自己的思想，但是他的学生记录下他的一些教诲。收录于《论语》中的一些教诲通常被人们认为是真实的，因此我在发展孔子伦理体系的过程中，对《论语》有很大程度的依赖。我们不应该忘记，孔子既是一个集体形象，又是一个历史个人。后来的诠释者对孔子的教导加入了他们自己的看法，要么强调某些，要么忽视另一些。这些诠释思想能够也确实彼此矛盾，有时矛盾较大，有时矛盾较小。然而这些诠释也成了孔子伦理传统的一部分，也成了历代学者、僧人、匠人、农民、政客以及商人所引用与诉诸的泉源。因此，在我的讨论中，我又不时地引用那些受孔子影响的思想家的著作。这种处理孔子传统的手法是合乎伦理的，正如我们每个人一样，历史中的孔子是一种社会自我，他与文化之间是一种互动的微妙关系。根据这个社会自我的观点（改造过去以使其成为现代情形的指针），他要对他的传统进行重新诠解与改造。传统会反过来作用于他，或丰富他的思想，或毁坏他的思想。

"仁"人应该理解、接受并喜爱这种互动关系。当我们变得越发权威性、越发仁慈时，以及当我们通过诠解的传统（而不是动物本能）意识到人类独特的生存能力时，我们会不断地融入更大的社会集体中去。我们越是理解自己的文化性，我们越会对文化产生影响，也越会受文化影响。我们会自觉地接受所继承的因素，并将其转化成我们自身的一部分。因为我们的行为和那些分享同一文化的人的行为之间有着一定的共鸣，所以我们的行为会有更大的影响作用。我们会对我们身边人的行为和个性产生塑造作用，这是因为这些人也像我们一样都是与更大文化产生互动关系的社会自我。权威人类与权威集体是同一的。

虽然这种集体自我概念不同于西方原子式的、独立自我概念（该概念认为，这个独立自我从很大程度上不受文化和关系的影响与妨碍），但是这种集体自我概念对西方人来讲也并不是完全陌生的东西。从某些角度来看，亚里士多德的以德性为基础的伦理体系很好地对应了孔子的伦理体系。在这两种伦理体系中,个人是伦理善或典范行为的标准,而不是规则或普世原则。对于亚里多士多德来说,好与善的行为是由那些具有实用智慧的人做出来的,那些实用智慧者的行为是一种主观期望的行为,而对这些行为的考虑也是非常合理的。这些智者所有意选择的行为显然是非常优良的行为,因为这些行为都是以合适的方式、合适的时间、合适的地点以及针对合适的人群做出的。对于孔子来说,好人或善人就是那些伦理上善的行为或选择的标准与典范。"仁"人就像一个精湛的射箭手,能够一箭中的。①他们之所以能够达到这样一点,既因为他们能够接受那些他们认为智慧的人的批评与见解,又因为他们能够不断努力提高自己的表现。正如那些具有实用智慧的人一样,那些遵循"道"的人也必然是细致而谨慎的。②他们会仔细而认真地行事,因为他们知道把事情作好是困难的。③或者如亚里士多德所说的:"善事难为!"

孔子用"述"这个词来表达成为权威人这一过程。"述"可以理解为尊重,④也可以理解为利他,⑤还可以理解为平等。⑥每一种理解都有各自的可取之处。自我实现会涉及对传统的尊重,自我(ego-self)要受到辖制与克服,从而向那个"公我"(communal self)前进,因为这个公我能够也愿意为传统做出负责而利他性的贡献,而这个传统正是我们所赖以生存的根本:"夫仁者,己欲立而立人,己欲达而达人。"⑦我们都有平等的达于"仁"的机会,因为仁总比表面想像的要近。我们只需向自己身内寻求,⑧它就会出现。⑨问题并不在于我们能否达于仁,而在于缺少自律。大多数人都是自私的,不愿意承认自

---

① Hall and Ames, *Thinking*, p. 117.
② Confucius, *Analects*, 19/25.
③ Ibid., 12/3.
④ Hall and Ames. *Thinking*. p. 288.
⑤ Dim Cheuk Lam introduction to *The Analects by Confucius* (London: Penguin Books, 1979), p. 15.
⑥ Jaspers, *Socrates*, p. 51.
⑦⑧ Confucius, Analects, 6/30.
⑨ Ibid., 7/30.

己对别人的欠失。很少人能够控制自己,以纠正自己"道路"上的错误。①

孔子伦理与资本主义

当我们讨论到此的时候,我们也许会问:这种以"仁"这个概念为中心的孔子伦理是否会认为资本主义是伦理上可以接受的? 自从德国社会学家马克斯·韦伯主张孔子价值观对资本主义的发展持敌对态度以来,这个问题一直都具有争议。我们有必要对韦伯的批评予以细致讨论,因为他的观察还是含有一定真理因素的,另外也因为许多人仍在步韦伯的后尘。

韦伯之所以认为孔子伦理对资本主义经济持有敌对态度,是因为孔子伦理妨碍企业家精神的发展。现代的资本主义企业家要求具有下面独特的伦理特点:

> 彻底致力于上帝所定的各种目标与事业;对禁欲伦理予以严格而实际的理性化;在商业管理中采用尊重事实的概念;痛恨那些依赖于强权及强人的非法的、政治的、殖民的、掠夺的以及垄断等形式的资本主义,喜欢按标准程序操作的企业的那种冷静严谨的法律精神以及那种有所控制的理性力量;对技术上最佳方式、对实际上安全和对自身利益的合理计算,而不是那种传统主义者对所传授技艺或作品之美的把玩精神(那种典型的老匠人精神)。除了这一切之外,他还必须具有忠实工人乐于工作的特殊意愿。②

根据韦伯的观点,孔子伦理并不满足这些条件,因为孔子伦理所推行的是对世界的适应精神,而不是那种对世界的控制精神。③孔子伦理的追随者只是原封不动地接受这个世界。他们在传统的框架和

---

① Confucius, Analects, 5/27.
② Weber, *Religion of China*, p. 247.
③ Ibid., p. 248.

流行体制内工作,他们的目标就是在目前现状(包括腐败的君王与地主)内完善自己,在即使完全不利的情况下也培养一种平和的尊严和高尚精神。①"仁人"的概念只不过是一种美学价值,而不是一种实现神圣目标的工具。西方的清教徒与他们恰恰相反,他们是极端有效的企业家因为他们视自己为理性地改变和控制这个世界的神圣工具。清教徒伦理要求人们努力获取商业中的技术信息,而孔子伦理则鼓励人们读书识字,那些技术性知识不是理想的东西,因为这种知识只会使人们的心智狭隘,阻碍人们实现与世界合一。韦伯认为,这种教育目标与展望上的差异已经产生了直接的经济影响。正如清教徒一样,这些孔化中国人一直都很节俭,但是他们用自己的积蓄来买书、获得额外教育以及准备科举考试。而清教徒的节俭方式却与此大不相同,他们"挣得很多,花得很少,将收入作为一种资本投资到理性资本家企业中,这一切都只是出于那种苦行禁欲者要拯救人灵的强烈愿望。"②

根据韦伯的看法,孔子伦理的另一个方面同样也阻碍了中国人向资本主义的运动。孔子伦理要求人们通过培养自己既定的关系而完善自己,而清教徒则认为他们对别人有一种普世、神圣的责任,因为这些人都同样是上帝的造化:"这种对潜在而超俗的上帝的宗教责任使得清教徒将所有的人性关系(包括那些生活中自然的亲密关系)视为那种意在超越生活中一切有机关系的思想观念的方式与表达。"③韦伯认为,这种将所有人性关系工具化和非个人化的过程对资本主义的发展来说是非常关键的。这种方法促发了一种总括性的求实观念(而这种观念正是资本主义企业家的一个关键个性),另外它还使人们脱离自己的历史角色而看待彼此。人们与功能性任务联系在一起,而不是与身份关系联系在一起。④作为一种结果,人们能

---

① Weber, *Religion of China*, p. 235.
② Ibid., pp. 246-247.
③ Ibid., p. 236.
④ Ibid., p. 237.

够与那些和他们一样也与上帝有一种正确关系的陌生者建立互相信赖的关系。事实上,从清教徒的角度来看,人们应该避免与长者、师者及朋友有太过依赖与亲密的关系:

> 在任何情况下,与上帝的关系都处在优先的位置。太过强烈的人性崇拜关系一定要予以避免。对人的过于信赖,特别是对那些生来最亲的人的依赖,会使人的灵魂陷入危险之中。①

这种愿意与陌生人一起工作的精神使得西方人能够设计与发展专业的组织与大型的企业,而中国人则陷于以家庭或家族为基础的偶像崇拜式的组织结构中。中国人不能发展出那种"经济式及管理式的、具有纯目的性的组织形式或企业模式。②

韦伯对东西方的对比可以见下表:

新教西方	孔化东方
1. 服务于确定的神圣目标	1. 适应外界环境
2. 改善现状以实现目标	2. 在现有框架内工作
3. 更倾向于法律关系而不是人性关系	3. 更倾向于家庭及部落关系
4. 更倾向于技术效率而不是匠人精神	4. 更提倡匠人精神和文科教育而不是效率
5. 将储蓄作为投资资本	5. 用储蓄增加知识

韦氏的论点在某些方面带有误导性。韦氏所认为的能妨碍中国资本主义发展的一些特性从长远的角度是能够促进资本主义发展的。虽然范式人确实认为某些事情是不能改变的,从而尽可能地以足够的高尚与尊严适应外界环境(韦氏所归纳第一点特性),③但是这个"仁"人同时也会注意政治界的变化以及抓住一切机遇来改善提高公共福祉。④中国是一个巨大的国家,某些地区已经受到了西方实

---

① ② Weber, *Religion of China*, p. 241.
③ Confucius, *Analects*, 1/1.
④ Ibid., 17/1.

践与思想的影响。某种形式的资本主义已经导致了当地人民生活水平的戏剧性提高,这是一个不争的事实。韦氏所指的中国致力于学术的知识分子并没有忽略这个事实。即使毛泽东时代的共产党也为了补充完善自己的社会主义而采取了一些市场化的措施。在灾难性的"大跃进"和大范围的饥馑之后,邓小平允许中国的经济自由化以重振中国的农业和工业生产。这样我们可以预测,孔化致学精神(第四点)与适应精神(第一点)会在那些熟悉资本主义实践的地区促进形成某种形式的资本主义。沿海地区及与香港接近的东南省份的表现正好说明了我们的预测。

孔子对于权威的尊重(第二点)未必就会导致一种对传统经济架构的盲目遵守。正如我们所看到的那样,对于传统的尊重必须是批判性的、辨别性的。我们每个人必须将这些传统消化为我们自己的,当我们如此作时,我们既重塑传统,传统反过来同时又塑造我们。更进一步地,孔子将尊重权威与善度生活联系在一起。我们必须遵守统治者和领导人的意志,但前提条件是这样做必须有利于我们个人的发展以及别人的教化。如果一个经济体系对人民不利,那么人民就完全能够自由地对传统体系进行改造与提高。与韦伯所强调的正好相反,孔子伦理体系对如何组织经济这一问题的态度是中立的。中国的封建体制为共产主义让路。如果资本主义能够提高人民的生活水平以及能够使人民得到更大的改善,那么共产主义就会得到资本主义的补充。

那种将孔子思想理解为本质上反资本主义的做法是错误的。孔子伦理体系将有关经济政策和实践的问题放在更大的促进人类集体福祉的问题下去考虑。从这一点上讲,如果我们将孔子伦理理解为那种"促进人性"的伦理,这也许会更加确切。如果资本主义(或某种形式的资本主义)开始被中国人认为比先前传统更为仁善,那么我们就可以期待,中国人会以更大的热情去拥抱它。只要中国人是孔化的中国人,那么其伦理就会使他们成为西方人从未见过的最忠实的资本主义者。

但是我这里并不是说,孔子伦理认可资本主义的全部特征。所有评论者都认为,孔子伦理肯定会反对那种牺牲自我发展的利润追求模式。我的观点是,那些采用静止僵化"亚洲价值观"或"中国传统价值观"讨论方法的人(如韦伯)非常严重地低估了孔子传统的内在动力与灵活特性。另外,这些学者似乎常常会忘记这样一点,资本主义的成功并不是某个单一文化因素的结果与作用(例如,西方所强调的技术效率,韦伯的第四点)。成功的企业家必须能够生产出一些人们所需要或可以说服人们所需要的产品与服务,而且他们还必须具有锲而不舍精神和创新精神。孔子伦理将锲而不舍视为一种关键的德性。自我完善与自我发展是一种终生的事业,要求有一种毫无动摇的意志力。只有那些具有自律习惯的人才有希望得到改善与提高。这种锲而不舍和坚韧不拔的习惯既能支持企业家也能支持学者。那些海外华人(大约有五千万①)在成功地经营着他们自己的企业。在过去,他们的这些企业通常是那种典型的夫妻店式的企业,而不是那种联合的大企业,然而他们仍是资本主义式的。这些店铺的主人通过他们各自的企业集聚了大量的资本,目前中国的外商投资的75%来自于这些海外华人。②作为另一个受到孔子伦理强烈影响的国家,韩国的低息信贷协会同样显示,孔子思想也能成功地以创新的方式集聚资本与重新投资。

另外我们也不应该忽视行销技巧与低劳动力的优势。那些非常有文化的中国人(韦伯第五点)是符号的控制专家(masters at manipulating symbols)。他们向那些讲中文或利用中国汉字的东亚人推销产品的能力是不可低估的。中国、泰国、新加坡以及印尼的相对低价劳动力这一因素对这些国家的成功做了很大贡献。有些人争论说,东亚的经济奇迹并不是因为文化方面的因素,而是因为那些富裕发达国家购买亚洲低价出口产品的能力。从某种意义上来讲,只要资本主义的发展依赖于诸如劳动力成本差异和货币汇率等因素,那么孔氏理论就不能被认为是这种经济发展与成功的背后成因。但

---

① ② Nicholas D. Krislof and Sheryl WuDunn, *China Wakes* (New York: Vintage Books, 1994), p. 45.

这也并不是说,如韦氏和某些人所讲的,它就是资本主义经济发展的障碍。

在同一个线索内,"仁"人会考虑政府在经济活动中所扮演的角色。美国联邦储备委员会主席格林斯潘是艾恩·兰德(Ayn Rand)式自由意志论的长期支持者,最近他让步说,他已经低估了政府在健康资本主义体制中所扮演的角色。如果政府不起草和执行有效法律以培养经济机构间的信赖、保护消费者及保证向投资者提供高质量的信息,那么自由市场经济就会变成一个由无赖和流氓横行的市场。既然孔子伦理体系将政府视为人民利益的积极保护者,那么这个伦理体系就支持格林斯潘所认为必要的政府干预做法。那些孔子理论的支持者往往为各朝的统治者工作(在这一点上,韦伯是正确的),因而各朝代侧重的是对经济的控制,而不是对经济的发展。①虽然这种侧重方式可能在过去制约了经济的发展,但它在像中国这样一个巨大国家中也可能具有一定的价值,因为当中国放开自己的经济时,政府干预对减少腐败和扭曲以及保护脆弱消费者和投资者等方面来说是非常必要的。

二、仁与礼仪行为

在达至"仁"的过程中,除了自律与"述"之外,"礼"也是需要的。和"仁"的情形差不多,"礼"的概念也多次出现在《论语》中。虽然学者们都同意这个概念的重要性,但他们往往就这个概念的意义产生分歧。一些学者认为"仁"是通过坚持传统礼仪和仪式以及尊重关系的历史形式(如父子这种关系)等方式实现的。"礼"是"道"的指向图。②从这种观点出发,达至"仁"与谨慎持守"礼"是同样的过程。礼仪行为被认为是善的,因为它们包含人性传统在内。③实现"仁"主要

---

① Bary, *East Asian Civilizations*, p. 118.
② Fingarettc, *Confucius*, p. 6.
③ Ibid., pp. 12-17.

第一章 在孔子的世界中作人和经商

是一种外在行为,①个人的内在状态和判断力是非常不相关的概念。

另外一些学者将"仁"视为一种内在的过程,它是一种能够给予个人意义及付诸礼仪行动的力量的过程。既然"仁"赋予礼仪一种强制性,②那么"仁"很显然就不可能是礼仪行动的结果。这种观点使得一些学者将"仁"视为一种内在特性或德性,从而贬低了"礼"的重要性:

> "仁"根本不是一种人性关系的概念,尽管这些人性关系对"仁"这个概念是极度关键的。它是一种内在原则,"内在"的意思是指,"仁"并不是一种从外在获得的特性;它不是生物、社会或政治力量的产物⋯⋯因此,"仁"作为一种内在伦理特性,并不是通过"礼"外在产生的。它是一种能够赋予"礼"意义的、属更高层次的概念。③

从第二种观点出发,实现"仁"几乎完全是一种"内在"的事情,"一种内在动力和自知的问题"。④范式人应该通过内视而变得具有权威性,只有那些小人才会以其他方式寻求"仁"。⑤

第三类学者赋予"仁"和"礼"内在和外在两种维度。⑥这种观点似乎最有道理,只要我们是社会存有,成为权威人就不是一个赋予私人意愿或私人心理过程的简单事情,"仁"需要"内省",但那种缺少人性存在现实基础或缺少集体现实基础的思考是没有根基的,也是徒劳的:"吾尝终日不食,终夜不寝,以思,无益,不如学也。"⑦如果学习不是一种社会实践,那么它应该是什么呢?别人将我们引向学习,我

---

① Fingarettc, *Confucius*, p. 55.
② Confucius, *Analects*, 15/33.
③ Wei-ming Tu, "The Creative Tension Between *Jen* and *Li*," *Philosophy East and West*. 18 (1968), pp. 33 – 34.
④ Wei-ming Tu, "Jen As a Living Metaphor in the Confucian Analects," *Philosophy East and West*, 31 (1981), p. 51.
⑤ Confucius, *Analects*. 15/21.
⑥ Jaspers, *Socrates*, pp. 50 – 51; Hall and Ames, *Thinking*, pp. 109 – 115.
⑦ Confucius, *Analects*. 15/31.

们向我们的同学、师长和父母寻求知识,我们学习的内容则源于更大的文化。

如果我们想使学习有价值的话,那么学习还需要内省,然而学习绝不会是一种纯粹的私人事情。假使我们不能对照那些我们认为本质上符合伦理的实践与案例,那么我们就无法想像如何行事正确的问题。我们通过使用从别人那里学习来的术语、对比与实践(如卓越的概念、口福之享与伦理道德的对比、审查证据和获取证据的礼仪等等),我们才能作这种识别与对照。① 我们先是进行判断,然后将别人认为值得称赞或应该责备的东西整合为自己的。

如此说来,"仁"必须有一种外在维度。然而,内在维度也是同等关键的。光凭尊重遵守传统,没有人能够成为有德性的人。那么多的实践与格言都是互相矛盾的,一个人如何能尊重全部传统呢?民间智慧通常会以一种矛盾的声音讲话,如"欲速则不达",然而我们仍然需要急急忙忙地去准备事情,因为我们必须要"防微杜渐"。一方面我们称赞某些领导人的极强的自信心,但是另一方面我们又看好其他领导人的和事老做法。孔子的《论语》充满了这种表面的矛盾说法,从而在汉学家以及哲学家之间导致了非常激烈的争论。即使那些最传统和最遵守传统的人也必须在矛盾的实践劝戒格言之间进行选择,一方面要认可一些格言,另一方面又要反对一些格言,或者要干脆进行整合以解决表面矛盾的问题。不论哪种方式,个人都要根据自己的批判性判断,进行积极主动的辨别。因此,在成为范式人的过程中,个人的内在心理生活必须要承担起自己的角色。如果我们不能有效使用我们的智力,只机械地遵从传统,那么我们比那些由本能控制的动物也好不了多少,那么在实现我们独特人性的问题上,我们还没有作什么。

那种对礼仪行为和传统进行个人整合与理解的努力为这些礼仪行为和传统赋予一种意义并对其进行保存与珍藏。反过来,这种意义又会使行为和传统更加具有活力。让我们看一下唱国歌的例子,

---

① Fingarette, "Reason," pp. 209–226.

美国人(那些知道歌词的美国人!)在棒球和篮球开赛前通常会唱国歌,大多数人只会走走这种唱的形式,然而那些对此传统感到好奇、寻获唱国歌的理由并能辨别出其背后的善的人更可能尽情拥抱这个礼仪,更可能愿意将其传给他们的子女。"哦,我明白了,我们唱国歌的目的是要提醒我们,我们大家同属一个民族,绝不能让激烈的竞争使我们憎恨我们的同胞们。"发出此种感叹的人比那些对此礼仪的可能意义毫无了解的人更有热情保存这个传统。如果有人建议取消这种仪式(礼仪)的话,那么这种不了解仪式意义的人就不会积极予以辩护。正如孔子所讲的:"人而不仁,如礼何?"①为了确保礼仪行为成为仪式,礼仪行为必须是可持续性的,而这种可持续性又取决于那些努力理解实践并将其整合成为自己的东西的"仁"人。

如果没有那种深思熟虑的理解,人类存在很难实现持久的权威,我们的礼仪也会受到挫折。那原本是社会团体一部分的礼仪就好像是一棵脆弱的植物,浅浅的根系,很容易就被风雨连根拔起。因为个人与团体之间的关系是一种互惠的关系,所以缺少对传统的更深刻理解会使"仁"的实现更加困难。当理解礼仪这种传统不复存在时——当我们所见到的都是那种对礼仪的无思想遵守时——我们依照其进行理解性活动的范式诠解者也就会很少。

我们必须个人化我们的礼仪,原因有二:首先,我们必须在冲突的礼仪中进行选择。其次,我们的理解与诠释是达至和实现可持续"仁"和"礼"的先决条件。个人化的内在过程在成为范式人的过程中扮演着重要角色,这是第三个原因。当我们行为做事的时候,我们总是在一种背景中进行,我们必须时常与这种独特性进行挣扎。我们不能简单地奉守某项原则,哪怕一项诸如"总要遵守传统"的原则。有些背景需要我们重新开始一项传统。这就是为什么《论语》并不是一个众多规则的体系,一方面这些格言与教诲表达了某种重复的主题,另一方面它们更趋向于特征性的(trait-oriented)描述,而不是规

---

① Confucius, *Analects*, 3/3.

则性的(rule-oriented)描述。孔子常常提到为自我实现和自我完善所需要的一些特征(如尊重、遵从、忍耐)。历史与传统值得我们留意与珍惜,这并不是因为它能为我们提供一些正确行为的普世法则,而是因为它能为我们提供可供模仿、富有启发性的权威人的例子与榜样。虽然我们祖先的行为与抉择常常会为我们目前现状提供类比,但这种类比从来不是完善的。如果它们是完善的,那么它们也就不是类比了,也就成了同一与恒等。在现状、展望、选择以及特性等方面,具有思想的个人不仅在他们与其祖先之间可以发现类似点,而且还会发现巨大的差异。真正的师者能够使他们烂熟于心的东西保持常新常绿。①

过去的范式与榜样当然可以为人们提供一定的指导,但人们最终还是要寻找并整合一种积极参与礼仪行为的个人方式。然而有时候,客观条件并不总会尽如人意,当孔子发现不能通过政治生活而修养自己时,他被迫转而走另外一条路而进行自我修养与完善。他讨厌固执("疾固")②,并且将遵守秩序的人(遵守道的人)描述为有序的人,但不是拘泥于小节的人。③承认自身的缺陷以及适应新的情境并不会损害我们的权威性。那些宽忍的人或灵活的人最可能感染别人来对他进行仿效。我们的行为必须总要符合当时的情境,这正如丧礼总是悲凄的一样,④因此,一个人要想影响别人,就需要具有灵活性。虽然我们会从别人那里学习一定的东西,但我们不可能同样具有别人的情境。我们必须要结合我们自己的独特情境而运用自己的判断力。模仿范式人、有影响的人绝不会保证我们也会如他们一样成为具有影响的人。

那么在自我实现过程中,这种对于情境角色的敏感性到底应该到何种地步呢?孔子是非常灵活的,他甚至愿意接受这样一种可能

---

① Confucius, *Analects*, 2/11.
② Ibid., 14/32; 9/4.
③ Ibid., 15/37.
④ Ibid., 3/26.

性:在某种情况下,对某些人来说,固执也许是成为范式人的一部分内容。孔子以伯夷和叔齐这两位传奇兄弟为例进行了说明:当时,这两位兄弟冒着生命的危险,一起反对武,因为武要用武力推翻一个暴君。这两位兄弟担心,如果武弑君,那么武只是用一个暴力的臣属取代一个暴力的君主而已。①通过反对武的这种"弑君行为",这两位兄弟显示了他们愿意在礼仪行为中对社会集体一直以来所尊崇的社会关系模式的支持(在本例子中的关系模式为:臣属就是臣属,不应该以暴力推翻君主)。更重要的,社会集体也接受了两兄弟的行为方式,视其为高尚的行为。他们的行为被认为是克服自己的行为,因为他们的行为并不是为自我服务的。他们的行为是以牺牲两兄弟个人的福祉而为集体的利益而着想的。两兄弟拒绝向武臣服,最终在山顶上被饿死。他们的这种拒绝与抵抗行为完全出于他们自己,他们已经将传统整合为他们自己的东西。因此,孔子也不得不坦率承认,这两位兄弟的行为也是正确的行为(义的行为)。然而,孔子同时也承认,这位最终建立周朝的大臣武也值得人们称赞。②虽然这两位兄弟都属于"仁"人,③但孔子使自己与他们保持着一定的距离,他已经发展形成一种成为独特人的特殊方式。他的这种方式对这两位兄弟的表面确定性和自恃的公义(自以为是)进行了质疑:"我则异于是,无可无不可。"④

那么,孔氏伦理是否就是一种完全相对主义的伦理呢?否,在这个例子里面,当孔子评价这两兄弟的行为时,给出了"仁"的标准。他采取了一种客观的态度,但他并没有机械地予以应用。相反,他以批判的眼光看待这两兄弟的行为,从而得出了这样的结论:这两兄弟属于"仁"人,但孔子自己也许会以不同的方式行事。孔子的这种推理过程显示,孔子是以一种批判性警醒或"仁"的态度来生活的。因而,

---

① Hall and Ames, *Thinking*, pp. 125 - 127.
② Confucius, *Analects*, 19/22; 8/20.
③ Ibid., 7/15.
④ Ibid., 18/8.

孔子的这种推理性回答并没有相对化"仁"的标准,反倒强化了"仁"的标准。

大家值得注意一点的是,在孔子区分自己的行为与两兄弟的行为的同时,他非常小心地避免对他们进行草率的评判。孔子并不确切了解两兄弟当时所处的情境,因此他在评论两兄弟时,他是极其谨慎的。①如果假设他了解这两兄弟当时的情境以及他们的各种选择,那么这就是一种预先假定,而正如他自己所说的那样,从不预先假定任何东西(无可无不可)。批评指谪别人的不足,倒不如对自己的行为和假定进行反省。②这两位兄弟的例子很好地显示了这种策略,孔子把这个例子作为反省自己行为的一个机会。孔子并没有为判断行为而采用一个规则,却让这个例子完整自立,展现出其悖论性特点。虽然这两兄弟也属于有德性的人,但孔子并不必然会像他们那样行为做事。通过让这个难题悬而不决,孔子将这个例子变成了可激发进一步反省何谓追随道这个问题的动力,质疑探究这个过程本身就是一个正确的礼仪。③

刚才我们所提的这个论证并不否认"仁"是一种伦理标准。人类有各种能力与官能,有些行为会实现这些能力与官能,而另外一些则可能毁坏这些官能。那些能够帮助实现集体性自我(公我)的行为当然要优于那些妨碍实现集体自我的行为。孔子对于这对兄弟行为的分析只不过给我们讲述了一则富有寓意的寓言。当我们对别人的行为进行判断时,我们必须要格外小心。既然权威人比普通人自我实现得更多,那么我们就不能断然地说,这些权威人必须要做什么才能实现他们的人性。这更多地取决于各自的运气和情境,另外人们的眼光与远瞻也是相当重要的,特别是人们关于特定情形的范围的信念。

让我们看一下虞仲和夷逸的例子,他们两位宁可选择度一种隐

---

① Confucius, *Analects*, 19/25; 10/1
② Ibid., 7/22; 14/30; 15/19.
③ Ibid., 2/15.

居的生活,也绝不就他们的伦理标准进行妥协。孔子感叹到:"虞仲、夷逸,隐居放言,身中清,废中权。我则异于是,无可无不可。"①关于伯夷、叔齐的例子,孔子并没有责备这两位从政治隐退而深山隐居的行为方式,相反,他用自己那种社会群居的行为方式和这两位的离群索居的行为方式进行对比,从而激发我们对我们的情境进行思考:这些隐居者真得像他们自己所认为的那样有必要么?我们能否说,情境"决定"我们的选择?或者如孔子所暗示的那样,我们的目标总会有办法实现么?如果这真是他所建议的,我们该如何理解他的建议呢?是否可以将这个建议视为一种事实陈述呢?或者我们将其理解为,如果我们假设某种选择存在的话,我们会作得更好,因为只有那样做,我们才能寻获确定的行为可能性(如在共产统治之下的捷克人所做的那样:"好好生活——就好像我们是自由的")?

孔子将伯仲和夷逸的例子视为自己寻求范式人并以其为榜样的终生求索的一部分。在评价这两位的行为方式时,孔子有意避免任何带有自以为是色彩的话语。如果隐居者错了,那么正确的做法就是通过我们的例子对其进行说服,而不必责备或惩罚他们。②而且,我们也不能确定他们在考虑当时的情境时他们错了。我们必须听命于天。③孔子既没有对两兄弟的行为进行否定,也没有对其首肯,他只是将我们该如何处理生活中情境的问题作为开放问题,没有给出僵化答案。通过这种方式,他寻获了一种独特的实现"仁"的方式,而同时对那些体现出传统集体价值观的个人也显示出极大的尊重。这两位兄弟和这两位隐居者的例子都显示,"道"总是包含两方面真理:人类发现的全部真理和个人对这些真理的批判性回应。

① Confucius, *Analects*, 18/8.
② Ibid., 12/18; 12/19.
③ Ibid., 20/3.

孔子对商业礼仪的评判：雇佣亲属的中国传统

下面让我们从孔子的角度看一下中国国内的一项长期以来的商业实践与礼仪：允许雇员聘用自己的亲属。在展开分析之前，我想做两点澄清：首先，因为孔子生活的时代远远在工业革命和形成现代企业制度之前，所以下面的分析是必然是从上面所讨论的关键孔氏思想中推演出来的。因此这种推演也并不是完全没有根据的，从精神上讲，这种推演分析还是孔氏的思想。正是基于我们前面所论证的理由，孔子自身也是一种企业人，因而这种用他的思想反思现今实践做法的尝试也就是对那种持续了几千年的诠释传统的很好继续与继承。通过这种"通过孔子的反思"，[1]我们既能够识认出当今商业实践中的一些不足，又能阐释一些由孔子伦理所塑造的实践做法的本质。

其次，这里所做的分析并不是结论性的，而是建议性的，读者应该注意，对于孔子来说，对事实案例作没有任何价值取向的描述是不可能的。我所要描述与讨论的中国商业实践包括那些孔氏伦理和康德伦理或功利伦理有不同看法的事实与层面，至于孔氏商人的行为是否会不同于康氏商人的行为这个问题是无从而知的。有德性的人们不去抽象地决定和判断案例和事实，只有在重新构筑行为者的具体思路之后，他们才会予以决定和判断。一个案例常常会产生很多好与善的东西，这些善或价值也并不总是以某种整洁的价值范畴来呈现自己。结果，我们也就不会获得某种适用于各种情况的规则或伦理命令。因而"仁"人努力保持清醒，仔细辨别围绕每个过去行为的许多可能情境。假设我们对"仁"及它与纪律、传统和礼仪的关系有所了解的话，那么我们就可以想像，这些范式人会留意哪些方面，但是我们却不能预言他们的判断，他们会以完全独特的个人方式来考虑这些因素和过去的经验。

---

[1] Hall and Ames, *Thinking*, p. 6.

第一章 在孔子的世界中作人和经商

在我们明白了这些忠告之后,让我们开始讨论中国人雇用自己亲属这种商业实践。首先让我们从孔子的角度出发,对这种商业实践的理由以及该商业实践所要促进的许多善与价值进行理解。几十年以前,中国建立了"顶替"的商业实践,即当单位或工厂的工人退休时,他们能够将自己的永久工作传给他们的子女。[①]这样,子女就会被保证有一个工作,不过这个工作未必就是他们的父母的工作。[②]这种做法会被西方伦理嗤为某种形式的裙带关系,它肯定会通不过康德伦理的检验,因为它没有平等地对待每个人,从而妨碍了就业市场内的平等就业机会。而那些功利主义者也会将其视为非伦理的做法,他们会争论说,一个真正自由的就业市场比一个具有裙带关系的就业体制能产生更多的净化效用。

相反,孔氏伦理对此实践的判断会更加审慎。该体制因为有一些显而易见的优点而实行了许多年(该体制得到了1953年行政法规的承认[③])。这种顶替体制可以增强家庭的凝聚力,这无疑是一种不小的优点,因为中国法律要求子女赡养自己的父母。中国家庭法(应为《婚姻法》)的第15条规定,子女有义务赡养自己的父母,父母有权利要求被子女赡养;第22条还规定,如果父母已经去世,孙子、孙女必须维持祖父母的生计。[④]

如果整个家庭能聚在一起,那么子女更容易履行自己的赡养孝道。[⑤]从理论上讲,这种商业实践可以帮助企业获得具有良好习惯的工人,因为退休的老人很可能将自己所珍视的自我提高进取的价值观传授给子女,而子女则更注意自己工作上的表现,他(她)很清楚,自己的任何疏忽与懈怠都会给父母脸上抹黑,因为父母在厂里或单位有很多熟人。

这种顶替体制尤其曾经对农民有利。农民五十岁的时候,就可

[①] Boye Lafayette de Mente, *Chinese Etiquette & Ethics in Busness* (Lincolnwood, Ill.: NTE Busines Boods, 1989), pp. 87-88; Hilary K. Josephs, *Labor Law in China* (Salem, N. H.: Butterworth Legal Publishers, 1990) pp. 15-17.

[②][③] Josephs, *Labor Law*, p. 15.

[④][⑤] Mente, *Chinese Etiquette*, p. 85.

以从生产队退休。这些退休的父母就可以全力抚养孙子孙女,而自己的子女就会接过自己的工作。因为在中国获取足够的食物一直都是问题,①尤其是因为这些农民不像那些城里人一样可以获得粮油补贴,②所以这种顶替体制能够非常有效地提高农民的生活水平。管理者曾比较喜欢这种顶替体制,因为他们在做雇佣决定时只有很少的自主义务,通过这种顶替体制进行的人员更迭只要求相关劳动部门的形式上的认可。③

　　那种所谓的亚洲价值观方法会认为,这种体制很好地体现了孔氏伦理观中的孝德以及那种对全体公民经济福祉的关怀。现在我们知道,这样一种方法是僵化笨拙的,丧失了那种作为孔氏伦理核心的警醒性观念。孔子从未僵化地肯定或否定某一实践,是否这种顶替体制是伦理上善的东西,这要取决于该体制的价值是否被予以细心的考虑。有一点提请大家注意:孝德意味着,当父母的判断正确时,我们要遵从我们的父母,但当他们的判断似乎错误时,我们应该委婉柔和地拒绝他们。只是与我们的家庭一起度过一段时间或只是向其提供物质支持,这都不算真正的孝德。真正的孝道意味着,应该以某种方式在我们自己、亲属以及更大的团体中间培养"仁"。如果一位父亲仅将自己的工作传与他的子女,而不考虑该行为的后果,那么这个行为就不是合乎道德的行为。那一直努力追求德性的父母将会停下来,问自己一个问题:是否别人比我的子女更需要这个工作?如果这种顶替体制予以取消的话,是否企业会更具生产性以及更能雇佣更胜任的工人,从而使企业造福于更多的人?通过对这些问题的反省以及通过这种对自欺欺人心态的防范,这些自我挑战、自我问询的人会努力理解自己行为的全面意义与后果。我认为,孔氏伦理并不会赞同那些将工作传给最不称职的子女而滥用此体制的人们的做

---

① Henry Rosemont, Jr., *A Chinese Mirror: Moral Reflections on Political Economy and Society* (LaSalle, Ill.: Open Court Publishing, 1991), p. 16.
② Mente, *Chinese Etiquette*, p. 67.
③ Josephs, *Labor Law*. p. 15.

法。①这种滥用行为根本不考虑别人或企业的福祉,这些不称职的工人会实实在在地伤害别的工人。如果企业本身已经超员,那么雇佣又一个工人(可能没有任何经验)意味着创造一个可能没有必要的工作。因此,企业的生产力就受到了伤害。那些"仁"人就会考虑所有这些问题。

那么,孔氏伦理是否会相信这种顶替体制是伦理上可行的呢?如果从那些绝对仁善的人的角度来看,这种体制能够教育提高人们,那么它就是伦理上可行的。在不同的地区,雇佣人员的实践会有很大的不同,也许所有这些实践都是伦理上善的,然而要想全面地判断传统的雇佣方式,我们需要以一种同情心来看待和审查这些实践所要达到的目的以及每个管理部门和工人的具体情境。孔子从不给出理想的状况,他只通过简洁的表述,将我们的眼光引到人类行为的不同层面,一方面褒扬我们的某些行为,另一方面斥责我们的另外一些行为。在孔子的言论中,我们发现了一些有张力的地方,而这些张力并不也无意组成一个全面统一的系统或体制。孔子通过自己的言行,给我们树立了一个很好的榜样:一个人应该努力全面警醒(理解)相关的事项和问题,并在这种不断增长的警醒意识中形成自己的判断。我们所仅能做的就是追随他的芳表,继续深入考虑以上的事项与问题,然后以一种解决问题的诚意,加入到该体制的卫护者与反对者的讨论行列中去。

三、仁与行为

到目前为止,我一直在强调自我与文化之间的互惠关系以及个人对具有塑造力的传统进行独立深思判断的必要性。然而,我不想给读者留下这样一种印象:我们仅仅通过反省自我的本质、所涉及情境和传统的角色、灵活变通的可取性等等问题,我们就能够成为范式人。然而,毋庸讳言,如果"仁"不存在的话,那么礼仪行为本身也就

---

① Josephs, *Labor Law*. p. 16.

没有任何价值了;①反之亦然。没有人可以通过不作为而达至"仁"。②行为(作为)是范式"仁"人概念的第三个关键层面。

当情境召唤我们有所作为的时候,我们应该尽己力而行。③当时机成熟的时候,过多的思前想后会证明是灾难性的,它会使我们拖延我们的行动。当孔子听说有人在行动之前总要三思,他感叹说:"再,斯可矣。"④这种让人三思而后行的行为规则显得有点迂腐。但最终最重要的一点就是行为妥当,而孔子也并不耻于向人们建议(但绝不是执意坚持)要采取的行动。例如,我们应该学习《诗经》,服侍我们的父辈与君上以及识记鸟兽草木的名字等等。⑤在发丧期间,孝子应该戴那种较节省的黑丝作的孝帽,而不用麻冕,而且他们应该在上台阶之前俯服鞠躬,而不是在上台阶之后。⑥

行为(作为)是非常重要的,这主要是因为,第一,我们学习的目的是要使行为妥当。即使我们事先能牢记一系列的行为规则,但当需要有所作为的时候,这些行为规则却不能有所助益,那么这些规则也是没有任何意义的。⑦这些毫无助益的规则也就不能称其为规则,因为规则本身的意义就是要指导人们的行为。⑧同样,形上思辨也是无所助益的,因为它的着眼点是那些超越人类认知范围的东西。孔子避免作任何主观臆测,他对天、奇迹、神力或神祇闭口不谈。⑨一个人甚至不理解生命,怎么可以理解死亡呢?形上的玄思能够使人们从建设一个更为和谐更为仁善的世界这个目标中分神。我们的目标

---

① Confucius, *Analects*, 3/3.
② Bury, *East Asian Civilizations*, p. 3.
③ Confucius, *Analects*, 12/14; 4/15; 12/1.
④ Ibid., 3/20.
⑤ Ibid., 17/9.
⑥ Ibid., 9/3.(译者注:孔子原文是讲两件事:一是戴孝,二是见君,作者在这里将其混为一谈。原文如下:"麻冕,礼也,今也纯,俭,吾从众。拜下,礼也,今拜乎上,泰也。虽违众,吾从下。")
⑦ Confucius, *Analects*, 13/5.
⑧ Hsieh, "Filial Piety," p. 169.
⑨ Confucius, *Analects*, 9/4; 5/13; 7/21.

第一章 在孔子的世界中作人和经商

应该是达至"仁",并且通过我们的行为与行动来塑造这个世界。那些不作为的人们比挂在墙上的葫芦好不到哪里。①

第二,行为是非常关键的,因为行为能够塑造人类的基础,能够发展陶成一个人的性格。反过来,我们的性格会给我们的行为赋予独特的个性。有德性者的行为是权威性的,因为这些行为的个性是典范性的。我们的性格既决定又表现了我们选择遵循的方式。既然行为是表达性的,能够显示人们的性格,那么智者就会通过人们的行为对其进行判断。这些智者对人们进行考验证实②并且还要观察人们选择要作什么,以及人们在实现这些选择时他们的行为如何。我们的行为是我们自律、自尊、服从和智慧等方面的表达。③正是因为行为是我们内在性格的外在表现,我们的朋友与家庭才能通过留意我们的行为而对我们的习惯与行为方式的形成进行评估,然后我们的长上、父母、同事和朋友们才能向我们提出有益的批评。那些能够虚心学习的人及时接受这些批评意见,从而对自己的行为作及时调整与纠正。不能这样做的人就有一种性格缺陷。④

第三,除了上述塑造我们性格和自我提高这种机制外,行为还会帮助促生信任。统治者(而且,据孔子的说法,我们每个人都参与政府事务⑤)应该注意在人们中间培养信任。智者在验证一个人时,常常会看此人言与行之间是否一致。只有当统治者的行为与其言论相一致时,他才能赢得人们对他的信任。因为言语是廉价的,所以有德性的人确保他们的行为先于他们的言语。⑥他们意识到正确做事的困难,因而言语时会非常谨慎。另外,因为言语本身也被认为是一种行为,所以智者会特别留意给事物正确命名。如果事物没有得到正

---

① Confucius, *Analects*, 17/7.
② Ibid., 15/25.
③ Ibid., 12/5; 15/27.
④ Ibid., 15130.
⑤ Ibid., 2/21.
⑥ Ibid., 14/27; 19/25; 10/1.

确的命名,那么就不可能有正确的社会政治秩序。①我们通过社会讲论与言语学会如何尊重与服从,如果我们不能对事物正确命名,那么我们的行为就不会与我们的行为相对应。别人就会认为我们不值得信任,因而就不会在管理和塑造世界等问题上与我们合作。这个世界就会受到影响,其中的我们也会到影响。个人与文化要么共同发展,要么共同倒退。

我们的行为是我们的信任的源泉,同时也是我们传统的塑造者。当我们的行为塑造和顺应关于某种正确行为方式的社会期待时,我们就会通过我们行为的礼仪质量而获得地位与影响。如果礼仪想具有影响力的话,那么礼仪自身也就需要成功的执行与实现。如果没有定义明确的社会期待,那么人们就不知所措;即使人们犯了罪,他们所接受的惩罚也不相称于他们的罪行,因为社会期待没有向他们阐明。②

只有通过行为,我们才能找寻到那个行为的意义与重要性。有些时候,孔子似乎将人类活动视为哲学家麦金太尔(Alasdair MacIntyre)式的"实践"。③麦金太尔认为,实践有一些自身固有的善。我们只有通过行为自身,我们才能了解这个行为的意义。从这个意义上讲,行为先于任何原则或习俗。但是我这里并不是讲,我们是在完全没有原则、期待或传统行为模式的情况下行动的。当我们还年轻的时候,我们的父母与师长就为我们立下了行为规则,这些行为规则(也包括这些传统习俗)的作用就是帮助我们辨别与处理相应的伦理问题。只有当我们认为承诺必须要保守时,我们才会被那些打破的承诺所不安与困扰。孔氏伦理虽然是围绕着人格发展而展开的,但是它也采用了一些它自身的模糊规则,如"行而仁"这个规则。然而,只有当我们有独立判断的经验,与世界接触、评估别人的行为活动时,我们才能成为真正意义上的仁善。通过行为,我们才能理解我

---

① ② Confucius, *Analects*, 13/3.

③ Alasdair MacIntyre, *After Virtue* (Notre Dame. Ind.: University of Notre Dame Press, 1984), pp. 193 – 203.

们活动的价值。这种理解是非常重要的,因为一个运作良好的社会需要那些已经在心内培养了羞耻心的人们。如果人们只在别人立下的规则中行为做事或因为恐惧而行为做事,我们可以说他们的立场是坚定的,但我们却不可以说他们是有权威的范式人。①孔子要求他的弟子们比较一个人在父亲活着时的行为和其在父亲死后的行为。如果这个儿子在父亲死后三年里一直保持一致,那么我们就可以说这是一个好的儿子。然而如果这个儿子改变了他的行为方式,那么我们就可以推论说,这个儿子之所以在他父亲生前行为正确妥当,是因为他惧怕他的父亲。这个儿子的行为就是缺少一种个人化的意义,这种意义正是一个有德性的、范式行为的标志。②

那么基于所有这些原因,我们需要行动起来。如果反省与思考的目的不是引导人们在众人中过一种积极的生活,那么这种反省与思考就没有多大价值。行为需要反思与理解(也就是回忆这种社会实践),反过来,理解要求行为。如果没有行为,这样的人并不比那些将《诗经》背得烂熟但不能把握其中智慧的人要好多少。③如果他们能够真正理解《诗经》,那么他们也许能利用《诗经》和他们相关经验,进一步加深他们对《诗经》的理解。

孔子对于销售的态度

销售是一种行为。如果我们通过自己的行为成为范式人,那么商业活动——这个涉及大量忙碌工作的活动就成了获得和展示德性的基本渠道。从事商业活动的人士具有极大的力量,来塑造他们生活的文化与世界。固然并不是所有的商业活动都是好的,但是正确处理的商业活动确实会吸引"仁"人。有德性的人希望通过言和行塑造这个世界,而且商业活动能够提高人们的生活水平和改善人们的

---

① Alasdair MacIntyre, *After Virtue* (Notre Dame. Ind.: University of Notre Dame Press, 1984), 14/1.

②③ Ibid., 1/11.

生活质量。真正的商业领导者从不会忽略经济福祉对人们提高和教化自己的能力和愿望的重要影响作用。

虽然孔子非常明确地批判那种奸商行为,但他的这种批判不应该理解为是对所有买卖关系的批判。事实上,许多中国人对商业交易问题似乎并没有太大的冲突,他们非常怡然地引用一个谚语:"我们的心在这儿,但是我们的口袋却在那儿。"("Our minds are on the left, but our pockets are on the right.")①即使在文化大革命期间,这种商业本能也仍在继续,曾经有专门交易毛主席像章的黑市。②中国哲学家陆晓禾争论说,追求利润本身对中国人来说是不成问题的,只有当人们牺牲其他的价值而单纯追求利润时,那么它才是有问题的、伦理上不能接受的。③

有些中国人确实认为那种侵略性的销售(aggressive selling)是不道德的。④这种观点可以追溯到到孔子,据说孔子反对那种只关心奢侈与敛财的商人。君子、有德者"食无求饱,居无求安",将施予置于回报之上。⑤他们对"仁"那么关注,因而他们宁可牺牲自己的生命,也绝不忽略德性。总之,孔子从未否定过商业交易。如果商业交易公平礼貌地展开,那么它就与孔氏伦理中的活跃概念相符合。

正如商业交易行为一样,中国的科举制也符合孔氏伦理的思想。既然所有的人都可能成为圣贤,那么提高进步的机会就应该以能力、实力为基础对所有人开放。中国的科举制度是以孔子的教导为基础的,有两千多年的历史,这种制度向人们承诺,那些学习刻苦勇于自律的人将会受到重用与提升。虽然在科举制度的实践过程中有一些徇私的做法,但是总体上讲还是相当民主的,为那些想从农民阶层升

---

① Mente, *Chinese Etiquette*, p. 64.
② Chang, *Wild Swans*, pp. 367 – 369.
③ Xiaohe Lu, "On Economic and Ethical Value," *Online Journal of Ethics*, 2: 3 (1999), http://www.stthom.edu/cbes.
④ Mente. *Chinese Etiquette*, p. 83.
⑤ Confucius, *Analects*, 1/14; 12/21.

第一章　在孔子的世界中作人和经商

入中产阶层的人创造了许多机会。[①]从商业给人们以机会建立和管理企业以及聚集财富这种意义上讲，商业可以使财富重新分配。商业人士的买与卖并不会妨碍他们达至"仁"，一切取决于他们进行商业活动的方式。

如果这些商业人士只是一味地追求增加自己的财富，那么他们就不会成为有德性的君子。德性要求一种自我牺牲的精神以及一种在他人他事中寻求和促进完善的自愿精神。那些贪婪的人们，不管是在哪个领域与职业之中，都不会关心自我完善与提高。那种占有欲能够搅扰一个有教养人士所寻求的和谐与内在平衡。孔氏伦理并没有全面否定商业本身，但它所不满的是那些不和谐的因素，例如，低储蓄利率、沉重消费贷款、广泛毒品危害以及对律师的巨大需求等等。[②]只要商业人士努力提供真正有价值的服务与商品，只要他们尽力避免欺诈或欺骗性的销售实践，只要他们以一种自由的方式提高劳动力水平并鼓励工人进行自我教育，只要他们用自己的财富积极提高其社区的生活，那么我们就可以说他们的行为方式就是一种范式行为方式。

因而，如果我们将孔氏伦理视为一种对商业人士或商业实践的全面否定，那么我们就错了。那种轻视地否定某一类人的做法完全违背孔子伦理的观点：当我们试图批判与否定那比我们差的人们的时候我们应该进行内省。对人类行为进行评估就要求我们必须对尽可能多的实践进行敏感细致地审查。西方资本的大量流入在公司内导致了越来越大的薪水差别，孔氏伦理可能不会赞同这种趋势，因为这种趋势会促生社会失调，从而使管理者越发显得不可信任。然而，孔氏伦理很可能赞同那种将商业关系建立于明确的合同关系上的做法。许多中国工人都希望成为合同工人，而通过合同出卖自己劳力

[①] Mei. "Status of the Individual," pp. 333 – 334.

[②] Li-teh Sun, "inner Equilibrium and Economic Equilibrium: A Confucian Complement to Economic Man," *International Journal of Social Economics*, 14:10 (1987), pp. 40 – 45; Bary, *East Asian Civilizations*, pp. 117 – 118.

的做法意味着他们将不再拥有永久的工作,他们可以在合同到期之后自由地离开这个工作而寻求别的工作机会。因为移动自由是达至"仁"的前提条件,①所以孔氏伦理会接受这种结果,认为这种结果是伦理上善的。那种全面肯定或全面否定所有商业人士的做法本身就是伦理上有问题的,因为批评者的判断是非常肤浅的、毫无助益的。既然我们认定,批评的目的应该是帮助个人改善提高,那么我们就应该对某种实践的某些因素进行赞同或批判,而不应该一概否定。

四、仁与秩序

孔氏伦理的第四个层面是它对秩序的强调。对道的追随最终要导致社会和团体内的和谐秩序。那么我们应该如何理解这个秩序呢?关于秩序有两个思想流派,一些孔派学者(儒家)认为,秩序是人们遵守那些能协调他们行为的有关系的客观规律或形式的最终产物。这些学者认为,和谐来自全体社会成员对某些已有的、超验的、高度理性的习惯、习俗和礼仪的秩序的遵守。个人不会创造这个秩序,个人只能感受这个秩序。然后,如果这些个人足够自律,那么他们就会将自己的行为向这个秩序看齐。

一方面孔子的某些说法将先验秩序理解为一种永久不变、固定而客观的秩序,另一方面,孔氏伦理的某些观点对于秩序的理解又与霍尔(David L. Hall)和埃姆思(Roger E. Ames)的"美学"意义上的集体秩序(an "aesthetic" vision of communal order)观点有相似之处,这种集体秩序并不是一种先验给定的秩序,它是一种通过众人共同贡献而实现的复合整体。②一个超验的理性秩序概念会忽视其各组成因素的独特个性,在这样一种理性秩序的概念中,各组成因素都是可以互换的,只要我们大家都共同受某一套统一的关于关系的理性束缚,我们之间就是一种彼此同一的关系。与此相反,这种美学秩序

---

① Confucius, *Analects*, 4/1.
② Hall and Ames. *Thinking*, p. 134.

概念对个人观点是敏感的,甚至会接受与赞赏这种个人意见的分歧。① 这种美学秩序会向着大家所达成的共识而努力并且深深依赖于这种共识,它会避免为社会凝聚力假定一种超验的理性架构。

在学术上,秩序具有何种特性并不是一个小的问题,因为它对我们如何理解作为孔子伦理核心概念的范式人这个概念有着直接而重大的影响。不管什么样的秩序,都必须要经过范式人的言语、行动和性格而表现出来。在超验的理性秩序概念中,有德者、君子之所有拥有权威,主要是因为他们体现了一些人类存在的永久、客观特征。② 这种观点从某种意义上讲是正确的,当我们判断一个人是"仁"人的时候,我们一定会看到这个人言语和行动中某种已经存在的共性(普遍性)东西。或者至少说,我们必须视这个"仁"人体现出一种可供别人选取的人类选择。如果我们在这个"仁"人身上所感受到的只是彻底的独特个性,那么这个"仁"人在我们的文化景观(cultural landscape)中就是一种怪诞或奇异的怪物,而不是一个范式人或权威人。

另外,这个普遍性概念的存在可以帮助解释我们怎样才能达成共识。如果我们感受不到以及不能欣赏这个人的范式性,那么我们就不能利用这个人的榜样而实现某种大家共同接受的集体政策与实践。只让人们表达自己的意见是不足以达成共识的。即使真的会做到百花齐放,但如果我们想要有所作为,我们必须还要选取其中的一个。

然而,对"仁"的普遍性理解并不是故事的全部。让我们假设,家庭孝道确实有某种确切的形式,一个人需将这种孝道形式生活体现出来,他才能有资格成为范式人。如果家庭格局固定不变,那么这种孝道要求确实有一种表面上的合理性。然而,家庭格局已经随着时间的变化而变化了许多。在中国,家庭已经从古代的家族式演变到20世纪的核心式家庭。既然在这种家庭演变过程中孔子伦理常兴

---

① Hall and Ames. *Thinking*, p. 136.
② Weber, *Religion of China*, p/31.

不衰,那么在这些关系中一定有某种"弹性"、变通的东西。如果这些关系模式随个人的变化条件而变化,那么这些关系模式就不能有一种固定不变的状态。孔子自己认为个人的贡献是重要的,他坚持:"人能弘道,非道弘人。"①

现在我们面临着一个表面上的难题:我们是通过遵守普遍性模式(如好的父亲或贤明的君王)成为范式人呢,还是在客观条件要求的情况下,我们要进行分辨甚或主动变通(或忽视)已给定的关系才能成为权威人呢?对于这个问题,我不能煞有介事地进行全面回答,然而,我要说明的一点是,这两种选择之间并不是全然彼此排斥、不可调和的。也许亚里士多德伦理可以作为一种有益的对比,亚里士多德伦理在逻辑秩序与美学秩序之间也体现出类似的张力,然而它的这种张力不是一种要予以克服的难题,而是亚里士多德德性伦理的一个活力核心。

亚里士多德认为,某些行为——通奸、偷盗、谋杀——总是错的。②这里就是一些绝对的客观禁令。那么什么时候这个行为才会是通奸的行为呢?有德性的人、君子必须要弄明白是否以及何时一个行为才是通奸的行为。虽然"通奸"这个词本身含有错的含意,③但该词并不会告诉社会集体该如何应用这个概念。如果村里的一大群男人被敌人在夜里掳走,如果村里的女人长达五年的时间没有任何关于各自丈夫的消息,她们再嫁他人,而事实上她们的丈夫正在遥远某处受到监禁,那么这些妇女是否就犯了通奸罪呢?也许不是的。不管怎么说吧,这些妇女无意打破最初的婚姻誓约,她们是在一种良好信念(good faith)的基础上进行再婚的,也许甚至会有当地宗教领袖的特许。因此,那种一概否定或肯定的判断做法是不可行的,我们的判断会有所变化的,如对那些在丈夫消失后五个星期就再嫁的妇女的判断肯定不同于对那些在丈夫消失后五年再嫁的妇女的判断。

---

① Confucius, *Analects*, 15/29.
②③ Aristotle, *Nicomachean Ethics*, Trans. William David Ross, in *The Basic Works of Aristotle*. ed. Richard McKeon (New York: Random House. 1941), lines 1107a9-15.

为了能更好地判断,有德性的人、君子会提出并努力解决诸如此类的问题。然而,这并不意味着,那种绝对的禁令是毫无价值的。恰恰相反,我们对通奸(偷盗、谋杀)绝对禁令的尊重与遵守正是那促使我们提高与辩论对这种恶行的不同理解的动力。认可执行绝对禁令比那种"有些时候,通奸是正确的;有时候,通奸是错误的"这种说法要好得多。第二种做法抹掉了"通奸"这个词的禁止性约束力量。如果一个行为有时是"正确"的或"可以接受的",那么同一个行为怎么又会是错误的?从定义上讲,错误的行为就是那种不可以接受的行为,否认绝对禁令就在怂恿人们不去努力确定何谓正确的行为。一个男人或一个女人在与婚姻外的人有过性行为之后,单方面宣称,他(她)的这种"错误"行为在这种情况下就是"正确"的。

　　让我们再看另外一个例子:假设一对饥饿的夫妇想要偷邻居门廊里的一瓶牛奶。如果偷盗总是错误的,那么这对夫妇以及我们这些同情他们处境的人们应该想出另外一种充饥的方式。也许这对夫妇可以去按邻居家的门铃,请求人家将牛奶送给自己。另外街上的无家可归帮助中心也可能提供援助。如果我们在仔细审查客观情形之前就宣布"不管何时人们处于被迫无奈的情况下都可以偷盗",那么我们的宣布就会使那些可能的偷盗者们免除那种检查自己偷盗动机、考虑别的选择的必要性。因而一个偷盗者可以宣称"我是被迫的"而去偷牛奶。这种废除绝对禁令的做法能够使理性懒散,还能消除集体评判个人行为的基本标准。

　　一种伦理可以是绝对的,这种绝对的伦理会要求我们调整我们对客观情境的回应与判断。在上面所举的例子中,伦理禁令的绝对性使我们能够仔细审查具体的情形,并能使我们充分运用我们的想像力而努力找出问题的新的解决方案。虽然决定正确的行为方式是感知的事情,但那种对于绝对性的责任感会提高我们的感知能力。孔子伦理也表现出了类似的有益张力。孔子相信,永恒的真理是存在的,普遍性的秩序也是存在的。在古代,一些能够把握这些永恒真理并将其融入礼仪之中的古圣先贤们希望展示与维持一个与这些真理相统一的人性秩序。孔子认为,他那个时代缺少圣贤,他非常想碰到那些好德之人。① 他一再拒绝称自己为圣贤或"仁"人,尽管他自己确实承认,他一直以来非常渴望学习,而这种渴望自身也许也是一种形式的知识。② 他厌恶僵滞,极大地不信任那往往导致僵化的确定性。③ 那么,为什么这位拒绝作形上玄思、讨厌信条式观点的孔子那么"确定"一个永恒秩序的存在以及那些把握这个永恒秩序的古圣先贤的存在呢?如果我们并不将孔子的这种信念视为形上真理,而将其视为人类实践的结果,那么我们就可以开始解决这个难题。在亚里士多德伦理体系中,我们必须要审查一下这个绝对的确定性起何种作用。

如果永恒真理存在且为过去的圣贤所知晓,那么我们就应该学习过去人们的实践与教导。对于古代已存在的真理的责任感可以激励我们对过去展开学习。另外,既然有人已经把握了这些真理,那么这种知识还是处于人类的能力范围之内。我们必须通过将我们对古代教导与礼仪的理解与之对照起来,并将这些教导与理解在我们的生活中体现出来,我们才能将这些教导与礼仪整合我们自己的一部分。而且,通过认真对待先人的真理,我们就将自己置于一种尽可能多地学习古人的机会中。如果我们确信,我们不能从过去学到任何东西,那么我们就不能从我们的师长和父母那里学会基本的技巧和学习的习惯,大家要知道,我们的师长和父母的部分权威来源于他们的师长和父母的教导。如果这种自我优越的信念与很少的学习能力结合起来的话,那么就会是一件非常危险的事情。这种结合会将我们与我们的集体割裂开来,使我们不能接受别人的建设性批评。如果我们相信我们自己已经足够睿智,那么我们就不会懂得学习的意义。

通过确定那些古圣先贤所把握的永恒真理的存在,孔子意在激励人们对于智慧的寻求与渴望,他鼓励我们去聆听那些对人类条件

---

① Confucius, *Analects*, 15/13; 4/6.
② Ibid., 7/32; 7/33; 7/34; 9/8; 5/28; 7/7.
③ Ibid., 14/32.

和眼前问题有所领悟的人们的谈话。孔子的这种对永恒真理的确定可以制止那种幼稚自恃的思维趋势：我们能够通过将我们自己的意志与"理解"强加给别人的方式单方面地创造一种文化。这种双重信息被孔子的另外一个强调的观点所再次强化：在古代有圣贤，而在今天则没有。我们需要学习，因为我们还不足够睿智；我们应该聆听别人的批评意见，因为他们也许有我们所缺少的、能够有助于我们自我提高与发展的真知与酌见。只有我们大家一起合作，我们才能发展一种更为仁善的行为做事方式。

1. 通过友好协商解决纷争

既然孔子非常强调那由个人的范式行为所实现的美学秩序，我们不应该惊诧于孔子对诉讼的不信任。①法律是一种人性工具，法律的制定者不是圣贤，因而我们不能期望法律为我们定下最好的人类秩序。我们每个人必须做出自己的贡献，以发展完善一种慈爱仁善的秩序。这样做的最好方式就是以一种友好的方式对待别人。

孔子这种对于全面依赖法律的做法的怀疑已经深深地影响了许多中国人关于纷争的思维方式。在民事与较轻微的诉讼官司中，中国的法庭鼓励各方以一种友好的方式解决问题或诉诸调解机构。直到1982年，民事诉讼案件大多经过一些较为非正式的途径解决纷争。②历朝历代以来，中国的法律都是由孔子那种避免诉讼的观点所主导。国家的法律基本是一种公共福祉政策的宣传工具，而不是个人纷争的解决工具。③

美国人和欧洲人为了保护自己的权利而彼此诉讼或起诉政府，他们把诉讼当作很平常的事，孔氏伦理却将诉讼视为解决纷争的最不希望的手段。那些伟大的人们关注更多的是他们的责任，只有那

---

① Confucius, *Analects*, 12/13.
② James V. Feinerman, "The History and Development of China's Dispute Resolution System." *Dispute Resolution in China: A Practical Guide to Litigation and Arbitration in China*, ed. Chris Hunter (Hong Kong: Asia Law & Practice, Ltd., 1995), p. 13.
③ Ibid., p. 7.

些小灵魂才关心那属于他们自己的东西。有德性的人、君子绝不从信条的角度强调任何东西,甚至包括他们自己的权利。相反,他们向别人游说自己权利的合法性,如果我们避免自以为是并聆听反对方的意见,那么这种游说方法一定是最有效的。纷争双方都应承认自己的错误与不足。

诉诸公堂的做法会使人们的心变得僵硬冷漠,变得不易谦让。这种非灵活性反过来会使人们不易向前进步与发展,因为诉讼各方都是那样的局限于各自的狭隘利益。

在中国,最合适、最传统的纷争解决办法就是避免那种通过法庭、公堂将一方的解决方案强加给另一方的强硬行为方式,从而找寻到一种双方都满意且能维护社会和谐的调和解决方案。①

和诉讼比起来,谦让更符合仁善与提高的精神。为了减少争讼,中国的公堂、法庭很长时间以来都对起诉者与被诉者持怀疑态度。②一旦罪名成立,惩罚是相当严重的,而且还会殃及犯罪者的家庭、整个村庄,甚至整个地区。③虽然孔子伦理并不支持严重的惩罚(理由见第三章),但是他的伦理确实对这种集体责任观起一定的支持作用。如果没有别人的指导,特别是来自家庭的指导,没有人能够发展与进步。如果我们对"仁"的态度是严肃的,那么我们就会努力通过我们的榜样来提高自己的家庭。如果我们犯了刑事罪或民事罪,那么我们的失败就不仅会玷污我们自己,而且还会玷污我们的家庭与朋友。我们不应该对我们的家庭成员提起诉讼,如果我们的兄弟行为不当,我们在问自己是否在某些方面使其失望之前,我们不能责备他们。权利很少完全属于一方(一个巴掌拍不响),因而人们应该尽量以一种友好的方式或在家庭内或在家庭外解决纷争。如果诚

---

① Alastair Crawford, "Plotting Your Dispute Resolution Strategy: From Negotiating the Dispute Resolution Clause to Enforcement Against Your Assets," *Dispute Resolution in China*, ed. Hunter, pp. 23.

② ③ Mente, *Chinese Ettiquette*, pp. 93 – 94.

信式的努力没有产生解决方案,那么我们就要重新考虑我们的立场,但是我们总应该对诉讼亲人的做法表示厌恶。

关于纷争解决方面,孔子伦理的一些因素在这种友好协商的取向中和许多中国纷争所采取的形式中以及调解机构所采取的判断中是很容易就可以辨认出来的。许多纷争都会涉及一、两个不能获得必要官方支持的诉讼方。政府和(或)党的代表必须对所有合资公司合同进行审批,如果一方未经审批而对合同做出修改,那么这种疏忽就会对合同的合法性产生影响。而另外的一些案例则涉及许多中国工厂在政府分配的土地上进行经营,工厂企业自身并不拥有土地,因而这些工厂如果不首先获得政府的土地使用许可证,它们就不能为合资公司提供土地。如果合资公司的中国一方因疏忽而没有取得这样的许可证,那么合资公司就很可能被诉诸法庭。

在中国,许多在西方看来是纯属公司私下的决定(如改变合同的决定)都必须要经过政府的审批。①中国共产党视自己为公共道德的捍卫者,她之所以要这样领导,是因为她要保护人民的福祉,她有义务确保所有公司交易都要符合人民的福祉。这一点就可以解释为什么调解机构通常会反映共产党的路线。中国政府官员曾多次强调:"调解的一个主要目标是维持和加强党的领导,而不是解决个人纷争。"②

孔子的伦理从某种意义上是支持这条党的路线的,他的伦理接受了这种对人民行为的调控需要,这样可以确保人民的行为有助于社会全体成员的文明建设。正是从这种意义上讲,当代中国政府这种要求人民对纷争进行调解的政策是完全符合孔子思想的。然而,孔子所反对的是那种宣称自己为社会的道德精英和良心尺度的自恃。这种自我夸耀谦逊不足,倒显示了一种无保证的自信:她永远也不能错。如果调解的安排意在强调所有各方的责任与义务,包括调

---

① Chris Hunter, ed., "Part Two: Case Studies," *Dispute Resolution in China*. pp. 92 – 168.

② Feinerman, "China's Dispute Resolution System," p. 11.

解员和仲裁者的责任与义务,那么这倒更符合孔子伦理的精神。诉讼各方应该有权选择自己的仲裁者,因为争讼各方更了解问题的关键,更能辨别出一个仲裁者是否胜任。根据目前的情形,那些涉及外国人的合资公司的仲裁委员会至少应该包括一名由中国国际经济贸易仲裁委员会(CIETAC)所指定的仲裁员,该委员会是一个党的机构。这个指定的仲裁员也许对问题的关键很了解,也可能一点也不了解,因此,争讼各方应该有权选择一个中立的仲裁渠道,在此渠道内,争讼各方都应该平等地对各自的行为后果负责。中国国际经济贸易仲裁委员会曾不明智地只任命中国人作为仲裁听证会的主席,尽管有许多胜任的外国仲裁者(合资公司的各方可以从这个仲裁者名单中选取一个。)①

　　中国法庭的判决常常反映出孔子的思想。法庭可能会判决,合资各方都不配得到赔偿,因为任何损失都不纯粹是一方没有完成合同义务的结果,而更多是双方没有很好合作的结果。人们之间的相互关系是非常微妙而复杂的,不是合同或其他任何法律形式所能完全控制的。人们必须学会聆听别人,并且还应以一种有利于双方合作的方式进行行为做事,这些行为做事的习惯比法律更重要。而法律的作用是在人们中间灌输培养一种不遵守法律的恐惧,它可以为人们提供稳定性与可预测性,而这两种特性为商业活动来说是极其重要的。法律的绝对性能够促使人们因为上面所提的原因而进行深入反省,但法律本身并不能使公民变得有德性、有道德。从孔子的角度看,法庭审查双方是否在企业日常活动中努力显示出自己的诚意的做法也许是正确的。这种显示诚意的努力和对合同义务的机械遵守都是非常重要的。合同通常都应该予以遵守,中国法庭也不遗余力地从法律角度监督这些合同的实施,②而有时当法庭要照看人们心内的习惯时,她也会从伦理的角度去处理合同的问题。

---

　　① Peter Thorp, "Joint Venture Dispute Case Study: Red Eagle Sports," *Dispute Resolution in China*, ed. Hunter, pp. 122 – 138.

　　② Hunter, "Part Two: Case Studies," pp. 92 – 168.

2. 高层管理者的高薪问题

让我们大家看下面一个例子:孔氏伦理是否必然会反对高薪酬差异,视其为对我们每个人都努力建设的仁善秩序的威胁呢?中国公司的薪酬差异比美国公司的薪酬差异要小得多。一个稍为过时的某种信息来源说,中国单位内一个年轻学徒工和一个高层管理者之间的薪酬差异为10倍。①这种小差异的部分原因来自共产党的哲学。根据共产党的哲学,"'全民'所有制意味着要完成的工作是'全民'的责任。"②因而,中国人一直对那种基于个人表现的奖励制度持反对态度,他们更赞同那种平均主义。虽然现在奖励机制已经变得流行起来,但是中国人的奖励办法还是那种平均主义式的办法,而不是那种按完成的工作进行奖励的办法,③而那种一直存在的薪酬差异主要来自于资历。一个老理发师可能比一个精神科医师挣得要多,一个老看门人比一个四十多岁的土建工程师要挣得多。然而,社会主义并不是这种小薪酬差异的惟一原因,孔子伦理也为其提供了强有力的论证,也许表达这些论证的最好办法就是展示一下西方的一系列用于支持高层管理者天文数字薪酬的反论。

西方流行着两种伦理论证。其一,许多管理者和一些伦理学者都争论说,绝对的平等主义是伦理上有害的。在某些方面,所有人都是平等的,例如,每个人都值得尊重,每个人都应该有获得良好教育和工作的平等机会。然而,那种绝对的均等主义是不公义的,因为它会促生一种心灵麻木的同一性,在这种同一性中,个人表达自己的权利被否定。因此,这种绝对均等主义违反了康德关于尊重所有理性存有的伦理命令,另外这种绝对均等主义还会蜕变成一种量上的同一,所有人接受的每种福祉的量都是完全一样的。这种量上的同一也是不公义的,因为它不能以一种普遍性的形式为所有理性存有所

---

① Mente, *Chinese Etiquette*, p. 65.
②③ Keun Lee, *Chinese Firms and the State in Transition* (Armonk, N. Y: M. E. Sharpe, Inc., 1991), p. 37.

接受。谁会质疑近视者戴一副眼镜而正常者不戴眼镜这种不平等实践呢？

其二，因为具有老道管理经验和高超领导技能的高层管理人员不是很多，公司必须支付很多以吸引这种人才。除非我们减少人们移动的自由和人们选择就业的权利，这种薪酬差异注定会成为供求函数的一部分。如果某个行业想要实现自己的潜能，成为对集体福祉有所贡献的合乎伦理的实践，那么该社会应该允许这个行业吸引好的领导者，以利其在企业内外培养道德。这种对市场力量的干预就是对个人发展自己才能的义务的干预：个人有不受别人无理干预、最大可能地发展培养自己的潜能的义务。

孔氏伦理的捍卫者会对此做出回应。孔氏伦理并不会赞同一种报酬体制而鄙弃另外一种报酬体制（如以能力为基础的报酬体制和以资历为基础的报酬体制）。某种体制在一种情形中可能是相当好的，但在另一种情形中可能又不是很好。真正的政治领袖和商业领袖会将他们的眼光放在更大的社会背景上，他们更关心那种不招怨的领导方式，他们很清楚那些自私的人会招致人们的愤恨。[1]如果企业内的工人有嫉妒这种缺点，那么真正的管理者会放弃相对高的薪酬以维持自己的可信赖性。然而，如果一个公司的雇员通常不太在意薪酬差异，特别是当所有员工的薪酬与相对公平、可见的业绩表现指数挂钩起来时，那么较高的薪酬差异从伦理上是可以接受的。孔氏伦理支持那种对个人才能与贡献予以承认的做法。[2]通常情况下，薪酬标准大多取决于员工的身份与过去该员工所完成的工作，并没有超验的秩序或固定的规则以决定薪酬范围。

对高薪酬的第二个论证，孔氏伦理可能不会接受，在吸引好的管理者问题上，高薪酬是非常必要的。高级管理者没有任何权利要求或接受那与他们可能膨胀的自我价值感成正比的薪酬，另外，如果挣

---

[1] Confucius, *Analects*, 4/12.
[2] Herman Sinaiko, *Reclaiming the Canon* (New Haven. Conn.: Yale University Press, 1998). pp. 166-170.

高薪成了惟一目的,那么对他来说真是一种耻辱。①人们有一种伦理义务来不断提高自己,这一点在西欧和整个亚洲都是非常理解的。完善与提高当然来自我们自己的努力,而并不取决于别人对我们的才能、我们的超卓或我们的伦理进步的承认。②范式人必须通过自己的榜样,教育别人欣赏他们首次见证到的德性或超卓。这种教育目的不可能在一夜之间实现。真正的商业领袖不应该从他们的同伴那里有所期待,他们不应该要求股东通过向他们支付巨额薪酬这种方式承认他们的领导与管理才能。他们应该心有所系,但应该系于"仁",而不应该系于钱或系于那通常认为钱能代表的地位。有德性的人、君子明白什么是伦理上善的东西,而那些悭吝小人则是利字当头。③

3. 公司行为准则的应用

既然孔子伦理对法律法规持一种怀疑态度,那么它对企业行为准则这种可以促进仁善秩序的工具又该有何看法呢?孔氏伦理期待企业领导者对其员工进行引导与启迪,因此,真正的领导者应该努力提高他的属下。为了企业整体的繁荣,公司行为准则通常会强调相互尊重的必要性以及消除小摩擦的重要性。团体协作能够帮助在集体内建立和谐与秩序,而和谐和秩序又是集体兴盛的关键。④

然而,没有任何行为准则可以完全替代领导者的行为。人们通常会看领袖的行为是否与他们的言谈一致,如果他们言行不一致,人们就会不信任他们。"季康子患盗,问于孔子。孔子对曰:'苟子之不欲,虽赏之不窃。'"⑤如果那些推行行为准则的人自己不遵守准则的精神,那么这个行为准则就不会促生信任。准则自身是不能促生纯正的伦理发展的,只有当人们留意自己行为的意义时,他们才能向

---

① Confucius, *Analects*, 14/1.
② Ibid., 15/21.
③ Ibid., 4/16.
④ Ibid., 1/12.
⑤ Ibid., 12/18.

前进步。当人们被解雇或降薪等惩罚措施所震慑时,他们就不会思考他们行为的意义,他们会集中精神考虑如何避免被抓到。或者,他们会因对惩罚的恐惧而最终无所作为。

如果该公司有过成功运用行为准则培养加强伦理道德行为的光辉历史,情形就大不相同了。在这种情况下,范式管理者就会对这些行为准则表示出尊重与遵从。这些准则就成了公司集体礼仪的一部分,而且应该以一种最好的方式服务于更大集体的福祉。在决定是否应用和执行行为准则的时候,管理者必须使用自己的判断力。

孔子伦理会警告企业管理者,不要用这些行为准则推行他们个人或公司的道德。孔子自己非常小心,从不将自己描述为一个具有超卓德性的人。孔子的一处关于德性的讲论是这样的:总要小心,不要堕落,也不要过分自以为是。①孔子讲,他还没有遇到一个能一天都努力寻找"仁"的人。直到今天,中国人对任何宣称自己有超卓德性的人都非常敏感。②西方管理者一直面对的一个重大挑战就是,在对那些良好的业绩表现进行奖励时,不要给人一种印象,其他的员工就是相对较低劣的存有。管理者应该特别注意的一点是,不要用行为准则将某些人作为"特别好的人"而筛选出来。如果行为准则被用作提出问题和解决问题的内部文件,那么此时的行为准则就是最符合伦理的准则。那种引用行为准则证明某人的正义与德性或显示某人公司的优良的做法是伦理上有问题的。

第二节 孔子伦理体系存在的问题

到目前为止,我一直都在以一种欣赏的方法介绍孔子的伦理。这是因为,如此做法本身符合孔子的精神;如果我们怀着这样信念,别人也许有我们值得我们学习的东西,那么我们就更可能向别人虚心学习;如果我们从一开始就认为,别人是错误的,或者如果我们过

---

① Confucius, *Analects*, 15/15; 5/19.
② Mente, *Chinese Etiquette*, p. 86.

早地得出这种结论,那么我们就很难虚心聆听他们。只要这种欣赏式方法自身符合孔子精神,那么这种方法就会为我们提供理解这个影响深远的伦理的机会。即使我们不想无条件地拥抱孔氏伦理,我们也会发现其中有些部分还是站得住脚的。那么,我们就可以在这些相互接受的信念的基础上继续构建,从而形成一种更为合理的观点。

有人指责,孔子伦理体系包含一种不恰当的僵化性与精英主义。这种批评者并没有认真解读这位哲学家的基本著作。无疑,后来的许多儒家学者(孔氏学者)试图将孔子的理论系统化,将其建设成为系统化的规则系统,结果形成了一种正统而保守的体系,但是那种指责孔子的伦理体系是僵化、不灵活的批评是不公平的,因为那么多的孔氏门徒有一种将其师傅的思想整理成信条体系的趋势。另外,正如许多女权论伦理学者用大理事实所显示的那样,西方的伦理是相当僵化不变的,特别是康德伦理和功用主义伦理,因而像孔子伦理这类传统伦理具有一定的僵化不变性也算不得什么。

另外,孔子伦理也不是非常的精英主义。虽然孔子伦理确实对权威人和那些相对修养不够深的人做了区分,但是每种伦理体系都会对人们进行归类与区分,如那些主动义务行为者和那些被动义务行为者(康德)、有德者和邪恶者(亚里士多德)、公义者和不公义者(米尔)。孔子曾多次强调,所有人都能成为权威人,然而这种可能性、发展潜力并不受限于经济地位与社会地位。孔子本人来自于社会底层,最初的职业也是一个小公务员。对他来说,获得升迁或者获得一个较高的政治职位都为额外自我提高和服务于人类等开辟了新的契机。然而,这种将"仁"与政治职位联系起来的做法并不意味着,每个政治官员都是有德性的君子。获得政治权力并不代表获得了德性。孔子也意识到,这两者之间并不一定会交汇;也正如我们将要看到的,孔子也是最初几位承认"革命权利"者中的一位。因而,将孔子伦理视为精英伦理是错误的。

然而,更为严重的问题却是一个已经逃过众多评注者眼睛的问题。这个问题就是,孔子并没有对习俗(custom)、道德(morality)与公义(justice)进行区分。①孔子很少提及公义(正义)或公平(farness),他也从未谈到过人权(human rights)的问题。并不像某些批评者所认为的那样,②孔子伦理体系没有谈及解决分配公义(distributive justice)和惩治公义(retributive justice)等问题的方法,或者没有谈及发展如何从制度上保护个人(institutional protections for the individuals)的方法。然而该伦理确实提及,个人的不满与抗议首先要通过传统的过滤而后被别人所知晓,但这个传统本身除了讲论最好的生活方式之外,没有解决公平性问题的精确语言。如果个人想要获得同情,他必须以聆听者所熟悉的语言表达自己的不满与抗议。如果这些语言不能充分表达抗议者的不满,那么抗议者就必须要么忍受对他们问题的曲解,要么据理力争:这个传统是严重不足的,因为它缺少关键的表达方式来讲论正确的行为。因为孔子伦理用传统自身来对传统进行评估、判断和提高,所以这些抗议者就会发现他们很难使用上面的第二种策略。而那些特别强调不可剥夺的人权(包括反对政府的权利)的西方伦理也许能提供更合适、更有效的语言,以揭示某个特定传统(包括那种权利传统)内的重大缺憾。当某个传统包含了一种提出新权利的实践做法时,那些批评者总可以提出另外一项权利,以保护个人或少数人群,使其免于受政府或主流人群的压迫。

孔氏伦理并没有给公民提供一种可以最终诉诸的目标或终向(an end, goal),如人类幸福,以获得听证和建立其申诉的合法性。不过孔子确实提到,自律是人类行为的一种终向(目标),然而这种终向总是一种移动的目标——我们通过一个不断变化的历史传统来找寻和实现这个终向。在我们完善人性的努力过程中,这个传统对我们的努力进行回应,而正是这种回应使得传统自身不断进化完善。

---

① Jaspers, Socrates, p. 45.
② Cynthia Losure Baraban. "Inspiring Global Professionalism: Challenges and Opportunities for American Lawyers in China." *Indiana Law Journal*, 73:4, http://www.law.indiana.edu/ilj/v73/no4/05.html, p. 3.

事实上,我们变得越权威,我们越能影响文化改变,我们的历史和集体的历史越交融。正是从这种意义上讲,孔子伦理不同于亚里士多德的德性伦理。亚里士多德的伦理没有孔氏伦理那样具有历史性,亚氏伦理的正确行为(what is right)来自于所有人类所期望和追求的"美善事物"的逻辑特征(logical features of the good)。例如,根据亚氏的说法,幸福这种人类美善必须是一种最终极、最自足的美善。如果它不是最终极的,那么就应该另外有其他的美善来调控我们对于幸福的追求。因为除了幸福之外,人们别无所期,所以幸福就是一种最至上、最终极的美善。

在西方,那些认为自己已经被欺诲或剥削的人会争论说,人类幸福要求集体承认他们那种不受剥削的权利。权利持有者可以向集体施加压力,要求其限制那些侵害者的行为。在这种情况下,一个人可以从某种程度上超越自己的历史地位。反过来,那些居住在孔氏伦理所塑造地区的人们则不会提出这种请求,因为幸福并不是该伦理体系中的一个关键特征。当我们行为正确的时候,我们会体验喜乐,但我们不能为了奖励与回报而行为做事,甚至都不能为了行为正确时的喜乐而去行为做事。①我们只有一个义务——实现我们的人性,履行自己的义务可能会经历重大牺牲甚至死亡。②我们不应该怀有这样的错误希望:我们可以被很多人所理解。③即使我们通过我们的礼仪性行为和人格对传统予以提高与影响,但是别人也需要一段时间来承认我们的智慧。如是看来,虽然孔氏伦理为反对压迫、不平等、性骚扰、种族主义等提供了素材与方法,但它本身内部确实存在一种倾向于现状的固有偏见。

如果经过西方权利传统的补充,孔氏伦理也许会更完善合理。反之亦然,如果采用孔氏伦理的一些内容,西方权利传统也许会更有活力。随着我深入研究孔氏与和辻哲郎伦理时,我会进一步发展东

---

① Confucius, *Analects*, 6/11;12/21.
② Ibid., 8/7;15/9;14/12.
③ Ibid., 19/19;16/2.

西方伦理互补性这一观点。届时,我会作一些初步的结论。

实际上,权利伦理并不像我们最初想像的那样与孔氏伦理那样遥远。当然,权利伦理依赖于权利传统。每一代新的公民都必须理解权利——它们的重要性、它们的角色、它们的意义以及它们的局限,因此一些师长和经典必须存在,负责对此传统进行传输与诠解,这样新一代能够发现这些传统的意义。一种没人维护或愿意为其辩护的权利根本就不是一种权利。

除此之外,权利伦理还需要民事传统的支持。权利伦理假定,人们应该以一种深思熟虑和相对合宜的方式发展、维护他们在社会和政治上的要求,并且他们还应该遵守那些关于其要求的法律裁决。如果公民不承认他们权利的界限,那么整个权利伦理就会失去其约束力,从而也就不再是伦理。因而,这种权利伦理还要依赖于人们的节制与自控。从某种意义上讲,权利伦理是一种对抗性的伦理,因为它赋予人们某种程序性保护措施,这样人们可以在政治舞台上为自己的信仰而进行斗争。只要这种对抗与斗争局限在少数人中间,那么这种伦理体系就是可以接受的。法庭可以听取一个公司的请求,它的合资公司伙伴因为不遵守合同条款而侵害了它的权利,但如果所有的公司忽然间都不遵守合同条款了,那么法庭就会被完全淹没。换言之,这种对抗性伦理依赖于这样一种传统——绝大多数的事物都不是竞争性的。也就是从这种意义上讲,权利伦理要求人们有最低的德性、尊严水平,即"仁"。

孔氏伦理也假设了一种不可剥夺的人权:形成一种在此世界的独特生活方式。现今世界充斥了太多具有非仁善传统的极权政权,这些非仁善传统并没有给个人留下太多抗议的空间。当公民对现行体制的一些特征不满时,这些公民就会被冠以具有"错误良心"的罪名。如果这些公民没有被他们的资产阶级(反动保守者等等)心态所蒙蔽,他们肯定会意识到,这个体制是为他们的利益及其他公民的利益所服务的。当统治者为他的某些公民冠以"错误良心"的罪名时,这些公民就不会有一个公平的听证。如果人们有那种不可剥夺的使自己不受不公义政府干预的人权时,那么人们就至少有一个地方、一个渠道来反对政府的行为。如果这些权利没有得到政府的承认,那么公民就会因行使自己的言论、结社自由权利而被捕入狱。这种权利语言至少可以通过给予人们一种要求听证的术语工具而赋予人们某种形式的保护。孔子伦理要求人们发现自己的发言方式,但如果没有人能够听到其发言,但这种发言方式又有什么意义呢?这种权利伦理可以通过使听证变得更加可能而对孔氏伦理起一种很好的补充作用。

也许这种通过将人权加入其中的扩大孔子伦理的最强有力的论证要来自于孔子自己。如果人以弘道,而不是道以弘人,那么两点必须是真的:第一,作为个人,我们有权从孔氏伦理那里寻找意义。如果我们认为人权的概念与孔氏伦理是相融合的,那么我们可以自由地对我们所感受到的共鸣真理予以整合和捍卫。第二,作为个人,我们需要某种保护以防止那些对已弘过的道还毫无所知的人的侵害。有些个人实现自己人性的方式还有待别人认可,事实上,许多人对这样的个人还无法描述:"子曰:'大哉,尧之为君也!巍巍乎,惟天为大,惟尧则之!荡荡乎,民无能名焉!'"①"子曰:'泰伯其可谓至德也已矣,三以天下让,民无得而称焉。'"②

人类存在总可能超越其集体的传统,如果集体还从没有见过这样的"仁"人,那么单凭传统是不足以保护"仁"人的,无怪乎孔子感叹"知我者,其天乎!"③这种赋予人们不可剥夺的人权的做法可以被理解为是对任何传统内这种内在局限性的承认。这些人权并不植根于人的本性之内,因为"仁"人迫使我们重新思考"人类"的真正意义以及重新审视我们认为美善的东西。言论自由、结社自由、移动自由等权利的理由或基础使我们感受到这样一种可能性:我们目前的传统在某些方面可能是不足够不充分的,别人也许能够教我们一些关于最佳生活方式的知识。"仁"人追随的是天道,但天道是神秘的,并且

---

① Confucius, *Analects*, 8/19.
② 《论语》泰伯第八,第一节。被 Hall 和 Ames 引用于 *Thingking*, p. 272。——译者
③ Confucius, *Analects*, 14/35.

永远是神秘的。

第三节 结 论

孔子伦理是一种警醒的伦理,而这种警醒要求人们要有自律精神,有在同事和朋友中寻找善、对自己的动机进行审查的自愿精神,有对演化的传统尊重的精神,有礼仪性行为,以及有通过我们的范式行为和言论影响别人言行的意识。这种伦理对资本主义并没有敌对态度,一方面该伦理的警醒性及其德性支持那种仁善的资本主义,另一方面又给批判剥削性非仁善实践提供了理论基础。虽然该伦理并没有建立在人权概念基础之上,但是它和人权伦理之间又可以有一定的互补关系。我们不能头脑简单地对亚洲价值和西方价值进行单纯对比,我们应该认真对待孔子伦理,看看我们在哪些方面可以向其借鉴,并将其融入西方伦理传统之中。如果我们能认真对待孔子的伦理,那么那些受孔子伦理恩泽的中国人和其他人就更可能以诚意回应我们的善意,从而对我们西方所提关于提高他们推理和实践的建议更加开放。

第二章 和辻哲郎伦理和日本的商业实践

虽然有时评著者经常提及"日本伦理",其实这种说法就像"亚洲价值观"这种说法一样具有误导性。日本人受到了许多宗教与伦理体系的影响,如神道教、儒家和佛教等。在从以上三种传统中吸取了一些因素之后,广泛而强烈的民族主义给日本人的思维模式上打下了很深的烙印。因为日本传统中的那种自觉的兼收并蓄精神,所以试图界定一种纯粹的日本伦理体系的做法是非常困难的。西方文化可能会推倒一个体系而拥护建立另一个新体系,而日本的人们从众多文化中不断吸收理念与实践,将这些借来的东西与自己旧的传统融合起来。①

日本人的这种兼收并蓄在许多细小的地方就能体现出来。日本的一顿便饭就可能包括意大利的面条、中国的春卷以及日本的酱汤。日本人从两个美国人威廉·德戴明(William Deming和通用电器的费根鲍姆(A. V. Feigenbaum)那里学会了基准测量和质量控制。日本人现在仍十分投入向外面人学习新的东西——日本的管理者仍定期到外国的百货商店转悠,仍时常阅读外国杂志汲取新的概念。日本人的这种兼收并蓄精神与美国人形成了鲜明对比,美国人对借鉴外来观念毫无兴趣,以至于日本人敢于带着美国人到工厂做非常细致的参观(但他们拒绝向更为好奇的中国人和韩国人表示出同样的好客精神)。②

---

① Robert Carter, "Interpretive Essay," in Tetsurō Watsuji, *Rinrigaku: Ethics in Japan*, trans. Seisaku Yamamoto and Robert E. Carter (Albany, N. Y.: State Universityof New York, 1996), p. 325.

② Richard Meyer, "Preserving the 'Wa'," *FW* (17 September 1991), p. 52.

因此,在日本思想所借鉴的众多传统和观点中理解与界定所有的日本伦理组成因素是非常困难的,甚至是徒劳的。在此,我建议继续沿用前面那种微观策略,选取该文化中具有影响力的思想家的思想进行审查与分析。在本章中,我将要讨论和研究日本伟大的哲学家和辻哲郎的伦理学思想。虽然他并不像孔子那样影响深远,但是许多日本人都认为他已经把握了日本人思想中关于伦理学的关键维面。和辻哲郎在欧洲从学于海德格尔,并且很熟悉西方哲学家及其论辩模式。因为他经常拿自己的论点与西方思想家进行对比(如康德、舍勒、布兰塔诺),他为西方的人们提供了许多自然的"把手",这样西方的人们在理解与评估他的伦理时显得更容易。另外,因为他的伦理思想基本上都从他的长篇大作,《作为人类学的伦理学》(*Rinrigaku*: *Ethics in Japan*)中完整体现出来,所以我们可以不通过对其不同的著作进行分析与综合等工作就能对他的伦理学有相当全面的理解。

第一节 和辻哲郎伦理观纵览

和孔子的伦理体系一样,和辻哲郎的伦理体系也是围绕着人(ningen,人间)展开的,"人间"意味着"相关性",这种意义是非常贴切的,因为这种"中间状态"或"关系中的存有(being in relation)"是人类的标志。① 那些格外个人主义的西方人会误解他的这种说法,认为他在宣称,人类彼此之间是相互联系的。这种误解的意思是说,独立的个人能够自由进入,或以某种方式被迫进入,与别人的关系之中。事实上,如果我们如此理解,倒更贴近和辻哲郎的精神:人类存在就是关系本身。我们每一个人都被彻底地嵌入一张非情愿的、注定的关系网中,正是在这张关系网中,我们表达我们自己的个性、实现我们的目标。这些关系存在于我们的行为之前,一个家庭并不是"丈夫"和"妻子"聚到一起才组成的,这些角色只有在已有家庭框架

---

① Watsuji, *Rinrigaku*, p. 14.

内才真正具有意义,这种家庭"关系"对"丈夫"与"妻子"的形式与内容起决定作用。正是家庭的这种相互关联特性才使得一个人成为"丈夫"或"妻子"。

我们之间的关系性在许多方面都是非常明显的。我们的欲望反映了高度注定性的社会形式:

> 例如,食欲的表现形式就是对面包、米饭、肉菜或者海鲜的欲望。所有这些欲望形式都是该食欲所处文化独有的形式。这些固定的烹饪形式本身就能证明,食欲不是严格的个人食欲,而是集体的食欲。①

我们的有意识的思想都是通过言语来实现的,这些言语都先于我们而存在:"没有人可以宣称自己已经创造了语言。"②当我们对我们的个人经验进行再处理时,我们对其思考和讨论并对其命名,那么这些经验就已经带有了集体的维面。因此,当笛卡儿写他惟一能确定的东西就是他的思考的自我(thinking self)时,他的话是没有意义的。③写是为别人而写,而且写的工具是那些用来沟通交流的语言;另外确定的是,其他人也存在于这个世界上。因为沟通交流属于人类存在,同时也表达我们那种"中间状态"性。

任何希望理解人类的人都必须要留意那些用于描述人类及其活动的语言。日语"ningen"(人间)这个词使用了中文中表达"公众、公共"的词语。这个词首先见于从中国传入的佛经中,最初,这个词的意思是"共众、公共",虽然日本人一直以他们的兼收并蓄著称,但这个词的意义却一直没有变,它一直都代表"整个人类"。

对公众有效的东西同样也适用于那些居于公众之中的个人。因而"人间"这个词既代指作为整体的人类,也代指作为个人的人类。④和辻哲郎认为"人间"这个词的双重含义是非常关键的:

---

① Watsuji, *Rinrigaku*, p. 74.
② Ibid., p. 10.
③ Ibid., p. 30.
④ Ibid., pp. 14–15.

"人间"这个词既不单纯指代个体的"人",也不单纯指代"社会"。该词代表的是一个人类存有内固有的双重特性的辩证统一。从作为人的角度讲,作为个体的"人间"就会完全不同于社会。因为它不代指社会,它就必须单纯代指个体。如是看来,一个个体(人)总也不会与其他个体(人)是公共的。个人与其他人是绝对分开的。然而,从作为公众的角度讲,"人间"也代指公众、公共。它也是那个存在于人与人之间的集体,因此它也代表"社会",并不单纯指独立的个体。正因为它不代指独立的个体(人),所以它是"人间"。因此,个体与其他人是绝对分开独立的,但是他们在集体存在中却成了一个。①

这段引述值得我们特别注意,这一方面是因为"人间"的概念是和辻哲郎式日本伦理学的中心概念,另一方面是因为西方人有一种将日本的集体概念浪漫化的趋势。西方的学者认为,社会和谐是东方的一个主导价值,②在日本的企业中不存在个人英雄,每个人都是团队中的平等成员,③个人被期望为了集体的利益而牺牲自己的利益。虽然人的集体坐标不容忽视,但和辻哲郎非常肯定地认为,作为人并不意味着,也不能意味着在集体中湮没或为集体而牺牲自我。只有当集体的实践、法律、习俗与传统承认它的成员可能会不同意这些实践时,这种人类集体才能存在。集体不必向所有的对立要求屈服,但作为"人间",它不能要求人们全部遵守。和辻哲郎伦理不会弃绝那些不尊敬师长、不将工作作为他们生活中心的年轻日本人。这种态度上的变化应该是在意料之中的,而且应该作为工人人性的一个标志予以尊重。

和辻哲郎一直反对用那种器官性的比喻来描述"人间。",那种器官模式会显示,身体各部分器官很必然地就会遵从于整体,而人们

---

① Watsuji, *Rinrigaku*, pp. 14 – 15.
② Meyer, "*Wa*," pp. 52 – 54.
③ Frank Gibney, *The Fragile Superpower* (Tokyo: Charles E. Turtle, 1975), pp. 216 – 219.

第二章 和辻哲郎伦理和日本的商业实践 77

之间的关联形式,如忠诚或忠信,并不会显示这种必然的遵从性。我们不会"称我们的手和脚'忠诚',正是因为它们是在大脑的指挥下行动的。"①如果我们完全溶解进集体之中,如果集体的每个期望都是我们的命令,那么忠诚就会消失。"忠诚"是以"人间"的反叛能力为前提条件的:"一个主体有能力按自己的意愿做事、有能力不遵从并反对我们,但其愿意遵从我们,那么我们就称这样的服务为'忠诚'的服务。"②因此,那种认为"在日本,忠诚意味着对上无条件的而完全的遵从"③的观点是错误的。从和辻哲郎伦理的角度来看,日本那些对老板的每个命令都遵守的"公司职员"不是真实的人类存在。

决定什么对人类最有益处的惟一方法就是留意我们彼此关系的众多形式,如忠诚、尊重、信任、诚信的形式。日文中"伦理"一词包括两个字:"伦"和"理",根据和辻哲郎的说法,"伦"代指"特定人群在处理彼此之间关系时所持有的某一关系系统,同时它也代指这一关系系统所决定的人群。"④和孔子一样,和辻哲郎也非常强调人们的行为模式,我们拥有多重身份:父母、孩子、长者、同事、雇员、同胞、朋友和陌生人,所有这些关系——夫妻、朋友都是"人间"的"伦"。只要我们意识到那种普通人类伙伴关系不存在,那么我们就可以将"伦"理解为"伙伴关系"(fellowship)。事实上,直到明治时代,日文中才有一个词代表无差异的人群大众,即"社会"这个词。⑤这种伙伴关系有固定的形式(kata),而"伦"是这些"kata"的总和。

"理"这个词意味着事物的理由或逻辑,我们的行为具有可视的形式,那些研究及决定人类最佳生活模式的伦理学家能够识认这些行为形式,同时那些通过"伦"学习如何行为做事的集体成员也能观察到这些行为形式。伦理"是一种体制或模式;通过它,人类的集体

---

① ② Watsuji, *Rinrigaku*, pp. 284–285.

③ Richard H. Hall and Wei-man Xu, "Research Notes: Run Silent, Run Deep-Cultural Influences on Organizations in the Far East," *Organization Studies*, 11:4 (1990), p. 572.

④ Watsuji, *Rinrigaku*, pp. 10–11.

⑤ Nancy R. London, *Japanese Corporate Philanthropy* (New York: Oxford University Press, 1991), p. 12.

存在才是可能的。"① "伦理学"就是日本人的人类学：它是人的逻各斯(Logos)或模式、言语。

"*Rinri*"的这种双重意义——伦理和人类学——指向一个问题：如果"伦理"只是那些已经存在于集体中的各种实践的形式或逻辑，那么它怎么可以是规范性的呢？梅津(Mitsuhiro Umezu)曾如是评论说：

> 在西方背景中解释日本伦理的一个基本难题在于它的本体论本质。日本伦理学家的基本论点并不把规范性原则、规则、德性甚至行为作为他们的出发点。他们的出发点是对人类、社会、自然、宇宙能量等等进行本体论式的分析或描述。如果人们不从日本哲学的角度意识到"本体论就是伦理学"这一简单事实，这一切相关研究是没有任何意义的。事实上，日本伦理学家似乎在讲，"事物现有方式(the way things are)"的基本架构就是"事物应有方式(the way things should be)"的基本架构。②

当然，某些实践做法还是有害的。如果一个人的行为遵循那种有害实践的形式，这个人怎么能是善的呢？这些形式变化么？看来，它们必须变化，因为社会总在随时间的变化而变化。然而，如果人类总是依照自己内在的行为形式而行为做事，那么它们又该如何变化呢？这种变化是否意味着伦理规范就是受特定时空局限而完全相对的呢？

和辻哲郎以伦理的方式对这个问题进行了讨论。他将朋友之间的关系视为一种特定形式的互动关系，在形成友谊关系过程中，各方都会遵照作为一个朋友所应遵循的规范(该朋友规范不同于雇员和客户的规范)。这种友谊形式是以信赖为特征的，信赖是朋友关系的核心，对于此核心性的信念是任何朋友关系的前提基础。为了能使正在出现的关系真正成为朋友关系，人们对信赖的依赖必须首先出现。因此，伦理必须是"已经是"，而不仅仅是"应该是"。然而，一个

---

① Watsuji, *Rinrigaku*, p. 11.
② Mitsuhiro Umezu, "Ethics and the Japanese Miracle: Characteristics and Ethics of Japanese Business Practice," unpublished paper.

人间集体的成员是自由的,他们能够背叛那作为朋友应该遵循的方式。①没有任何关系是静止不变的,因为关系随人们行为的改变而改变,所以人们总是无限地在一个集体内努力实现自己的生活。从这个角度来讲,伦理必须"被视为一种需要无限实现与完成的东西。"②

对于"应该"的决定

我们应该如何决定什么应该做呢?如果我们开始考虑这个决定如何不应该做,那么和辻哲郎对于此问题的答案恐怕是最清楚的一个。对我们生活产生约束力的伦理"应该"不能从孤立自我的意识中去寻求。③康德将伦理放在了理性存有的个人意识中,对于他来说,只要我们的行为不将我们置于那种逻辑矛盾中,我们的行为就是伦理上可以接受的。④作为理性存有,我们不能受到那种不一致之辱;而和辻哲郎和佛教一样,并没有给逻辑一致性赋予任何价值。和辻哲郎认为人类是双重的,他是一个既遵守又反叛的个体人类存在,也是一个既控制又不控制的集体。因此,伦理不能要求人类存在避免自我矛盾,避免自我矛盾就意味着不再是人,一个要求自我一致的伦理律不能作为一个约束人的伦理律。

如果我们考虑一下和辻哲郎反对康德之自杀不道德观点的理由,这个问题就会变得更加清楚。康德认为自杀是不道德的,因为自杀表现出的既是一种逻辑上的自我矛盾,也是一种实践上的自我矛盾。那些欲自杀者想,如果他们停止存在的话,也许会更好,那么对谁更好?对他们自己更好。这些自杀者向将来不合逻辑地投射一个自我,而这个自我又是他们在自我谋杀这一刻决定要停止存在的自我。他们的这种行为必须被视为一种不道德的行为,因为一个理性

---

① ② Watsuji, *Rinrigaku*, p. 12.
③ Ibid., P. 9.
④ Onora O'Neill, *Constructions of Reason* (Cambridge, England: Cambridge University Press, 1989), pp. 81–104.

存有绝不会容忍这种逻辑矛盾。那些想通过自杀而实现更好生活的人们已经不是一种伦理存有,他们只是自私的造物罢了。

和辻哲郎认为康德的伦理律并不适用所有的人类,主要有以下四个原因:第一,康德要求人们避免那种自我矛盾的生活的做法是一种欧洲中心论的伦理。第二,康德认为自杀必须要遵循某种原则,如"自杀为我更好",这一点是错误的假设,自杀并不总是有原则的。第三,自杀是一种显示"中间状态"因素的人类行为。很多情况下,自杀者会留下一些诸如向家庭朋友表示歉意的字条,即使在这个"自私"行为中,我们也能看到人的迹象。那些自杀者承认,一方面他们能够违背别人的期望,另一方面他们也基本上依赖于别人。对于和辻哲郎来说,自杀行为的错误之处并不在于它的不理性,而在于它对信赖的背叛,而且我们还不能完全肯定,自杀行为是否涉及背叛的问题。通过写致歉字条,自杀者肯定了信赖的存在和意义,而同时他又背叛了信赖。这种否认彼此联系性的行为同时又肯定了这种联系性。这种双重特性意味着,自杀以某种根本的方式属于人类或"人间"。[普里莫·利维(Primo Levi)支持他的观点,普里莫·利维发现,人类是惟一有自杀行为的动物。①]

第四,我们不能用一个原则对所有自杀行为进行抽象判断。自杀并不总具有同样的形式,自杀的形式要取决于它们出现的情境背景。如果我们不对这些情境背景进行考察的话,我们就无法对自杀行为进行正确评价。假设我们被送到一个死亡集中营,如果我们知道等待我们的最终结果,那么此种情形下的自杀既可以表达与我们同行者的团结,也可以使我们与那些不真诚对待人类的凶手划清界线。此种情况下的自杀很可能就不被认为是自私的或缺少尊严的。

如此看来,是否和辻哲郎伦理禁止我们对自杀之类的行为进行伦理判断?事实并不是这样的,我们当然有权利作相关判断,但只有我们对此类行为的具体情境进行审查之后,我们才有权对其判断。

---

① Primo Levi, "Shame," *On Suicide*, ed. John Miller (San Francisco: Chronicle Books, 1992), p. 187.

第二章　和辻哲郎伦理和日本的商业实践

当我们对这些情境背景与行为本身进行审查时,我们应该仔细思考,我们的思考也不应该是漫无边际、没有中心的。伦理判断寻找的是行为中的伦理性,即善恶性。和亚里士多德一样,和辻哲郎坚持,某些行为在每个文化中都是恶的,如盗窃、通奸和谋杀等行为。[①]虽然各文化对于这些行为范畴的描述有所不同,但每个文化都会批判某些行为,因为这些行为并不尊重那作为人类普遍基础的信赖。对于和辻哲郎来说,当某些行为违背了那作为人类标志的信赖时,那么这些行为就是伦理上恶的行为。

下一章将要讨论和辻哲郎的信赖概念。但在此之前,我要强调两点,从和辻哲郎的角度出发,第一,当某种行为显示出一个人不尊重信赖时,那么此种行为就是伦理上错误的,当某种行为显示一个人在真正尊重人间的信赖时,那么此种行为就是伦理上正确的。第二,我们应该在人们生活的全面背景中对行为进行判断。如果我们看待具体的行为,我们会发现和辻哲郎伦理和西方伦理某些层面的分歧与对比开始汇合。让我们假设,因为家庭急需钱维持生计,一个女雇员贪污公司里的钱款。康德伦理会将这个女雇员作为一个窃贼予以批判,她的历史性或其行为的情形是不适用的,她的盗窃行为是不道德的,因为她的行为涉及一种逻辑矛盾。该女雇员的准则或原则是这样的:"我有权利将雇主的钱款变成我自己的。"但是,如果每个人都像这个女雇员那样行为做事,那么所有权或财产权就不会存在了(就连"我自己的"也不存在了),因而她的行为是不理性的,也就是伦理上不允许的。如果她有一点尊严感的话,那么她就会避免贪污公款。

虽然和辻哲郎伦理并不会赞同贪污行为,但它会要求我们研究一下这位女士的历史,并且反省一下对于这位女士的艰难境遇我们有没有过错。首先我们应该反省我们为什么让这位女士陷入这种艰难的境况。当我们不去认真考虑为什么她会有这种养育家庭的困难时,那么我们就已经违犯了信赖。我们当中那些对这位女士将要进行审判的人没有权利将自己从"人间"团体中剥离出来,不能只认为

---

① Watsuji, *Rinrigaku*, pp. 287–291.

她的盗窃行为是纯个人的行为,与我们的行为之间没有任何联系。人类的所有的活动都发生在那存在于人们之间的时空互联性框架内。因此,从某种意义上讲,她的行为就是我们的行为,我们对她的审判也是对我们自己的审判。她的行为与我们早些时候有否帮助她的行为是紧密联系在一起的。

如果我们没有权利应用那种自我矛盾律则来判断行为的伦理特性,那么我们该如何确定我们应该做什么呢?我们应该通过值得信赖的行为方式,像纯正的人类存在那样行为做事。①那么我们如何知道我们是否以值得信赖的方式行为做事呢?我们必须让我们的良心来指导我们,我们的良心能够给伦理"应该"赋予规范性力量或行为指导力量。对于和辻哲郎来说,良心这种指导原则比其他任何指导原则都确定。正如罗伯特·卡特(Robert Carter)所观察到的,和辻哲郎对于伦理"应该"的分析与其他东方伦理类似,它们都强调行为选择者的感觉或条件,而西方的义务论和功用论伦理都着眼于所选择的行为。②和辻哲郎坚持,即使一个已选择的行为可能会违背某条原则,但我们不一定就应该感觉,我们不应该作这个行为。那些真正伦理上恶的行为会刺痛我们的良心,从而进一步产生一种罪恶感(耻辱感)。

因为我们听到了良心的声音,所以我们会感觉到罪恶感,感觉到罪恶感就是听到别人反对我们的行为的声音。听到反对者的声音就等于体验自己是"人间",是那种存有:它既不是那种独立任性的自我存有,也不是那种可以互换的团体成员。为什么听到反对者的声音就等于体验自己是"人间"呢?当我们为了获得某种福祉而忽略我们行为对别人的影响时,以及忽略考虑其他可能的福祉时,反对者就会否定我们那种自认自己没有过错的宣称。当个人进行叛逆以否定某种期望或某种限制时,反对者就会予以回应,对这种为个人需要寻求绝对优先权的努力而进行否定;反过来,如果反对者将绝对优先权授

---

① Watsuji, *Rinrigaku*, pp. 283-310.
② Robert E. Carter, *The Nothingness Beyond God: An introduction to the Philosophy of Nishida Kitaro* (New York: Paragon House, 1998), p. 139.

给集体的需要,那么良心的声音就会再次回应,对这种为集体需要寻求优行权的做法进行反对。否定的这种双重运动再加反否定是真正人性的运动,因为只有当个人和集体都不具有绝对优先权时,人类才能存在。

因此,良心声音的这种纯否定运动是非常有意义的。为了能让我们知道我们想要做的事情是错误的,我们的良心不需要告诉我们什么是正确该做的事情;听到良心的声音、听到反对者的声音就足以让我们知道某个行为是否是对"人间"的违背。我们之所以能够感觉到罪恶,是因为我们是"人间"而且还体验自己是"人间"。良心的声音会自动在我们心内生成,以"人间"的形式出现,并且还拥有权威,因为我们本身就是"人间",我们的生命形式就是否定与反否定这种永恒的运动。

此种观点的一个微妙变式是这样的:良心的刺痛并不会使个人进入关系之中。这种变式是一种纯西方式的观点,它的前提假设是一个不与其他人有内在紧密关系的个人。良心的刺痛之所以出现,正是因为我们已经与其他人进入一种关系之中。当良心的声音反对一个过去或将来的行为时,我们也许会通过一种自我辩护或合理化的心理过程来试图打击或压制这种良心的声音,这种压制良心声音的做法是真实的。当我们进行这种合理化心理过程时,我们似乎在宣称,我们是独立人,不受别人的判断。然而,我们的合理化心理过程本身却揭穿了这种宣称的谎言特性:我们的自我辩护过程是以一种从别人那里学来的语言所表达出来的,并且计划用于与别人的沟通过程中,因此我们不能逃避我们的相互依赖性。我们那种压制良心声音、"人间"声音的任何企图都会显示出它们自身的谎言性,而不管我们的合理化过程有多么细致多么完善。

虽然"不应该"的力量是在个人心内感受到的,但是它并不是一件纯个人的事情。我们之所以听到良心的声音,是因为我们是"人间",就像其他任何人一样。"人间"是公共的,所以那些属于它并由它而生的也是公共的。"不应该"的伦理约束力正是被这样的人类所感受到。

第二节 商业背景中的和辻哲郎伦理

虽然关于日本在二战后的经济成功文献与记述很多,但是没有人曾想过和辻哲郎伦理为日本商业实践提供过什么样的启示与灵感。一些理论家曾认为,日本的动力源泉来自于孔子伦理中的勤恳、自律、忠诚、坚韧和识字等德性。[①]这些理论家用孔氏伦理来说明独特的日本管理实践,如雇员终身制、对集体责任的强调和长远的计划眼光等等。这种长远计划及其较好的时间管理和工作纪律据说都反映了孔氏理论中自我完善的观念;而雇员终身制是孔氏理论中家庭孝德的变式,只不过将这种孝德导向了公司。[②]

和辻哲郎会认为这些分析都是肤浅的。他可能会让我们仔细审查某些实践或形式(kata)。当我们这样做的时候,我们会发现,这种诉诸孔氏价值观的方法会使我们忽略许多日本商业特征,而这些商业特征是日本公司拥有忠诚客户和忠诚分销商的基础。例如,日本的产品更新是从客户出发的,公司往往会提供全方位的产品,包括不同产品的多种型号,客户能够选择最能满足其需要的型号与产品。日本行业内的激烈竞争使得产品更新迅速而持续,这种产品更新使日本公司具有越来越强的竞争力。很多公司也非常注重发展与分销商的关系,向其提供人员培训、促销材料和奖励计划等等;[③]另外,很多公司的纵向整合工作如较好的工会关系、较快的资产周转率、具有多种技能的劳动力以及高度的工作互换性等因素也会使日本公司具有很强的竞争力。[④]

[①] Motoko Iwami, "What Is 'Japanese Style' Corporate Management?", *Management Japan*, 25:1 (Spring 1992), p. 24; Dominique V. Turpin, "The Strategic Persistence of the Japanese Firm," The Journal of Business Strategy (January February 1992), pp. 49–52.

[②] Marc J. Dollinger, "Confucian Ethics and Japanese Management Practices," *Journal of Business Ethics*, 7 (1988), pp. 575–584.

[③][④] Masaru Yoshimori, "Sources of Japanese Competitiveness: Part Two," *Management Japan*, 25:2 (Autumn 1992), pp. 31–36.

虽然激烈竞争和从客户出发的产品更新导致过去日本商业上的成功,但那种将孔氏特征作为日本竞争力的惟一或首要源泉的做法还是太幼稚了。即使我们同意,各种伦理观确实造就了日本人经商的模式,但是这种特征分析也充满了许多漏洞。首先,正如我们所看到的那样,日本民族是一个多种族民族,具有丰富的传统。无疑,孔氏伦理确实是一种主要的伦理力量,但我们也可以对武士道和佛教讲同样的话。和辻哲郎借鉴孔氏伦理对于社会形式的强调,又借鉴准佛教的否定之否定概念(和辻哲郎通常将这种状态称为绝对的空),将二者合而为一组成了自己的伦理体系。正如我下面所讨论的,和辻哲郎并不会认为那种雇员终身制是典型的日本实践,也绝对不会用孔氏伦理来证明它。

另外,和辻哲郎也许会注意个人关于商业实践的观点。关于哪些内容可以算是独特的日本管理或日本商业实践这个问题,人们的答案是不一致的。马克·多林格(Marc Dollinger)认为,雇员终身制(shushin koyo)、集体责任制以及长远计划等是日本的独特商业特征。其他一些人则认为企业平均制、薪水升迁资历制(nenko joretsu)、任人唯亲制、要求服从的强大压力、内人集体对抗外人集团的意识心态以及企业工会制(kigyo-nai kumiai)应该是日本管理和商业的典型模式。[1]有些时候,父权式管理以及员工甘愿为更大的企业

---

[1] Iwami, "Japanese-Style Corporate Management," Passim; Dollinger, "Confucian Ethics," Passim; James R. Lincoln and Yoshifuma Nakata, "The Transformation of the Japanese Employment System," *Work and Occupations*, 24:1(February 1997), pp. 33 – 55; Ken 1. Kim, "The Concept of Fairness: How the Japanese and Americans See It," *Management Japan*, 26: 1 (Spring 1993), pp. 26 – 29; Sandra Sugawara, "Japan Construction Industry Built on Cronyism," *Washington Post* (31 January 1998), http://www.washingtonpost.com/wp-srv/frompost/jan98/crony31.htm, p. Al; Noboru Yoshimura and Philip Anderson, *Inside the Kaisha: Demystifying Japanese Business Behavior* (Boston: Harvard Business School, 1996), Passim; Robert L. Cutts, *An Empire of Schools: Japan's Universities and the Molding of a National Power Elite* (Armonk, N.Y.: M.E. Sharpe, 1997), *Passim*.

利益而牺牲自己的精神也被认为是日本企业管理的重要特征。①

因此,个人对于什么是日本实践有不同的看法。另外,一些商业领导人有意试验新的管理实践,所以有时会就如何管理的问题改变自己原有的观点。在19世纪的时候,杰出的劳工领导人铃木先生(Suzuki Bunji)是早期在工作单位实行"家族制"实践做法的倡导者之一。他将资本家比做一个父亲。然而,他后来以一种纯和辻哲郎的方式,对这种做法予以摒弃。当他发现资本家雇主不响应时,他转而强调工人权利。②

还有一点值得我们注意,这些所谓的"日本实践"清单的实用性也是有限的。这些列举的管理实践几乎都出现在那些大的企业里。14%的日本工人是自雇者,而另外有8.3%的日本人是家庭工人。(美国的家庭工人只有0.3%,德国只有1.9%。)③任何着眼于所谓日本特征的分析方法都注定会忽视相当一部分的日本商人。

如果我们假定一套日本特征的存在,那么我们又该如何理解日本的各种差异呢? 日本的许多大公司都有一个共同特征,那就是有一种只追求渐进的改善,只依赖于一个僵化的命令加控制式的等级体制,而大阪市以其企业家精神而著名。正如我在引言部分所指出的那样,住友帝国、19世纪的纺织工业巨头和20世纪的电子巨头都是在这个商人城市白手起家。大阪市的商业基础是非常多样化的,无怪乎该市的商会有四万两千多家企业。④如果我们假设,所有日本商业人士都以同一套特征进行运作与经营,那么我们就不可能解释

---

① Japan External Trade Organization (JETRO), "Major Changes in the Work Place," *JETRO Newsletter*, International Communications Department, http://www.jetro.go.jp/MEETING/Major.html, pp. 1-7.

② Kyoko lnoue, "The American Occupation and Japan's Postwar Democracy: Continuity and Change in the Concept of the Individual in Relation to Society," unpublished manuscript.

③ "Why Japan's Unemployment Rate Has Remained Relatively Low," *Japan Insight*, http://jin.jcic.or.jp/html/in-persetive/rising~why-japan's.html, p. 1.

④ Bernard Wysocki, Jr., "Its Economic Empire Languishing, Japan Mostly Hesitates," *Wall Street Journal* (1 October 1998), p. Al.

这种地区的差异性。

如果日本人有一套固定的特征，那么我们又如何理解日本管理和商业实践最近所发生的变化呢？这种雇员终身制已经受到了人们的批评，认为它对日本日趋增加的竞争力是一种很大的妨碍。[①]如果这种雇员终身制消失的话，那到底是因为日本价值观的丧失还是因为管理层的不道德管理模式呢？或者是因为日本其他一些丰富的伦理传统开始活跃起来，从而导致雇员和雇主接受这个现实？是否新的价值已经出现？或者这种变化本身就早已潜伏于一些日本人考虑伦理的方式之中？最后这一种可能性值得我们从开放和富有活力的和辻哲郎伦理角度进行认真考虑。和辻哲郎恐怕不会将日本最近的变革视为伦理衰退的迹象，而将其视为对其伦理的肯定与确认。为了能了解其中原因，让我们看一下被视为具有典型日本特征的三种实践与制度：雇员终身制、以资历为基础的薪水和升迁制以及著名的家族(keiretsu)制。

一、雇员终身制

因为和辻哲郎将人视为时空人，他可能会让我们通过考查雇员终身制的历史而对其进行一种伦理分析。我们马上会有一个很有意思的发现，虽然雇员终身制被视为日本热衷于集体福祉精神的一个有力证据，[②]但这种实践的起源不是很久远，而且也不是广为人知。当和辻哲郎开始写他的伦理理论的时候，这种向雇员提供终生雇佣以期获得其忠诚态度和努力工作意愿的雇员终身制还没有存在。这

---

① Atsushi Yamakoshi, "White-Collar Performance in Japan," *Japan Economic Institute Report* (JEI) (21 July 1995), http://www.gwjapan.congftp/pub/policy/jei/1995/a-series/0721-95a.txt, pp. 1-14.

② W. Mark Fruin, *The Japanese Enterprise System* (Oxford: Clarendon Press, 1994), p. 1; Thomas J. Peters and Robert H. Waterman, Jr., *In Search of Excellence* (New York: Harper and Row, 1982), Passim; W. G. Ouchi, "Markets, Bureaucracies, and Clans," *Administrative Science Quarterly*, 25, pp. 120-142.

种制度是在二战后才发展起来的,并且当时受到了雇员的欢迎,因为这种制度为战争蹂躏过的经济引入了一种稳定机制。①这种保留工人的实践因公司的规模和职业类别而有很大的不同。程玛丽(Mariah Mantsun Cheng)和卡伦贝格(Arne L. Kalleberg)记录到,大公司对于白领和蓝领工人的保留程度要大于那些小公司。在那些小公司内,蓝领终生雇佣制非常少见。②

和辻哲郎会提醒人们注意,不要将实践或制度和个人的生活与选择分离开来看待,好像这些实践有其独立的存在形式一样。那些大公司的领导者之所以决定将雇员终身制授给某些选择过的雇员,是因为他们预见到了实在的经济利益,还是因为他们的公司具有一种灵活性以尊重这种公司与工人之间存在的隐含社会合同。如果雇员们终生或绝大多数的时间都为其公司工作,那么公司可以省去许多培训费用,它不必为培训新工人的问题而操心。较强的就业稳定感很可能会促进较高的士气,而较高的士气又可以产生更高的生产积极性。在这种雇员终身制下,雇员没有必要从其他竞争公司手里接受工作,因此与企业间谍相关的风险与费用就会被降低很多。从雇员的角度来看,雇员们会在经历战后混乱年代之后对这种雇员终身制的稳定予以接受并怀有感激之情,因而他们会为公司努力工作。③

这种雇员终身制在大公司里显得更活跃,因为这些大公司具有更大的灵活性,在安置工人上具有更多的选择。在经济不景气时期,这些大公司解雇了那些兼职雇员和临时雇员,以保存那些筛选过的永久雇员的工作。妇女们被作为权宜之计或应急雇员而随意解雇。④白领工人常常被转移到集团内其他相关公司,这就是所谓的

---

① ③ JETRO, "Major Changes," p. 3.

② Mariah Mantsun Cheng and Ame L. Kalleberg, "How Permanent Was Permanent Employment? Patterns of Organizational Mobility in Japan, 1916 – 1975," *Work and Occupations*, 24:1 (February 1997), pp. 12 – 32.

④ Takashi Kawakita, "Japanese In-House Job Training and Development," *Bulletin of Japanese Institute of Labor*, *Human Resources Management*, 35:4 (1 April 1996), http://www.mol.go.jp/jil/bulletin/year/1996/vo135 – 04/06.htm., pp. 1 – 4.

shukko 或 tenseki。"shukko"是一种对工人的临时调动,工人被派到另一个公司,但他仍属于原来的公司。"tenseki"是一种对工人的永久调动,工人属于被派往的公司。例如,从 1994 年到 1995 年,日本钢铁公司共调动了 4000 多名工人。[1]事实上,所有的大公司(雇员在 1000 人以上的公司)和许多小公司常常用 shukko 或 tenseki 的方法来调节自己公司劳动力的规模。[2]这种调动雇员的体制使得公司能够尊重雇员终身制,但这种雇员终身制越来越多地意味着那种集团公司内的永久雇员制而不是那种同一公司的永久雇员制。[3]

在过去的一段时间里,一些大公司纷纷减少有偿加班时间,[4]以保住自己的工人。另外,一些较大的领军公司也会采用费用转移的方法。20 世纪 80 年代出现了日元升值,当日元升值,产生了使日本产品更昂贵的危险趋势并降低其在国际市场的竞争力时,一些大公司所采取的对策是强行要求它们的一些较小供货商降低边际利润以吸收这种贬值。这些大公司通过诸如此类的方法保住了它们的工人,同时又将如何降低费用的包袱(包括劳工费用)转嫁给了那些处于被动地位的公司。

这种雇员终身制并不是来源于孔氏价值观,它之所以出现与发展,是因为那些赞成此种实践并有权选择此种实践的人的个人行为。现在,一些管理者和政府官员因为客观条件的改变开始对这种雇员

---

[1] Japanese Institute of Labor, "Steelmakers Farm Out Workers to Subsidiaries," *Bulletin of Japanese Institute of Labor*, *Human Resources Management*, 33:12 (1 December 1994), http://www.mol.go.jp/jil/bulletin/year/1994/vol33 - 12/03.html, p.1.

[2] Hiroki Sati, "Keeping Employees Employed: Shukko and Tenseki Jol: Transfers," *Japanese Institute of Labor Bulletin*, *Human Resources Management*, 35:12 (1 December 1996), http://www.mol.go.jp/jil/boulletinlyear/1996/vol35 - 12/06.html, pp. 1 - 6.

[3] Sati, "Keeping Employees Employed," p. 2; Hitoshi Nagano, *Studies into Mobility of Talented People with Group Companies* (Tokyo: Taga Shuppan, 1989), Passim; Takeshi Inagami, "A Report by Study Group for Japanese-Style Employment System," Policy Planning and Research Department, Japanese Ministry of Labor, 1995.

[4] "Why Japan's Unemployment Rate," pp. 1 - 2.

终身制的裨益开始产生怀疑。①随着工人的年龄老化,许多公司会发现公司内的一些上了年纪的白领工人可能不如那些年轻的蓝领工人更具生产力。(至于白领工人的生产力是否降低的问题一直是人们争论的话题,因为对这些白领工人生产力的计算与衡量是非常困难的。另外,还有些人争论说,这种对于多余白领工人的关注实际上是一种遮掩真正问题的障眼法:在泡沫经济期间,日本的一些高层管理者做出了一些不良决策。)②随着这种雇员终身制的削弱,公司发现很难再用shukko的方式将多余的工人临时调到其他相关联公司,很难再强迫供货商吸收升高的费用。现在日本出现的信用恐慌很可能会增大解雇员工的压力,尤其是那些上了年纪的员工。③1994年时,50.4%被临时调动的工人的年龄在45和59岁之间。④

另外,我们不应该忽视工人意识的变化对于这种雇员终身制的影响。1947年时,超过一半的日本人口是农民。⑤在二战之后,许多农民开始向工厂转移,同时将自己勤劳刻苦的精神也带进了工厂。在公司内花费大量时间以换取这种雇员终身制对他们来说似乎是一个很好的主意。但是到1991年的时候,只有6%的人口是农民,⑥年轻一代更看重自己的休闲时间,⑦在老一代人的眼里,年轻一代的习惯与价值观是如此不同,他们足以被称为"新人类"。⑧在20世纪80年代末期的泡沫经济中,因为金融方面的新职位的出现,许多工人发现换工作是件相当容易的事情。在这些年轻工人中,有些人是在国外接受的教育,并且已经换了几个工做了,因而他们所具有的对雇主的投入感就不像那些二战后马上进入工厂的员工所具有的对雇主的

---

① Japanese External Trade Organization (JETRO), "People, Structural Changes Transforming the Workplace," http://www.jctro.go.jp/JETROINFOSEEKING/7.html, pp. 1–7.

② ③ Yamakoshi, "White-Collar Performance in Japan," pp. 1–9.

④ Sati, "Keeping Employees Employed," p. 1.

⑤ ⑥ JETRO, "Major Changes," p. 3.

⑦ Jonathan M. Jaffe, "The Informatization of Japan: Creating an Information Society, or Just Good Salesmanship?", http://www.ptc.org/pub/ptr/ptrjune96.pdf.

⑧ JETRO, "People, Structural Changes," pp. 1–7.

第二章 和辻哲郎伦理和日本的商业实践

投入感那样强烈。一些年轻人将这种雇员终身制视为一种依附关系,这种依附关系会泯灭他们的创造力,会动摇他们的自尊,①他们拒绝将他们的生活完全投入给公司以换取稳定。在这种新工作态度的培养过程中,政府扮演了自己的角色。随着妇女们加入劳工大军,寻求工作的人数在逐渐增加。基于对失业率的担心,一些政府官员一直在宣传兴趣和休闲等美德,借以鼓励提前退休。②

如此看来,雇员终身制是一种相对新的实践。1945年之后,为了能实现较大公司及一些新近城市化的雇员的目标,一些企业领导者发明发展了这个体制。从和辻哲郎伦理的角度讲,这种雇员终身制本身无所谓善也无所谓恶。在过去存在着不同的用工方式,而将来还会出现其他新的方式,但重要的是,无论在任何时候,雇主和雇员应该总是对彼此负责。只有措施与回应真正忠实于具有活力的人类存在时,它们才是善的;伦理上恶的措施与回应是那些使个人或更大集体僵化的措施与回应。如果工人们不管工作环境中的任何变化而一味强调他们对雇员终身制有一种绝对的权利,那么他们的回应就是伦理上恶的。反过来,如果大公司主张,它有解雇工人的绝对权利,而工人们对于雇员终身制的期望已经成为其自身形象的一部分,那么此种情况下的公司行为就是一种伦理上可以怀疑的行为。

伦理上可以接受的回应非但不会产生僵化的结果,反倒会促发一种对双方期望进行不断磋商的结果。有些年轻工人反对日本公司视为忠诚标志一部分的长时间工时制,作为一种回应,公司制定了一种弹性工时制,试着实行一种交错的工时,以减轻工人上下班通勤的麻烦。③一些公司推行"无加班"制以减轻工作日的负担和降低费用,因而能够使公司吸收新的员工,并能履行其对战后马上加入公司员工的雇员终身制的义务。反过来,公司则向工人要求更大的工作弹性。公司可以留下白领工人,但这些工人必须能够变换工作。日本

---

① Patrick Smith, *Japan: A Reinterpretation* (New York: Pantheon Books), p. 71.
② Yamakoshi, "White-Collar Performance in Japan," pp. 1–9.
③ JETRO, "People, Structural Changes," pp. 1–7.

的 NKK 钢铁公司对白领和蓝领工人实行双轨制，一些蓝领工人被调到管理岗位，而一些白领工人则被调到蓝领工人的生产线上工作。①

这种"反叛人间（ningen）"加"对策回应"再加"对策回应"的动态往复在今天的日本是相当普遍的。在一个非常著名的案例中，日本前首相桥本（Ryutaro Hashimoto）试图说服日本东铁路公司（East Japan Railway Company）的时任总裁松田（Masatake Matsuda）和其他一些高层管理者负担起一些当时因日本国家铁路系统私有化过程中出现的未准备基金的养老金责任。假如在过去的话，企业领导者往往会感觉到一种压力去屈从于这种建议。然而，松田拒绝了这种请求，因为这些私有化的铁路公司必须要吸收外国资本，因而它们必须对股东权利比过去更为敏感。高层管理者、政府和公司其他利益相关方之间的关系正在不断变化演进。②

让我们看另外一个例子：当一些公司（如先锋电气 Pioneer Electric）试图解雇一些工人时，一些工人，尤其是那些没有工会支持的工人，③对此表示抗议，劳工部长介入此事，对这些公司进行了训诫，这些公司改变了它们最初的决定。然而，这些公司却迫使工会就薪酬体制做出了让步，形势似乎是这样的：如果工人放弃那种与资历（见下一部分）联在一起的自动调薪制度以及接受某种形式的业绩薪酬，那么公司就会接受这种雇员终身制。④为了能使自愿退休对长期员工具有吸引力，一些公司增加了退休支出。⑤有些公司深受许多永久资深管理者牵累，作为早期退休待遇的一部分，开始向这些人提供一些原始资本以支持他们开始自己的事业；或者将那些多余的工人

---

① JETRO, "People, Structural Changes," pp. 1–7.
② Stephanie Strom, "Saying No in the Land of Yes," *New York Times* (13 March 1998), p. Cl.
③ Statement by Nagoya Managers Union, http://www.spice.or.jp/~ngun, ion/, p.1.
④ ⑤ JETRO, "People, Structural Changes," pp. 1–7.

调到其他附属公司而同时保证他们的薪酬不变。①

这种互相调节的过程已经产生了一些具有创造性的应对措施。迫于公司利润的压力，NEC的管理者们决定以购物券的形式向工人支付奖金，工人们可以用这些购物券来换取公司的产品。②这种政策可以保证公司向工人发放薪酬，发放奖金，同时也可以减少库存产品。虽然NEC的工人对此种做法并不会完全满意，但像其他公司的工人一样，他们理解公司所面临的财务压力，同时愿意与公司一起在动荡的经济气候中共同奋斗。事实上，和辻哲郎会提醒我们说，公司和员工之间的对立具有误导性，公司是一种法律虚拟，③实际上发明以赠券代替奖金和原始资本支出的想法的是公司的工人自己。

伦理善性正是来自于这种动态的相互调节和相互适应，而不是来自于创造性本身。有些应对措施虽然具有创造性，却在公司和工人之间造成了隔阂。在这种情况下，各方并没有如权威人那样做事。公司曾要求一些工人提前退休，虽然这些工人得到过公司的暗示，但他们拒绝离开。假如在过去的话，这些工人会被临时调到另一个附属相关公司，但随着keiretsu制度的减弱，这种选择也就不再存在了。因而公司对这些不愿离开的工人通过不给他们分配任何工作而进行报复，这种闪避策略的目的是使这些工人受辱，从而迫使他们放弃，但一些工人就是不屈服，这些不屈服的工人就成了那些被闪避的"观窗族"，④他们坐在桌子前，无所事事，这种不快乐的情形会持续好几年。因为公司并不采取措施将这些反抗工人重新整合到集体中去，它就没有尊重工人通过反抗所展现出的个人人格。反过来，这些工人没有使自己更具生产力，对公司更有用。他只是强调他领取薪水的需要，直到法定退休年龄为止。他没有尊重公司对工人已经降低的生产力的担心。在这种情况下，和辻哲郎会认为双方都是不合

---

① Yamakoshi, "White-Collar Performance in Japan," p. 1.
② JETRO, "Major Changes," p. 3.
③ Watsuji, *Rinrigaku*, p. 91.
④ JETRO, "People, Structural Changes," pp. 1–7.

乎伦理的。

二、以资历为基础的薪酬和升迁制

和雇员终身制一起,这种资历薪酬和升迁制通常被认为是日本商业界的一大神圣法宝。Nenko joretsu 是这种制度的日本称谓模式。在这种制度下,所有刚刚进厂的工人都以一个较低的薪酬开始,以后在公司的每一年,工人们会有自动的涨薪,直到他们的法定退休年龄(以前是55,现在是60[①])。虽然像在中国一样,日本的薪酬差异被压低了,但在一段时间之后,这些老资格工人的薪酬会比那些年轻工人的薪酬高许多。[②](例如,在日本,公司总裁的平均薪酬是同龄没有很高技能工人的平均薪酬的四五倍,而在美国,二者之间是10倍的比例。[③])这种制度与雇员终身制相辅相成,实际上,刚进厂的年轻工人通常被要求交保证金,他们所获得的薪酬低于他们的生产力使他们所应获得的理论价值。作为他们接受初期低薪的回报,在他们事业结束时他们能够接受超过他们生产力的薪酬。这种雇员终身制就是为了确保工人们得到早期投资(初期低薪)的回报。

当雇员们上了年纪的时候,公司发现自己不堪承受昂贵资深管理者这一重负,这种额外的劳工费用使公司很难再雇佣将来公司所需要的新的工作力量。因为并不是所有被提升的人都具有管理才能,所以公司的管理被认为受到了影响。解决这个繁冗管理层问题的最典型方法就是诉诸"伦理",某些公司在继续实行雇员终身制及承认人们过去服务价值的同时,又推出了以员工业绩为基础的评估与薪资措施。连锁百货公司 Mitsukoshi 采用了一种以员工业绩表现为基础的薪酬制,在这种体制中,员工薪酬是以资历和表现为双重基础的。随着员工年纪的增长,薪酬的资历部分开始降低,而业绩部分开始增加。在这种实践中,那些上了年纪的工人仍能挣到较高的薪

[①] Lincoln and Nakata, "Transformation," p. 47.
[②][③] Iwami, "Japanese-Style Corporate Management," p. 25.

酬，不过增加的部分是以业绩为基础的。

一家名为 Haseko 的建筑公司采取了一种稍微不同的政策，它保证工人薪酬的主要部分，因而工人们能够在这种资历制度下获得相对可以预见的薪酬，但是公司从员工的薪水中扣除一百万日元形成一个奖金库，库中奖金按个人和部门的业绩表现进行分发。[1]这些变化虽然很缓慢但却实实在在地改变着薪酬格局。在过去的几十年里，年龄与资历在薪酬中的比重变得越来越小。[2]

正如雇员终身制所发生的变化一样，在资历薪酬和升迁制内发生的变化也保留了许多目前的特征。虽然管理者们已经采取了业绩薪酬的方法，但是系统的业绩评定方法仍更偏重于员工对公司的长期投入与负责精神，而不是短期的贡献。例如，那种强调全勤和牺牲休假时间的做法在补充着老的资历薪酬和升迁制同时，也在推动向业绩薪酬制转化。[3]然而这种转化受到了那些老员工的反对，因为他们不想受那些比他们年轻员工的管理。一些较为有魄力的公司已经开始实行那与个人成就挂钩的以员工业绩为基础的评估与薪酬制度。在 1999 年中，丰田汽车公司宣布取消课长(kacho)以下白领工人的资历薪酬制度。[4]尽管实行了这种新制度，但是这些公司基本都能给予员工相对满意的评定。这种"伦理制"在保留资历薪酬和升迁制所创造的等级体制的同时，也在促进一种新的薪酬和升迁原则。这正如罗伯特·埃文斯(Robert Evans)所观察到的："在过去一段时间时里确实进行着一些变革，但这些变革相对稳健缓慢，倾向于加强一

---

[1] JETRO, "Major Changes," p. 3.

[2] Kazuyoshi Koshiro, "Company-based Collective Wage Determination in Japan: Its Viability Revisited Amid Intensifying Global Competition," *Discussion Paper No. 95 – 11*, The Center for International Trade Studies, Faculty of Economics, Yokohama National University, 1995.

[3] Lincoln and Nakata, "Transformation," p. 47.

[4] "Toyota Abolishes Pay Scale," *South China Morning Post* (8 July 8 1999), sec. Business Post, p. 14.

些基本的模式。"①

为了能给管理引进新的血液,一些大公司已经推行了几种独立并行的升迁轨制。地位制可以允许工人继续根据资历和投入原则而不断提高自己的级别;第二种管理制只对那些显示高超领导技能的人予以升迁,这种新的管理制更节精简更平直。恰恰与某些学者所宣称的相反,②对于等级的尊重并不总是纯日本特征。

这种"新平直"体制的目的是缩短指挥环节,从而使公司管理对于市场条件的变化反应更敏捷。丰田、日立、Matsuhita、日本电报电话公司(NTT)和三洋等公司都采纳了这种"新平直"体制,该体制另外也用来重新定义员工向上升迁的期望。林肯(James R. Lincoln)和中田喜文(Yoshifumi Nakata)非常敏锐地指出:

> (诸如双轨制的日本管理创新)为新旧方式之间提供了一种合理化的桥梁(legitimating bridge)。这些创新能够使公司在保留对员工的职业、地位和补偿条件等方面的义务的同时,也能使公司平化等级和精简管理。另外,该体制还可以改变工作场所的工作作风,将企业文化逐渐从缓慢的家长式管理转化成积极进取的企业家精神,向员工们展示公司的发展发生和轨迹。公司可以在重新定义雇佣关系的一些条款的同时,而不会实际影响这些雇佣关系的实质内容,这样公司可以逐渐消除理论与现实之间的差异。③

和辻哲郎伦理很可能会接受这种"合理化桥梁"的概念,但会反对这两位学者的潜在说法:只要公司在缩短或消除"理论与现实之间的差异",那么它的做法就是伦理上可以接受的。他们的这种说法体现了这样一种期望与假设:总有一天,集体现实与个人期望之间的差

---

① Robert Evans, "The Japanese Labor Market: Japan's Economic Challenge," (October 1990), http://www.gwjapan.org/ftp/pub/policy/jec/jec4-3.txt, p. 2.
② Robert March, *Working for a Japanese Company* (Tokyo: Kodansha International, 1992), pp. 213–214.
③ Lincoln and Nakata, "Transformation," p. 46.

异会消失。对于和辻哲郎来说,这种差异总要存在的。正如我在下一章里所要讨论的,信赖并不完全取决于对这种差异的消除。相反,个人愿望和集体愿望之间总要存在差异,这是一种永远的可能性,信赖就意味着要忠于这种永远的可能性。

无疑,这种双轨制会在工人中间引起一些不安,必然会造成工作模式上的额外变化。例如,日本式管理广泛应用小组制,我们可以想像,在各小组间会发展一种张力。只要每个人的升迁轨道都是一样的,那么老人和年轻人都愿意平等地一起工作,尽管他们的薪酬之间存在着差异。但是这种新的业绩薪酬制和双轨制很可能会动摇这种团队精神,并在工人之间引发更激烈的竞争。和辻哲郎伦理认为这种不安和反叛是不可避免的。即使薪酬制并不改变,但个人电脑的普及很可能会迫使这种改变的发生,因为越来越多的年轻工人可以获得那只有资深管理者才能获得的信息。①每种变化在初期都会带来为人们所不能预见的后果。在过去,一些较小的公司很难吸引名牌大学的毕业生。随着大公司对白领工人的削减,小公司也能试着吸引一些顶尖人才,生产力和薪酬水平在这些小公司可能有所增加;或者,如果越来越多的毕业生自己兴办企业,那么日本就会出现企业家活动的爆炸。虽然行动与反行动的精确模式不可能预测,但我们能够期待这些变化与发展会遵循那种双重否定的运动模式。

我们可以将商业活动视为人类行为的又一模式,和辻哲郎伦理认为,每一种模式(kata)都有其自身的规范,这些规范会调控人们的行为,但是反过来人们的选择、反叛和应对会随着时间的推移而调整这些模式。社会团体依照模式的规范对个人进行调控的努力会使个体人性获得解脱,个人的不同意见反过来会使社会集体更能清楚辨别模式的不同特征。只要管理者们不断发明新的技巧与策略,作为新旧方式之间的"合理化桥梁",只要工人们留意与回应管理者所关注的问题,那么双方的行为都是对"人间"忠实的行为。只有当管理

---

① Jiro Kokuryo, "Information Technologies and the Transformation of Japanese Industry," http://www.kbs.keio.ac.jp/kokuryolab/papers/1997003/pacis97.htm, pp. 1–2.

者自私地坚持实行变革而不管工人的感受、不顾其行为对那些长久员工及其期望的影响,或只有当工人们强硬反对薪酬和升迁制的任何变化时,这就出现了伦理问题。

三、家族制度

上面两个例子着眼于管理实践伦理,最后一个例子涉及一个关键组织形式的伦理——家族(keiretsu)体制。Keiretsu 由两个字组成,kei 的意思是"渠道",retsu 的意思是"线"或"阶层",这个词翻译过来的意思就是"家族"制。虽然联军认为,他们已经粉碎了强大的家族氏工业集团或财阀(zaibatsu)(金融集团或垄断者),这些集团迫于政府的压力,在二战后依赖于日本国内银行以获取资本,后来以听起来较中立的名称(keiretsu)再次出现。[1]日本在二战前和二战后的联系与继续是紧密的,三井、三菱、住友、尼桑以及野村证券等公司的前身都是大财阀。[2]

Keiretsu 集团通常很庞大,且非常有影响力,能够进入几个市场。Dai-Ichi Kangyo keiretsu 包括一个贸易公司(Itocho)以及其他专门公司如橡胶(横滨橡胶)、食品(明仁奶制品)、建筑(Shimuzu 建筑公司)、金属制品(川崎金属、Nippon L. Metal)、金融保险(朝日共同基金)、电子(富士通、富士、Yaskawa)和化工(Asahi Denka)。Keiretsu 的一些分公司本身又可以称为 keiretsu,例如,富士通有限公司是一个集团的核心公司,其麾下的一些公司涉足于贸易(富士通商业系统)、电气设备(富士电气、Fanuc Ltd)、房地产(富士通房地产)、保险和金融(富士通租赁公司)、软件开发(富士通分销系统工

---

[1] James McCormack, "The Japanese Way: The Relationship Between Financial Institutions and Non-Financial Firms," *Policy Staff Paper No. 94/16* (June 1994), http://www.dfait-maeci.gc.ca/english/foreignp/dfait/policy~1/, Sec. 4.1.

[2] Zona Research, "Emerging Info-Keiretsu," www.zonaresearch.com/free/herel.htm; Jean-Pierre Lehman, "Asian Perspectives on Globalization and Intra-Regional Dynamics," http://www.saf.ethz.ch/publieat/pb-l5jl.htm, p. 2.

程)以及半导体及电子元件(富士电气化学、Shinano Fujitsu、Fujitsu Miyagi Electronics),该公司的组成名单就这样可以无休止地进行下去。①

　　西方人对日本人的组织协调能力和团队合作能力很是赞赏,这种 keiretsu 制度似乎可以体现这种团队精神。Keiretsu 内的一些大公司认为,这种组织形式能使他们与供应商分享自己的信息,能使他们更好地管理自己的盘存(例如,那种"刚好合适"的盘存制度是在汽车工业的 keiretsu 内部形成的),能使他们对别的集团成员所加工的产品质量进行更严格的控制,以及能使他们向那些有困难吸引优秀毕业生的小附属公司借出自己的工程技术人员。公司与银行之间的紧密关系(也许二者之间有股东权益关系)可以帮助减少财务困难时的费用。Keiretsu 内部的一个银行可以提供来自其他银行的贷款,在破产的某些情况下,该银行可以吸收处于困境公司的损失,从而可以避免债权人之间那种漫长的磋商。②各附属公司之间也可以通过其他的方式进行互助,他们可以通过延长收款期和及时付现金以及差别待遇价格等方法对自己处于困境中的兄弟公司伸出援助之手。③

　　Keiretsu 集团内的主要成员将集团视为由忠信成员组成的一个幸福大家庭,不过和辻哲郎可能不会接受这样一种迷人的说法。请记住,对于和辻哲郎来说,人类就是人间或相关性(ningen or betweenness),这种相关性是以两种实体为前提的,即个人和大集体。在这里,这个 keiretsu 就是这个大集体,至于个人,他必须是能对大集体进行反对的人。因此,我们应该能够期望在 keiretsu 内看到双重否定运动,当我们仔细观察的时候,我们会发现,这正是我们所要看到的。清水一纮写了一部名为《家族》的小说,该小说引人入胜,内容是在大量细致调查的基础上形成的。在这部小说中,作者着重描

---

① Tamae Prindle, introduction to Keiretsu by Ikko Shimuzu in *The Dark Side of Japanese Business*, trans. Tamae Prindle (London: M.E. Sharpe, 1996), p. 85.
② ③ McCormack, "Japanese Way," Sec. 6.

述了两类公司：一级公司和二级公司，这两类公司比集团内大型核心公司的影响力小得多。这些大型公司通过多种方式对这些小公司进行控制和压迫：

1. 大型核心公司通常会拥有一级公司很大一部分的股票。因为这部分股本，一级公司必须就很多决定向大型核心公司讨教，这些大型公司甚至可能对某些关键决定进行审批，如利润分配、薪酬、资本投资、商业计划、主要合同、发布公告、购并、债券股票发行以及股东大会议程。①

2. 大型核心公司会将自己的一些管理人员调到供应商公司那里，将其派入这些下属公司的董事会里，从而加强对这些公司的管理决策的控制。这些被派遣的管理人员忠诚于给其发薪水的核心公司。通过这种派遣人员的方式，这些大型核心公司能够将自己的规则发布于整个 keiretsu 内部。如果某个管理者试图反抗，那么这些忠诚的被派管理人员就会发动"政变"将这个叛逆者赶出局，因而重新获得对一级公司的控制。

3. 如果母公司赔钱，它可能会用这种"政变"接管赢利的子公司，包括那些家族拥有的公司。一些增加的费用也可能会转嫁到子公司身上。一些小公司抱怨说，它们的大合作伙伴的态度是那种"别杀死他们，但也别让他们活着"的态度。②如果某个小公司想与其他小公司寻求横向联合，母公司会以取消所有合同的方式对其进行威胁。因为这些小公司对母公司的依赖很深，它们不能轻看这种威胁。③

4. 在 keiretsu 内部，各成员之间的关系是非正式的。主导公司的某个管理者可能会向附属公司承诺否决某项决定以换取附属公司在其他事情上对他的支持。这个附属公司几乎没有选择，只能依赖于这个承诺。然而，如果承诺被打破或者作承诺者

---

① Ikko Shimizu, Keiretsu, trans. Tamae Prindle (London: Sharpe, 1996), pp. 93-94.
② Ibid., pp. 98, 118, 120.
③ Ibid., p. 94.

被调到其他公司,那么附属公司几乎就没有什么对策。①

所有这些因素都会给集团内的公司带来张力,在 keiretsru 内部与外部都会存在着某种不和谐,然而外国公司却对这种张力视而不见,它们只看到在生产商、分销商和零售商之间有一种紧密的关系。那些非日本公司抱怨,这些 keiretsu 是不公平的,因为它们会妨碍外部公司进入到日本市场里面。②汽车零件供应商抗议,他们不能将零件卖给汽车生产商,因为这些汽车生产商只从 keiretsu 内部成员那里购买零部件。外国银行也抱怨不能进入,因为 keiretsu 内部成员通常只与一家各成员都与其有生意关系的银行结成联盟。

那么和辻哲郎是否会认为 keiretsu 是不合乎伦理的呢？该问题的答案又取决于另外一个问题:附属公司及其核心公司的行为方式是否忠诚于"人间"？这种伦理不一定就会对这种集团架构予以否决。既然 keiretsu 这种形式的规范都是属于那种互惠服务与责任的规范,和辻哲郎可能就不会认为这种实践具有伦理问题,因为母公司向供应商公司提供技术支持,或者供应商公司反过来通过建议创新或暂时吸纳母公司多余工人(前提是这些工人同意被转到别的公司)来支持母公司等这些做法显然是互惠的。这正如夫——妇或雇主——雇员关系涉及相互服务那样,这种 keiretsu 关系也体现了互惠帮助的期望。

然而,和辻哲郎伦理会认为目前这种 keiretsu 内的力量的不平衡倒是伦理上有问题的。一些核心公司试图将附属公司变为自己或母公司的有机组成部分。这些核心公司似乎正在忘记,忠诚是自愿服务的一种形式,因而就有可能出现不同意见。当附属公司被核心公司的管理者置于一种不能反对母公司的要求的境地时,忠诚就被践踏了。在这种情况下,母公司的管理者就不再以真正"人间"的形

---

① Ikko Shimizu, Keiretsu, trans. Tamae Prindle (London: Sharpe, 1996), p. 99.
② Paula Stem, "Re-establishing America's Place in the Sun," A Policy Briefing by the Former Chair of the U.S. International Trade Commission (June 1994), http://www.dlccpi.org/texts/trade/japan.txt, pp. 8–10.

式行为做事，他们的行为因而是不符合伦理的。

为了能变成伦理上善的体制，keiretsu 必须加以改进以减轻不平衡的力量对比。例如，克莱斯勒与其供应商之间也形成了一种 keiretsu。和日本公司一样，克莱斯勒和它的集团成员公司分享自己的技术与信息。然而有所不同的是，克莱斯勒允许这些附属公司与其他公司开展生意。①从理论上讲，供应商的自由可以防止力量的平衡太过倾向于克莱斯勒。这个例子说明，keiretsu 体制本身并没有固有的伦理恶性(intrinsically unethical)，问题的关键在于 keiretsu 内的公司如何对待彼此。和辻哲郎坚持，当我们愿意就我们对于别人的责任进行再沟通时，当别人反过来不断重新认识他们欠我们的感激时，我们的行为就是合乎伦理的。20 世纪 90 年代，发生在日本的正是这种重新认识与评估的过程，供应商开始向新的生产商开展生意，生产商也开始寻找新的供应商，传统的关系仍然存在，但已经变得更为开放。②

然而，我们又该如何看待那种"keiretsu 破坏竞争、日本这种'任人唯亲式资本主义'③对外国企业来说是一种根本的不公平"的指控呢？和辻哲郎对此的回答是比较微妙的。从某种意义上讲，这种批评是不公平的，并不符合"人间"的精神。西方人的这种指责是西方伦理理解人类的又一失败之处。对于西方人来讲，一个公平的市场架构应该是一个"平整游戏广场"，在这个广场上，个人和公司可以在平等的条件下进行竞争。这种关于公平概念的理解的前提是独立原子式个人和其他原子式个人之间的互动，这两个人之间可能在只作一次生意之后，就各自寻找新的供应商。对于和辻哲郎来说，这种极端的个人主义是有瑕疵的，因为它忽视了人们之间的长期关系。有些日本公司之间的生意关系已经维持了几十年，当一个公司决定向

---

① Thomas A. Faulhaber, "Should We Join a Keiretsu?", Business Forum (24 June 1996), http://www.businessforum.com/keiretsu.html, pp. 1 – 2.

② Japanese External Trade Organization (JETRO), "Keiretsu Supplier System Changing," http://www.jetro.go.jp/JETROINFO/FOCUSJAPAN/96 – 11.

③ Sugawara, "Japan Construction Industry," p. Al.

另外一个公司购买产品时,这个卖方公司可能迫切需要进行一些生意,在这种情况下,这个卖方公司就会觉得,在合适的时机,它应该回报买方的好意,如果卖方不回报的话,那么它的做法就违背了"人间"精神。实际上,如果卖方声称:"我们想怎样就怎样,我们的成功与别人的善意与信赖是没有关系的,"那么这种说法就是一种谎言,因为卖方的继续存在要归功于别人的援助。

当西方人不对日本商业实践背后的伦理理论进行审视就对其妄加指责时,他们就没有真正尊重人类。如果西方人以一种批评的眼光重新审视自己伦理理论的一些观点与实践(如那种激进的非历史的个人主义观点),那么他们的行为就会显得更公平。另外,他们还应该承认,美国公司之间存在的许多特殊关系。例如,美国的投资银行家将大量钱投入到"长期资本管理避险基金"中以拯救其颓势,这种干预做法看起来很像美国人所批评的亚洲人的所谓"任人唯亲资本主义"。

但是这是否意味着日本人的这种封闭市场做法就是公平的呢?和辻哲郎可能会让我们弄清事实。美国与日本之间的贸易逆差通常被作为日本封闭市场的一个证据来看待,但是日本人注意到,在20世纪50年代和60年代上半叶,日本对美国一直存在着贸易逆差,而在此段时间内,日本市场的封闭程度比现在要厉害得多。因此,这种贸易平衡可能不会告诉我们一个国家市场的相对开放程度。

为了讨论的方便,让我们假设日本的市场是相对封闭的,那么和辻哲郎又会如何看待此种情况呢?和辻哲郎伦理很可能会支持美国政府那种要求日本高层管理者与美国公司开展新关系的努力。日本的经济是出口型的,如果美国消费者不愿成为日本产品购买者,如果美国不允许日本产品进入这个国家,那么日本也不会变得如此富强。日本公司也许不想承认这一点,但它们与那些购买索尼随身听和尼桑汽车的外国消费者之间确实建立了一种关系。正因为这些消费者支持了日本人,日本人反过来也应该回报美国的公司,因为正是这些美国公司雇佣、支付美国公民,使其有能力购买日本的产品。人类之间的关系从本质上讲应该是动态的,既然美国消费者已经购买日本的产品,那么日本的消费者也就应该开始购买美国公司的产品。

美国有权提醒日本注意这一历史事实,然而美国如何施加压力却是另外一回事。在克林顿执政期间,美国政府采取了一项政策,旨在强调日本开放市场的进展程度可测性。该方法用许多量化指标评估日本市场是否已足够开放。美国认为这种方法是公平的,因为这种方法的目的是创造一个平整的游戏广场,这样美国的出口商能够有机会与日本的生产商在价格和质量的基础上进行竞争。和辻哲郎伦理会对此种方法的伦理性提出一些非常尖刻的问题。这种方法并不单纯是一种掩蔽的出口保护主义,它的真正目的是确保美国公司能够获得一定的市场份额。如果日本对此的回应是将对其他国家的进口贸易转给美国,那么,虽然美国对日本的出口额增加了,但却伤害了这些国家如加拿大或墨西哥。日本的这样一种行为违背了我们依照其而生活的、作为关系总和的"人间"的精神。美国与这些国家之间维持着一种近邻式的关系,这种近邻式关系包含了一些期望,其中包括那种各方都不作危害别国事情的期望要求。从和辻哲郎的伦理来看,如果美国推行一种要求增加所有外国公司在日本的市场份额的政策,那么对于评估日本市场开放性来说,这种方法是一种更为合乎伦理的方法。

和辻哲郎伦理还会要求我们审视一下日本的经济政策发展史。在20世纪80年代的时候,美国人将日本魔鬼化为一个公司国——日本股份有限公司。那么是谁创造了这个经济强国?对于这个经济强国的发展,美国扮演了一个非常重要的角色。美国抱怨,现在的国际贸易和工业部将太多的资源集中于某些行业,然而这种瞄准主要工业(如钢铁、汽车和电子)的政策远在1947年的美国占领时期就开始了。岸信介(Nobusuke Kishi)于1957年被选为首相,负责日本经济现代化的全面工作,(而岸信介则是一个甲级战犯,后在战后被当时占据日本的各国力量所释放,他似乎是美国中央情报局基金的主要接受者。)[1]也许日本的经济政策在某些方面是不公平的,但就由

---

[1] Smith, *Reinterpretation*, pp. 26-27.

当时日本的占领者所强加的政策而指责日本的做法同样也是不公平的。当我们公正地讨论美国和日本的贸易政策时,我们会发现这两国之间的政策和经济之间存在着一种相互依赖性或"相关性"。

第三节 对和辻哲郎伦理的异议

在对和辻哲郎伦理进行详细讨论之后,我想后退一步,讨论这种伦理体系所可能存在的一些问题。

一、异议之一:它是反应性的

和辻哲郎伦理以一种特殊的方式理解个体性,这种个体性不是一个独立个人固有的特性,它应该是一种动态时刻(dynamic moment),只有当个人反叛或背离大集体时,这种个体性才能表现出来。这个大集体也是动态时刻,只有当它否定个人从集体分离的努力时,这种动态时刻才能彰显出来。这种双重否定运动促生了变化,从这种意义上讲,这种伦理是相当具有开放性的,它没有为人类设定任何目标或终向,因而个人成就是不可期望的、不可能的。只有当个人将自己融入这种双重否定之中时,他的行为方式才是一种合乎伦理的方式。因为个人正是这种反叛性否定时刻(a negative moment of rebellion),所以这种伦理必然是一种反应性伦理。现状当然会变化,但正如我们所看到的那样,变化总是逐渐的,目标往往是现行实践的某一方面或某一特质。用商业的语言讲,人们是被动反应性的(reactive),而不是主动性的(proactive),这一点批评受到了一些日本企业家的支持。

然而,这种批评不应该被夸大。如果人们愿意的话,人们应该能够对他们视为反应性的实践进行反击。佐藤(Kenichiro Sato)是Rolm公司的开创者之一,他就是这样一位反击者。他的一些同时代商人"常常坐等危机出现而后进行反应",而佐藤则在问题出现之前就予以解决。①1990年的时候,虽然当时日本的经济还处于兴盛阶段,但是佐藤担心,日元还要继续上涨,销售可能下滑,从而进一步减少本已不多的利润空间。佐藤和他的合作伙伴藤原(Fujiwara)开始拒绝客户的那些不赢利订单,这种做法在当时来说是闻所未闻的。另外,他们还将部分生产移到了菲律宾和中国以节约劳动成本。到1995年的时候,他们的这种策略得到了回报,此时日元变得强壮,日本经济开始衰退,而该公司的税后利润达到了9%(而在1990年时只有2%)。在这种情况下,公司的个人管理者对那种被动反应性的思维模式进行了反叛,成功地采取了一种更具前瞻意识的方法。和辻哲郎伦理当然允许这种可能性,因为这种"人类相关性"(human being-in-betweenness)是"一种从已有相关性到一种新的可能相关性的不断运动"。②因此,第一种异议并不是十分具有说服力。

二、异议之二:和辻哲郎伦理忽略了某些利益相关方

第二种异议也涉及"个人是一种否定时刻"这个概念。异议可能包括两个方面:第一,在这种伦理体系内,只有那些具有发言权和能够做出反应的各方才有地位;第二,该伦理体系只适用于那些能够直接反对别人观点与政策的人。只要雇主与雇员之间存在一种合乎道德的关系,那么似乎就意味着,雇主与雇员可以自由地破坏环境,因为环境不能讲话,没有发言权,所以不能反对这些雇主、公司以及允许环境被破坏的政府。用西方的语言来表达,环境在这种伦理中就没有任何"地位",因为该伦理将这种"个人到整体再回到个人"的双重否定运动视为伦理关系本身,这种"面对面"(face-to-face)的情况正是人类或人间的一种很好例证。该伦理对公司与雇员(或供应商)之间的关系的重视可能会甚于对公司与客户之间的关系的重视。在

---

① Gale Eisenstodt, "Confucius or Marx?", *Forbes*, 156:13 (4 December 1995), pp. 76 - 80.
② Watsuji, *Rinrigaku*, p. 186.

管理者直接与不满意的供应商和雇员进行协商的同时,他们的眼里可能永远看不到一个客户。如果真是这样的话,"相关性"就没有真正起作用,从而可能导致对别人的不平等、不公平待遇。

这种异议的一部分是合理的。在这种伦理中,环境是没有任何地位的,除非我们认为地球是一个活的生命体,能够以反对人类活动的形式表达自己的不满。如果我们产生太多的二氧化碳,如果地球以升高温度和融化冰川来回应,那么升高的水平线就会迫使我们承认自己对于地球的依赖、在将来要更为负责地行为做事。另外一种可能性也是存在的,即使我们否认地球具有反叛能力,其他个人也可能会起而反对恶化环境的做法。和辻哲郎伦理是允许这种环境积极分子的,该伦理的开放性特质允许人们反叛任何问题,事实上,在阅读日本小说和日本电影的时候,人们有时会获得这样一种印象,像霍夫曼(Abbie Hoffman)一样,日本人认为用奉若神明的牛可以做最好的汉堡包。在今村(Shohei Imamura)的名为《谋杀者动机》(*Intentions of Marder*)的电影中,被强奸的主妇很清醒,她因受到羞辱而难免去自杀,但她却坐下来自己大吃一顿。

和辻哲郎伦理对个人的关注程度甚于标准利益相关方伦理对个人的关注程度。利益相关方理论将那些受公司行为直接影响且影响重大的人定义为公司的利益相关方,公司有义务平等对待所有这些利益相关方。该理论的支持者们通常会从伦理相关性的角度对人们进行分类,例如,公司总部所处的社区团体是一个利益相关方,而一个遥远的外国村庄的村民通常不算利益相关方。然而,和辻哲郎伦理则不会这样歧视对待,任何能够对公司的政策或计划提出反对意见的人都与这个公司有一种伦理关系,任何人只要能够给出足够强大、具有足够说服力的理由,那么他就可以成为一个利益相关方。和辻哲郎伦理不会事先将任何团体或个人视为伦理上不相关的或不合理的。从这种意义上讲,和辻哲郎伦理对于个体的尊重甚于某些西方伦理对个体的尊重,从而会使利益相关方感觉被赋予更大的权力。相关比较研究显示,当感觉自己的工作任务有不公平的变动时,日本工人愿意反对管理者的人数几乎是美国工人的四倍,①这种对比结果并不是偶然的。

然而再一次地,正是这种抗议者与公司管理层之间的面对面接触才构成了这种重大的伦理关系。许多日本商业实践体现了这种对于面对面互动关系的强调。雇员们在仔细斟酌自己的观点之前以及与同事们达成一致意见之前,他们是不会主动采取行动的。人们往往会避免声明性言论,而肯定断言也常常以问题的形式出现,从而为读者或听众提供一种机会,使其以另外一种断言性问题的形式来对此问题做出回答。井上(Kroko Inoue)这样写道:"日本的作家通常会避免作直接的断言性陈述;相反,他们以否定或提问的形式做出一些试探性陈述,使读者自己分析出他们对这些命题应有的投入程度。"②诸如此类的做事策略能够使日本人在事前就能稳步地达成一致意见。

这种共识达成过程与美国人的许多实践形成了鲜明对比。美国人开会之前,有时候会在事前(幕后)进行工作,同样可能给同事们发一个备忘录或一个电子邮件通报自己的观点。大多数日本人通常不会发这种备忘录或电子邮件,因为行为正确意味着对这种面对面关系(如父与子、夫与妻、雇主与雇员)的尊重。

日本的员工通常会在大而开放的空间里工作,这样他们能彼此直接听到或看到,单间很少见。③日本公司内的等级比其他国家公司的等级更为平缓,这是强调亲自会面伦理的又一结果。因为商业人士和供应商、分销商和雇员之间的直接接触往往要多于和基本看不见的客户之间的直接接触,所以和辻哲郎伦理有助于解释为什么日

---

① Susumu Watanabe, "The Japanese Quality Control Circle: Why It Works," *International Labour Review*, 130:1 (1991), p. 75.

② Kyoko Inoue, review of "*The Birth of Japan's Postwar Constitution* by Shoichi Koseki," to appear in *Monumenta Nipponica* (Spring 1998).

③ Meryl Gordon, "Japanese Lessons," Working Woman, 17:3 (March 1992), p. 28; Edward T. Hall and Mildred Reed Hall, *Hidden Differences: Doing Business with the Japanese* (New York: Doubleday, 1987), p. 12.

本发展成了一个出口型经济,而不是一个从消费者出发的经济。也许这种将和辻哲郎伦理视为日本经济发展的惟一决定因素的做法有点太过简单,但从历史上来看,在日本所产生的大多数商业伦理方面的问题都衍生于生产者一面,如对待员工以及对供应商和分销商的付款性质等问题。衍生于消费者一面的问题却非常少。

在日本,公司被视为一种社会机构,而不是一种经济机构。虽然公司的目的是挣钱赢利,但管理者和雇员却将他们自己的活动视为众多社会活动的一种。管理者认为自己应该对员工的福祉负责,因为他们要面对别人。有些管理者甚至还向他们的员工提供诸如墓地、约会服务以及团体大宗购买等方面的支持。[①]一些美国行为论者则认为日本人所接受和推崇的这种做法是一种温情式家长做法。[②]日本商业中的这种社会特性也体现在日本人的羞耻概念中。日本的管理者会因非经济方面的失败与失误而辞职,例如,日本全日空的一架飞机坠毁后,该公司的首席运营官公开道歉之后,引咎辞职。在这种情况下,首席运营官的失败被视为整个日本的失败。用和辻哲郎伦理的语言来表达,这位首席运营官在整个日本"面前"感到了耻辱,在这里,"日本"被视为由所有岛民组成的整个社会关系网。死于空难的人们有丈夫、教师、妻子、雇员、兄弟、姐妹,所以这个首席运营官感到耻辱是正确的。这场灾难给"日本"的心留下了巨大创伤,而"日本"这个整体是这个首席运营官及其他公民的人性的来源。

可能有人会对和辻哲郎进行指责,认为他对面对面关系的强调忽略了那种针对某些人群的体制性偏见,从而维持了非正义的东西。对于此种指责,和辻哲郎可能会通过此段评论予以驳斥:"正义仅存于人们之间。我们也许能对动物冷酷,也许能对艺术品进行涂鸦,但我们不能对任何人不义。因而人类是最首要的伦理概念;正义是次要的伦理概念。任何轻视'面对面'接触的伦理(如康德伦理,功用主

[①] Sheryl WuDunn, "Learning to Go Against Japan's Corporate Grain," *New York Times* (8 March 1998), p. 3.

[②] Umezu, "Ethics and Japanese Miracle."

义伦理)都比这更为不公义,因为这种方法破坏了人类存在。如此一来,这种伦理就剥夺了正义的意义,从而也就很难算得上伦理。"

这种反驳是有一定意义的。当我们被别人注视时(或当我们想像被人注视时)以及当我们感觉到表现不佳不足以为人时,耻辱感就会产生。耻辱感对人们行为的影响是非常强大的,当这种耻辱感被去除后,人们的行为方式会更为不负责任。我们不需到别处寻找证据,只需到互联网上看一下就足够了。在聊天室内,恶毒语言经常会在聊天者之间发生(这就是所谓的"激动过火")。人们常常匿名或以假名进入聊天室,心里想什么就说什么,就好像别的有感觉、有思想的人是不存在的。

然而,我担心和辻哲郎伦理自身表现出一种有限的敏感度。众所周知,日本人有一种"内部人和外部人"的敏感度。①对于每天互动的人们,日本人显得非常礼貌与恭敬,他们的心目中似乎只有这些每天见面的人们,一些日本人在地铁里撞上陌生人的时候,他们根本就不对其道歉。在过去,日本的慈善事业只向那些它们对其有一种特殊义务的人施舍钱财。"慈善"这个词(philanthropy)的意思是"热爱人类",是一种"抽象概念,与日本传统的'个人之间或一组个人之间的实在功能性关系'的概念基本没有联系"。②在和辻哲郎伦理中是否有什么东西可以增加人们的敏感度呢?

这里面有三点是非常有意义的。第一,只有当我们保持灵活性的时候,我们的行为才会是符合伦理的。该伦理可以给人们灌输一种在众多具体关系中保持流畅自如运动的自愿精神与能力。虽然该伦理并没有提出一种总的责任与义务来帮助全人类或尊重我们从未谋面的人们的利益,但是该伦理对人们发展新关系的能力予以了认同。如果我在火车上遇到一位陌生者,那么我们进入了一种普通关系——陌生人与陌生人的关系。那么这种关系到底意味着什么呢?

---

① Smith, Reinterpretation, pp. 43–47; Paul Abramson, "Business & Culture, Part 1," http://www.skylee.com/japan-cope/bcl.html, pp. 1–5.

② London, *Japanese Corporate Philanthropy*, p. 12.

陌生人同时也是潜在的朋友、情人或配偶,日本的一则神话讲述了一个来到镇上帮助人们的陌生人。但是陌路也是潜在的敌人,正如日本的一则谚语所表达的:"当你看到一个陌生人时,你应该假设你面对的是一个贼。"①那种单一的不发生任何变化的陌生人关系是不存在的。因为彼此不认识的陌生人很多,所以陌生人关系也很多。相关研究显示,日本男人常常对外国男人怀有消极的态度,而对外国女士则怀有一种矛盾态度。对于他们来说,日本女士和外国女士一样,都容易被高大英俊、具有绅士风度的外国人所吸引。②这种陌生人与陌生人的关系一直在不断演进,日本公司内的慈善活动曾只限于那些熟知的人或机构,但公司向非赢利机构捐赠已经变得越来越常见。这种实践做法之所以在不断变化"是因为财富不断积聚,社会意识和国际意识不断提高,和西方的接触不断增加。"③这种变化正是和辻哲郎伦理所预测的。

第二,虽然有些人不愿扩大自己的社交圈子,但这并不意味着和辻哲郎伦理应该为此受过。相反,该伦理非常清楚地意识到,有些时候人们不能以"真"的方式行为做事,于是该伦理对人们的这种失败进行批评。第三,和辻哲郎伦理假定了许多类型的关系,每一种关系都有其自身的价值或"善"。那种来自成功商业人士的满足感和来自忠诚朋友或亲密爱人的满足感并不是一样的。通过形成新的关系——通过扩大我们所关心的人的圈子——我们会意识到其他的价值与"善"。从这种意义上讲,和辻哲郎伦理确实能够帮助我们扩大与增加我们的伦理敏感度,在最后一章里,我会对此点进行更为细致深入的讨论。

---

① Robert March, *Reading the Japanese Mind* (New York: Kodansha International, 1996), p. 159.
② Ibid., p. 161.
③ London, *Japanese Corporate Philanthropy*, p. 12.

三、异议之三：个体被湮没在整体中

第三点异议是围绕着和辻哲郎伦理中个体与整体(集体)之间的具体关系展开的。和辻哲郎将整体分为两类：相对的整体和绝对的整体。相对整体只以一种动态时刻的方式存在，只有当个人试图完全独立于整体之外时，这种相对整体的概念才会出现。反过来，这个绝对整体则是对个人和相对整体的加强与维护。绝对整体是我们从一出生就进入的"已经存在的相关性"(already existing betweenness)。与相对整体不同的是，这个绝对整体并不反对我们，它并不涉及任何反对，因为它是一个处于自我和别人之间、非二元性的绝对整体。①和辻哲郎用禅家的一个非常著名的表达方式将绝对整体描画为"一个人在父母出生前的原本面目(original face before one's father and mother were born)"②换言之，这个绝对整体是所有实际和潜在社会关系的总和，它之所以是"原本面目"是因为任何"面目"都来源于这个"母体"。它先于"父"和"母"而存在，因为他们只有通过社会"母体"的力量才能存在。

这个绝对整体应该淹没任何个体，它必须要这样，因为它是个体的基础："个人并不决定这种关联性的本质，整体通过这种关联性决定了个人。"③个人并不会经验这个绝对整体，因为这个整体反过来使人的经验变得可能，这里也就存在着一种风险，我们由一个超出经验且不可能对其怀疑的绝对整体或一个完全的"空"来决定。伦理善性与本真性是同一，而这个"本真性"则意味着重归这个绝对的空。和辻哲郎极力避免将其伦理理论建基于个体意识上，因而他也就走向了一种极端，拒绝将任何伦理意义赋予个体经验。和辻哲郎对"活生生的主体(incarnate subject)的深厚生活经验"没有置放足够的注

---

① ② Watsuji, *Rinrigaku*, p. 186.

③ 104. Shigenori Nagatomo, "Review of Tetsuro Watsuji's Rinrigaku: *Ethics in Japan*," Far Eastern Buddhist, 30:1, p. 157.

意力。①他忽视了我们这些可能采取一系列行动而后又可能产生疑惑的分裂存有(divided beings)的切实生活经验。

即使我们常常试图压制这些疑惑,但我们仍能意识到它们。这种二重性经验——有些宗教认为这种二重性经验是非常重要的——在许多方面都具有伦理重要性。这些疑惑能够使我们不致陷于惯常活动或行为的泥淖中,它能使我们与自己保持一定距离,但同时又使我们对自己有非常清醒的意识。通过赋予我们对理所当然事物质疑的能力以及通过为我们展开新的思想视野,这些疑惑能够使我们改变自己的行为,有时候这种改变还是非常根本的。这样,这些疑惑能够帮我们获得适度的从容与平心中立。当我们平心中立时,我们能够做出更好的选择与决定。和辻哲郎伦理没有把握住这个平和兼怀疑的二元自我,因为该伦理采取了一种旁观者的态度。当和辻哲郎观察个人、相对整体以及绝对整体之间的复杂动态关系时,他从很大程度上是从外面进行的。他是以观察日常关联性事实开始的,但后来又忽视了这种日常的灵性经验事实。

从这种意义上讲,和辻哲郎伦理不同于孔子伦理。两位思想家都强调人类之间的多种关系。然而,孔子承认内观,事实上,他对内观的态度几乎到了褒扬的地步。第四章对这种处于孔子主要德性(信赖)中心的内观进行了讨论,我们需要考虑这种内观是何等得重要。

第四节 结　论

和辻哲郎所提出和辩护的是一种相关性的伦理(betweenness)。这种相关性是人类存在的本质。过人类生活意味着否定我们和更大集体的统一性,然后又否定前面那个否定。当我们的行为参与这种双重否定运动时,它们才是伦理上善的行为;只有当我们的行为是伦

---

① 104. Shigenori Nagatomo, "Review of Tetsuro Watsuji's Rinrigaku: *Ethics in Japan*," Far Eastern Buddhist, 30:1, p. 157.

理上的善的行为时,我们的生活才是真实可信的。邪恶来自于采取僵化的立场。当我们完全否定我们个体对整体的依赖性时,或当我们从集体的角度要求个体完全湮没于整体之中时,我们是邪恶的。

这种真实概念之伦理既有分析的力量,又有综合的力量。它识别具体情形和制度中的重要伦理特征(分析力量),然后就何谓更具伦理善性的行为提出建议(综合力量)。尽管伦理变化都要经过双重否定运动,因而是缓慢而逐渐地,但这种伦理非常具有活力。一个人可能尝试与过去彻底断绝关系,但任何彻底断绝关系总将受到更大集体的否定。最初的彻底断绝总会以一种更轻微、更微妙的形式重新出现,这些新形式总会保留这个人所反对传统的一些特征。

虽然我不想证明和辻哲郎伦理是典型的日本伦理,但我要说的是,日本的许多商业实践都和和辻哲郎伦理相吻合。另外,日本的一些商业实践的某些有问题的层面恐怕可以从和辻哲郎式伦理那里找到它们的痕迹。该伦理对面对面交往和接触的强调可能会导致对陌生人关系的忽视,特别是对那些非日本人的关系的忽视,因为这些非日本人并不分享那些日本人获得其存有的、注定但偶然的(determinate yet contingent)关系矩阵。另外,该伦理忽视我们这些作为怀疑及冲突的造物所拥有的内在经验。我们的怀疑能够导致我们行为和习俗的巨大改变。人类世界对变化的开放程度也许远甚于和辻哲郎之动态伦理所能承认的,但是在我们讨论内在转变所扮演角色之前,我们需要对和辻哲郎伦理和孔子伦理进更入的探索和研究。

第三章　和辻哲郎式的信赖、
##　　　　人类存有和商业实践

　　和辻哲郎和孔子所提出的人类存有观点与四百年以来统治西方思想和实践的个人主义的人类存有观点有着根本的不同。前面两章详细介绍了他们的关于人类存有的观点,然而这些讨论还没有完成,因为在抽象中人是不存在的。我们中的每个人都是在此时此地为自己雕刻出一个存在,我们中有些人的生活是有德性的,而另外有些人的生活则不会如此具有德性。我们需要以更多的笔墨来描述有德性生活的具体形成。

　　根据和辻哲郎和孔子的说法,良善的生活应该体现和展示真挚（sincerity）、诚实（honesty）、坦率（truthfulness）和值得信赖（trustworthiness）等德性。他们两位对德性的强调使得他们完全不同于那些忽视德性、将善行视为对规则和契约的遵守的西方哲学家们。和辻哲郎和孔子思维模式的力量和差异在他们关于信赖（trust）和值得信赖（trustworthiness）等概念的讨论中表现得最为淋漓尽致。当西方的一些哲学家开始强调信赖的重要性时,和辻哲郎和孔子却已经将这个概念发展到了一个完全不同于西方哲学家的境地。事实上,从某些方面,他们将西方哲学倒置过来。对于中西方有关信赖和值得信赖等概念之间的差异的误解已经导致了对日本和中国的商业实践的严重误解。本章将讨论和辻哲郎关于信赖的思想;下一章将讨论孔子的相关概念。

第一节　信赖和人间

　　和辻哲郎认为,人类是那些既总是社会性的也总是个人性的存有之间的高度注定的相关性和辻哲郎以一种非常奇特的方式对信赖概念进行了大篇幅的讨论,然而这种方式与他对人类存有的理解是一致的。他的讨论是以一个处于绝望中呼求援助的人的假定前提问题为开始的。和辻哲郎注意到,如果一个人事先看不到救援的可能,那么他就不会呼求援助。因而,不管情况多么危急,人们是不会向一棵树或一块石头求救的。即使一个原始人向诸如树木和石头等事物求救,他所呼求的也不是单纯的事物。在这种情况下,石头和树木被赋予了一种神秘的援助力量。因而,在这种情况下,一个人只在援助可以期待的背景下才会发出求救。①

在什么样的背景下,我们可以期待援助呢?我们的援助只有两类:一、我们视为同类的人类;二、超自然存有:我们认为,从其本性出发,这个存有能够也愿意向我们伸出援助之手。②我们所呼求的人不需要是我们的亲戚或朋友,我们向任何人求救。和辻哲郎争论说,我们之所以这样做,是因为我们从一开始就信赖我们的人类同伴。

因而,在和辻哲郎伦理的舞台上,信赖的第一次亮相就是这样一种人际间的非偶然现象(an interpersonal and non-contingent phenomenon)。信赖以一种非常根本的方式属于我们——属于我们这些人类存有。也许我们求助的人会对我们的脆弱处境视而不见甚或利用这种处境。然而,我们仍然会继续向我们的同伴人类求助,因为我们仍然认为他们是我们同行旅者、仍是我们处于困境时所依赖求助的对象。"一个求助的声音就是这种信赖的表达。"③

那些听到此呼救的人听到的就是这种信赖声音,聆听者感受到这种维护生命的价值,感觉应该向处于危险中的人所依赖的根本且共享的人性做出回应。④这种价值观念和感受到的应该(义务)对于解释为什么人们愿意牺牲自己的生命去挽救别人来说是非常必要

---

① Tetsuro Watsuji, *Rinrigaku*: *Ethics in Japan*, trans. Seisaku Yamamoto and Robert E. Carter (Albany, N.Y.: State University of New York Press), p. 265.

② Ibid., pp. 265-266.

③ ④ Ibid., p. 266.

第三章 和辻哲郎式的信赖、人类存有和商业实践

的。然而我们也感觉应该拯救一个溺水小猫的生命,但我们可能感觉我们没有义务去牺牲我们的生命去拯救这只猫的生命。相反,一个溺水小孩的呼叫声则会使我们感觉到一种义务,因为我们将这种求救声音视为信赖人类的声音。作为人类,我们已经总是处于一种相互信赖的关系之中。这种前提条件关系既可以解释为什么那些需要帮助的人在期待援助的背景下呼求援助,又可以解释为什么那些听到呼救声音的人对呼叫者做出回应。

这种信赖概念体现并展示了我们根本共享的人性,因而渗透于我们所有的积极社会生活。当我们在街上迷路时,我们向别人问方向,期望这个陌生人能给我们指点迷津,尽管我们不认识这个陌生人是谁,虽然我们不知道他会对我们如何反应。[①]这个陌生人可能会或偶然或故意地给我们指出错误的方向,然而我们仍不会停止信赖街头上的人,我们仍不会因此而推理所有的人类都是不可信赖的,我们只会得出这样的结论:这个人有点卑劣。

和辻哲郎认为,我们对于信赖的这种执意坚持态度既是有效的也是完全有保证的,即使一个恶意谎言或与一个罪犯的经验也不会毁坏这种信赖观念。[②]相反,当陌生人故意给我们指出错误方向时,他还是以我们的信赖为前提条件的,为了能在我们的生活内带来灾难,他依赖我们对其方向的信赖。扒手同样也依赖我们对于彼此的根本信赖而屡次使自己的盗窃得手。如果我们仅仅因知道这些扒手或撒谎者的存在而变得过分小心,那么这些窃贼和撒谎者也就不能得逞了。正是我们对于这种根本信赖的执迷态度才使得那些侵害此态度而完成自己背叛行为的人得逞。因此,犯罪和背叛行为不会也不可能毁坏我们的对于信赖的态度,因为正是信赖才使得所有的人类行为首先变得可能。[③]

[①] Tetsuro Watsuji, *Rinrigaku*: *Ethics in Japan*, trans. Seisaku Yamamoto and Robert E. Carter (Albany, N.Y.: State University of New York Press), p. 266.

[②] Ibid., p. 267.

[③] Ibid, p. 268.

这种观点是比较强烈的,我们应该停下来慢慢思考它的真正含义。

一、信赖不是通过规则或契约而建立或保证的

和辻哲郎否认,信赖是由那些人们自由进入的规则或契约而建立或保证的。正如我们在第一章所看到的,那些在社会矩阵之外存在的个人存在是一种神话。个人只能以一种和由相互依赖个人所组成的更大集体之间的相互依赖关系而存在。当溺水的人向别人求救时,这种更大集体就显现出来。因为"个人"和"人类"行为的概念都是以社会为前提条件的,所以社会并不是个人想要进入或订立契约的决定的产物。因而,这种信赖要么是社会的一个特征,要么是社会的一个根本基础,它根本不可能是个人遵守规则或契约的这一决定的产物。恰恰相反,进入契约者已经信赖某个体制或系统,在此体制或系统中,规则或那种遵守规则的决定是有意义的——也就是说,在这种体制或系统中,契约执行机制是存在着的,人们共享着一种语言——在这种语言体系中,规则条例、惩罚措施、违约后果、合同契约等等都被大家所共同理解和信赖。[1]

二、信赖不是一种个人间的现象,
而是一种人际间的现象

关于和辻哲郎伦理,当我们讲论的方式好像是在说信赖是一个个人和另一个个人之间的事情时,那我们就在误导别人。这种讲话方式在暗示,信赖似乎是一种个人财产,好像是一种礼物,我们能够自由地接受或拒绝赋予给别人。和辻哲郎并没有否认,在不同的关

---

[1] Annette Baier, "Trust and Anti-Trust," *Ethics*, 96 (January 1986), pp. 231 – 260; Trudy Govier, "An Epistemology of Trust," *International Journal of Morality and Social Studies*, 8 (Summer 1993), pp. 155 – 174.

系中信赖会有不同的形式。事实上,他提请我们注意信赖的多样性,而西方理论家却极大地忽视了信赖的多样性,将信赖视为一种单一的现象。①尽管信赖有许多的形式,但是基本的信赖却存在于所有人类存在中。某种水平的信赖总会存在于我们中间。正如我们一会儿将要看到的,信赖甚至存在于困境时期。

三、信赖并不是以一个个人所收集的关于另一个个人的表现或历史

虽然我们还没有发现和辻哲郎将什么作为信赖的基础,但他明显反对那种将我们的信赖建基于别人对我们的善意证据上的做法。也许我们会只信赖具有某些人格特征的人,如那些能控制自己欲望或自然冲动的人,或更好说那些真正有德性的人。②然而,正如我们所看到的,尽管个人有这样或那样的行为,但信赖仍然存在、持续。因此,信赖不能以我们对别人有否对我们遵守承诺的历史的判断、对别人有否对我们撒谎的判断等等为基础。

另外,我们也不能只信赖那些我们认为伦理上善的人、从而不太可能背叛我们的人,虽然我们也许认为伦理上善的人是那些诚实、不受自己本性冲动左右的人,但我们很难事先决定某些人是否是诚实的。③因为信赖总需要这样一种事先的决定,所以它不能以"是否这个被信赖者控制了自己的本性冲动"这种判断为基础。

相反,信赖是我们的根本信念,通过遵守那些关系或角色所暗含的、对我们具有约束力从而使我们过一种独特的人类生活的规范,人们能够完成他们作为人类的角色,能够以符合"人间"的精神而行为做事。这种信赖概念可以用来解释日本企业内部的表面和谐,西方商业著述对此种现象非常关注。然而,我们必须明白,这种和谐不是

---

① Francis Fukuyama, Trust (New York: Free Press, 1996), Passim; Baier, "Trust," Passim; Govicr, "Epistemology," *Passim*.

② ③ Watsuji, *Rinrigaku*, p. 268.

信赖的原因,而是信赖的副作用。义村(Noboru Yoshimura)和安德森(Philip Anderson)警告说,那种认为所有日本个人都对别人具有爱心和善意的观点是不恰当的。西方对于信赖的理解过于个人化:

> 因为日本的个人对行为模式理解很好,并且遵守这些行为模式,所以日本人的行为之间存在着一种和谐。一旦背景环境的某种特殊解释予以接受,那么人们就都予以遵守……一致性以及那种遵守某种接受的模式的需要是外人所观察到的和谐及精巧控制的基础。从个人层面来看,那些日本的挣工资者并不比西方的挣工资者更可信、更和谐……另外,在某些特定的情况下,日本的一些管理者的行为方式会使那些素来相信保持和谐及维护信赖是日本生活方式的本质的人感到大为吃惊。①

四、信赖不是那种成本效益核算的结果

信赖会产生许多社会效益。福山(Francis Fukuyama)争辩说,我们应该将信赖视为社会资本。②那些具有信赖精神的人能够与陌生人进入契约关系,从而形成一些非家族式的企业,发展公共的经济机构(如,股票市场),并且还会在家族之外发展丰富的社会纽带。信赖别人还会带来一种经济优势,一些人士认为,日本企业已经努力发展形成了由各独立企业组成的大联合集团公司,而这些企业之间又存在着错综的董事会关系,因为这些企业已经经历并承受过非常高昂的不信赖所产生的成本,并逐渐认识到这些长期以来形成的信赖关系能够为它们节省多少成本。另外,它们不需要对合作伙伴的诚信继续进行调查,同时也不需要承担因协商和签订合同而产生的高额

---

① Noboru Yoshimura and Philip Anderson, *Inside the Kaisha* (Cambridge, Mass.: Harvard Business School Press, 1997), p. 83.
② Fukuyama, *Trust*, Passim.

法律费用及合同的执行费用。①它们之间的关系较非正式,也许从某些方面还是非对抗性的,因为人们在一起合做了很长时间,对彼此都比较了解。

和辻哲郎并不会否认这些。然而,他会提醒我们注意两点:第一、因着上面我们所推论出的理由,基本的信赖总是存在的;第二、因着背景的变化,信赖的表达方式也会有所改变。关系上的变化并不是因为成本效益核算而产生的,而是因为那种为了适应情境的主要变化而承担新角色或强调某种关系的需要而产生的。例如,日本的一个著名企业协会(Kerdanran)向日本自民党捐献了许多钱,前提是自民党能够执政。当自民党于20世纪90年代竞选失败时,该组织不再予以支持。这二者之间的关系改变了,因为它们各自的角色改变了。这个案例与企业内部角色的不断磋商与调整是非常相似的。从某大学毕业的一群雇员就成了企业内部的一个帮派,作为该帮派的成员,人们之间是完全平等的。但在很长时间之后,一些人被提升而位高于别人。在这种情况下,情形就有所改变了。高一些的管理者就有高一些的地位,别人对他讲话时就会是一种更为礼貌的用语,而不是那种平白的普通成员之间的讲话方式。在这两个政治和企业案例中,各方都非常清楚,他们需要就改变了的情形重新评估那已经存在很长时间的关系。

因为人类(人间)本身是动态变化的,所以信赖的表达方式也需要不断变化。人们角色不断演变,在某些情况下,人们感觉到被背叛了,从而不再相信别人,然而这种感受只是暂时的。受到震惊的人会重新与更大集体整合,重新定义自己的社会角色,重新为自己的角色而付出努力。义村和安德森描述了野村证券和财政部之间于20世纪90年代的关系变化,这很好地说明了作为和辻哲郎伦理中心观点的双重否定运动。

野村证券和日本财政部之间的合作持续了很多年。当财政部发

---

① W. Mark Fruin, *The Japanese Enterprise System* (Oxford: Clarendon Press, 1994), *Passim*.

觉有困难销售某些债券的时候,野村将这些债券销售给了集团公司的客户。作为一种回报,野村能够通过利用财政部的情报资源获得一种压制对手的优势。当日本的股票市场于20世纪90年代跳水的时候,野村的一些主要客户都损失惨重,包括那些曾接受政府债券的客户。野村和其他一些证券商决定,在财政部的帮助下,它们补偿其客户的损失。当公众获悉小的客户没有获得此种优惠待遇时,而且黑帮或yakuza正在掌控着一些获此优惠待遇的大公司时,社会上爆发了丑闻。从此时开始,野村和财政部之间的关系发生了变化。既然双方之间的此种安排不再是私下里的,"财政部重新定义了它的参照组,将眼光投向了其更长远的利益,并且否认自己与此阴谋有关联。"①

财政部觉得一直合作的证券公司们背叛了自己。这些公司的损失已经导致了丑闻的发生,从而动摇了人们对市场的信心。然而,财政部并没有完全切断自己与所有联盟的联系,它通过强调自己的管理角色、并通过(暂时)牺牲它和证券商(如野村)之间的行业政府式联盟,而选择重新调整与其他政府部门的关系。对于野村来说,它觉得其政府合作伙伴已经使其陷入了难堪的境地。因而,它也调整了自己的角色,它强调自己在证券业的领军角色,并且游说消除日本财政部的发放证券经营许可证的权力。

尽管各方最初都尽力避免使双方之间的关系变成一种社会关系,但最终双方都不得不承认自己是社会实体。这种最初的否定本身也是一种典型的"人间"式的否定。在整个重新调整过程中,信赖得到了保存。信赖在变化的所有模式中都永远保持不变。各自的角色发生了转换,但只要各方在各个时间点都接受并体现某种角色的标准与规范,那么各方就都继续响应人类的"召叫"。

因此,虽然我们的经验可以毫无疑问地揭示信赖的程度,但那些计算依赖别人可以为自己带来多少好处的个人绝不能通过其计算而获得信赖。这样一种观点是那已经被摒弃的观点的变式,即信赖是

---

① Yoshimura and Anderson, *Inside the Kaisha*, p. 96.

个人自由愿意地赠予被信赖者的一种财物。另外,那种成本效益式的信赖概念也不是可予以辩护的,这是因为在我们与别人进行互动接触之前,我们通常不知道我们想或应该从别人那里期待什么。只有先期存在的基本信赖才有可能使人们进行互动接触;正是由于这种基本信赖,我们才能与别人一起合作行为做事(甚至反对别人)。通过这种互动,我们开始意识到可能的利益与风险。如果我们没有以特定的方式和角色而终生信赖人们,那么我们就不可能预测后果,计算也就更谈不上了。简而言之,信赖不可能是人们计算的结果,这是因为计算是以信赖为前提的。

第二节 信赖的基础

和辻哲郎的信赖概念与西方的普通信赖概念有着本质的不同。但是这个"日本"概念到底意味着什么呢?信赖是否是人类存有的基础?还是反过来?当然我们不信赖某些人,那么不信赖又意味着什么呢?如果信赖与人类共同存在,那么不信赖又怎么可能呢?和辻哲郎的方法能够给我们日常生活尤其是对当代的商业实践带来什么启示呢?

让我首先回答第一个问题:信赖是否是社会的基础或者人类存在(ningen sonzai)是信赖的基础?对于和辻哲郎来说,信赖不可能是社会的基础;相反,人类存有——个人与社会之间的相互依赖——必须是信赖的基础。和辻哲郎批驳了第一种观点,即个人先是彼此显示诚信,然后才选择开展社会合作,这是因为这种观点忽视了每个信赖行为中所涉及的时间性因素,信赖是相对于可预见将来的。信赖者总是假定,被信赖一方在将来也会如现在一样值得信赖。那么什么是这种假定的前提基础呢?也许我们依赖被信赖者的自我身份,从而进行推理:被信赖的一方在将来也是和现在一样的人。然而,这是不可能的。那许下诺言但违背诺言的人还是同一个人。正是因为这种不变的人性身份,信赖者才能对违背诺言的被信赖者进行指责。

这个人许下诺言,也还是这个人违背了诺言。①

相反,我们必须为正在持续的可信赖性找一种更为深层的法则,一种"固有于人类存在的法则"。信赖这种现象不仅仅存在于那种一个人信赖另一个人这个行为中。它也意味着,一个人事先采取一种对将来的决定态度,而这种决定态度对自己与别人之间的关系又缺乏一种确定性。我们之所以采取这种态度,是因为我们在人间存在内所承负的过去也正是我们所要瞄准的将来。我们目前的行为正好发生于过去和将来之间的这点定位。也就是说,我们在一个行为内并通过这个行为而再次回来。②

信赖真是不可思议,因为我们可以对将来进行信赖。固然我们的态度是决定的,但是将来则是非决定的。那么什么可以解释这种表面上的悖论呢？这种悖论来源于人类存在的双重运动。人类存在是一种永恒的运动,个人对全部进行否定,而最终只会发现这种否定是全部的前提(反之亦然)。当我们进行信赖的时候,我们隐约意识到这个双重否定过程永远持续下去。虽然我们不能预测这个过程的每种形式的每个层面,但是我们能够知道这样一种事实,人类存在的基本架构(即双重否定)总是临在的:

那种贯穿所有行为的东西不是别的,正是通过否定而回归真实的运动。作为此种运动的一个环节,目前行为具有回归的动力架构。因此,那离开真实和回归真实的根本方向并没有迷失,即使所涉及的是有限的人类存在。我们所从之而生的土地(背景)也是我们努力走向的一个终点站。③

即使在我们受到别的人类存在背叛之后,我们也不会放弃信赖别人,这正是因为背叛者也是一个和我们一样的人类存在,即一个以某种方式、在某种水平上也信赖别人的人。背叛永远以信赖为前提;

---

① Watsuji, *Rinrigaku*, p. 270.
② ③ Ibid., p. 271.

反过来,信赖总会涉及一种背叛的可能性。个人通过背叛行为而使自己疏离别人的企图只不过是双重否定过程的第一个否定:"哪怕极为狡诈的骗子也会有其真诚的地方。"① 这种双重否定是人类存在的一种标志,"哪里人类关系盛行,哪里就建立起了信赖。"②

和辻哲郎伦理的成功应用案例

从历史沿袭来看,日本人在与别人做生意时并不习惯于签订合同。尽管随着日本跨国公司与非日本集团公司之间所签订协议的增多而改变了这种实践,但在商业讨论中引入好斗的律师或在不合适时机引入律师仍会伤害其日本伙伴。③ 日本人更喜欢花费不管多长的时间来了解生意伙伴的性格、思想及期望。只有当他们觉得他们已经足够了解对方、并且弄清什么样的角色期望适用于此种关系时,他们才会考虑与对方形成一种商业关系。也许我们会说,日本人是就关系进行谈判,而不是就合同进行谈判。典型日本合同是一个列明各方权利与义务的简短陈述,同时包括一个未尽事宜条款:该条款规定各方同意以诚信的精神对将来问题进行协商。④

和辻哲郎可能会按下面的线索解释这种实践:商业关系就是人类的信赖关系。承诺和合同不可能成为这种信赖关系的基础。没有人能够预测每个商业意外事件;因而,各方最终将会不可避免地依赖相互的诚信以解决这些和那些困难与意外。另外,承诺也不可能成为信赖的基础,这是因为承诺本身是以信赖之架构为前提条件的。一种许诺或一个合同是这样一种形式,它能允许一个人的目前存在受制于迄今仍不确定的将来关系。一种许诺总会是一种基于信赖的

---

① Watsuji, *Rinrigaku*, p. 281.
② Ibid., p. 271.
③ Diana Rowland, *Japanese Business Etiquette* (New York: Warner Books, 1993), pp. 92-93.
④ Elliott J. Hahn, *Japanese Business Law and the Legal System* (Westport, Conn.: Quorum Books, 1984), p. 34.

行为,这是因为信赖是信赖者对人类真实运动的一种信念:"信守诺言就是实现这种信赖,并且也是允许人类存在的真正将来得以发生。"①

尽管西方分析家通常认为,一个日本公司在与另一个公司形成伙伴关系之前的这段长时间的示爱交往过程是对彼此品格的一种检验时期,但和辻哲郎伦理却提出了一种新的解释。日本公司已经与将来的伙伴形成了一种实在具体的关系。只要人类关系存在,那么信赖就已经充满并弥漫于这种关系之中。因此,这种示爱期并不是双方公司为了信赖彼此而必须要通过的考验。更进一步地,这种示爱过程不是一种共同开展生意之前的活动。那些最初进行的对话、餐会及旅行本身都是共同的活动,因而它们也是开展生意的形式(katas)。

从广义上讲,生意(或业务)通常是一种由公司成员或合伙人所参与的人类活动。当两个潜在的合作伙伴相遇时,那么双方人员就以生意人(商人)的身份相遇。每一方都知道,他们并不是以好朋友的身份相遇。他们双方之间的关系也不是一种专业人士和客户的关系,每一方都已经信赖对方会以一种符合商业界的方式而行为做事。这里所谓的"长期示爱过程"并不算长,这是因为它并不是一种真正意义上的"示爱"。日本人从开始遇到你的那一刻就开始了生意。

我们应该以一种允许信赖彰显自己的方式而行为做事。一些咨询人士通常告诫那些正与日本伙伴进行谈判的西方人,不要将自己所有的牌全部摊在谈判桌上,在日本人看来,那些将自己的条件一次提出的人或者那些很快做出让步的人缺少一种完整性。②这种看法也许来自日本人对"人类存在"(ningen sonzai)的理解。人们首先通过持续不断的否定运动而揭示自己,然后通过否定之否定来进一步揭示自己。那些试图草率加速谈判进程的人实际上截短了这个运动过程。从和辻哲郎的角度来看,这些人正在阻碍信赖以人类存在的

---

① Watsuji, *Rinrigaku*, p. 275.
② Rowland, *Japanese Business Etiquette*, p. 88.

形式而实现自己。

其他一些日本管理实践揭示性地确认了和辻哲郎对信赖的理解。西方人通常从外面填充那些高层管理职位,或者期待现任执行总裁培养一名继任者;而日本公司往往依靠内部第三方来选取一个领导者。①这种准备下一代高管层的责任就被委托给中级管理者,这些中级管理者通常受人尊敬,以至于人们将他们推荐给总公司作为高层的候选者。(然而,他们也许可以被任命为Keiretsu中的关联公司的管理者。②)那些经理的顾问或导师对受培训者也许没有正式的权力,但这些顾问会协助和支持这位年轻的经理达十年之久,直到这位顾问达到退休的年龄。顾问或导师的角色不仅要培养年轻经理的技巧,而且还要细心观察这位经理的态度与能力。当高级管理者希望提拔一个新职位候选人时,他们通常会向全集团的有经验的可信赖的顾问进行咨询。

这种咨询实践并不仅仅是一种建立共识的努力。共识的建立可以自上而下,也可以自下而上。如果共识真得那么重要,即将离任的CEO可以先选择一个继任者,然后在幕后为他的选择进行游说。如果我们用和辻哲郎的伦理观点而解释这种实践,那么我们会解释得更好。既然一家公司,如所有人类机构,需要信赖而行为做事,那么利用第三方的做法(彼得·德克,Peter Drucker 将第三方称为"教父")就完全有意义。信赖不是个人的财产,信赖属于我们的行为,这是因为我们是人。换言之,我们的信赖是个人与更大社会集体之间的互相依赖关系的一个标志。一个有效的总裁将与集团所有经理开展合作,而不仅仅与董事会或特定少数高层进行合作。让一个年轻有为的经理与教父一起工作这种做法既能发现这名候选者是否能与其他经理共同工作,也能表达这样一种信念:判断一个人人性的能力并不是高级管理层所独有的一种技巧。因为我们都分享人类存在,所以

---

① Boye Lafayette de Mente, *How to Do Business with the Japanese* (Lincolnwood. Ill: NTC Publishing Group, 1993), p. 43.

② Mente, *Business with the Japanese*, p. 43.

我们每一个人也都拥有这种技巧。

在日本社会中广泛流行着一种引见介绍的做法,而西方人对此存在误解,不过和辻哲郎伦理也可以为这种实践提供一个不同的理解。众所周知,一个希望接近日本公司关键决策者的营销人员应该先由这些决策者所熟知和尊重的人予以引见和介绍。为什么这种引见如此重要呢?和辻哲郎伦理将带领我们分析两个层面:寻求引见和呈献介绍。当营销人员向一个同事或熟人寻求推介和引见时,他是在请求这个人对自己进行审查。实际上他在寻求一种审批与通过。从某种意义上说,推荐引见者说什么并不十分重要,重要的是营销人员同意经过一个评估程序,从而显示他理解"人类存在"。没有任何个人可以或能够与整体分离。我们之所以值得信赖,并不是因为第三方提供了关于我们具有良好人格的证据,这种理解方法反映了西方人对于信赖的证据式理解思路。相反,我们之所以值得信赖,是因为我们显示,我们已经把握了我们对社会的依赖。反过来讲,这个社会也依赖于个人。集团的决策者们同样也依赖营销人员,营销人员需采取主动而寻求引见,然后将引见与介绍与其分享。当这些决策制定者接到并接受这种引见与介绍,他们也会将自己置于人类存在的这个法则之中。

第三节 讲实话、诚实与欺诈

西方生意人常常报怨日本人的欺诈本性,[①]西方人也许严重误解了日本人的行为。根据和辻哲郎的说法,日本人持守一种严格诚实之观点。然而,他们并不认为真理是事实与言语之间的吻合,或者事实与行为之间的对应。他们也不会将自己的信赖建立在别人的、被理解为此类对应的诚实基础之上。相反,严格来讲,真理是信赖的一种功能,而不是反过来:信赖是真理的一种功能。为了理解这背后

---

① Mente, *Business with the Japanese*, p. 93; Rowland, *Japanese Business Etiquette*, p. 50.

第三章 和辻哲郎式的信赖、人类存有和商业实践

的原因,我们需要进一步研究和辻哲郎的论证。

真理不可能仅仅是事实与言语之间的吻合对应关系。如果真理是由这种对应关系组成,那么即使有人撒谎有时也会被认为是讲真话。例如,如果我故意告诉你到达某地的错误路线,但由于我对路上的绕行情况一无所知,结果我故意告诉的错误路线却变成了最佳路线,那么如此看来我的言语与事实相吻合。无论如何,我们也不愿宣称我讲的是真话。我说过的话其实就是一个谎言。[①]

在决定讲话者是否讲真话时,其心内态度起着决定作用。我们必须要考虑讲话者在讲话时是否怀着欺骗人的目的。因而,"人类存在之间的关系决定真理或谎言的问题,而不是事实与言语之间的关系。"[②] 从这个角度看,和辻哲郎的伦理分析比笛卡儿的《沉思集》更为真实。和辻哲郎从始至终都诉诸于人类存在的关系性,他意识到了他与读者之间的关系。与此形成鲜明对比的是,笛卡儿认为,他必须消除这种可能性,即他是世界上惟一一位人类存在。然而,他仍旧使用语言来进行他的分析。语言是在社会团体内学会并进一步与别人沟通的工具。[③] 在笛卡儿记述中,我们时常会发现人类存在的临在,尽管笛卡儿并不承认这种临在。他坐在火旁,但他没有发现火;他的祖先们发现了火。笛卡儿坐在由别的人类存在所设计的椅子上,拿着别人生产的笔和纸写作。笛卡儿的分析是错误的,很大程度上并不是因为他的讲话与事实不相符合,但更多是因为他的分析并没有吸取人类存在之间的关系的意义,在这个人类存在关系矩阵内,我们每个人都获得我们的存有。

西方人也知道,真理并不是言语与事实相符合的问题。让我们假设某个员工的工作表现在某些方面不佳。一个经理既可以说"你的表现太差了",也可以说"我们需要共同工作提高你的工作技巧。"对于和辻哲郎来说,人类的讲话总是力求仁善,第二种讲话方式更为真实(或更为符合人类,这是同样的意思,因为讲话与语言属于我们

[①][②] Watsuji, *Rinrigaku*, p. 274.
[③] Ibid., pp. 49–59; 78.

这些人类存在）。第一种评价讲话方式割裂了这位员工与经理和公司的联系，它似乎在建议，这个员工有些个人的问题，需要他或她自己来解决。这位员工也许真的缺少技能，然而我们需要记住，个人并不会在整体之外而存在——只有与这个整体发生联系，个体才能发现它的意义；也只有在这个整体内，个体才能学会各种技巧。因此，我们的反应既应该承认他的不足，也要意识到他对整体的归属。第二种反应方式就能满足这两个要求。即使西方人也意识到，真正的经理都会选择更为仁善的第二种讲话方式。

这种仁善讲话方式的理念揭示了日本人提出和接受批评的方式。当员工被经理或其同事批评的时候，他们往往不寻求自我辩护。他们不需要证明他们的意愿是良好的。在日本，"你的同事们会推定你的意愿是正确的，哪怕你犯了错误。你只需要道歉并接受批评。"[①]人们的意愿被推定为良好的，因为只要他们是人类存在，他们就绝不会希望破坏或动摇那为他们存在非常必要的整体。因此，推定别人的良好意愿是诚实批评的惟一方式。接受批评同样也是一种真实的行为，这是因为：第一、员工对公司规范或期望的背离得到了承认（第一重否定）；第二、员工通过接受批评表示愿意再次回归整体（第二重否定和回归运动）。另外我们也要注意，和辻哲郎分析是如何解决日本经理对团体和谐之重视和他们讲话率直之做法二者之间的不统一性。只要率直讲话是和辻哲郎意义上的真实，它就承认和谐的重要性，同时也会拣出个人进行批评。

在许多情况下，被批评的员工也许不同意别人的批评。这种异议为将来的个人否定和回归这一无限循环（即人类存在）搭下了舞台。因此，某些评论者错误地认为，员工接受批评是日本人对集体过分投入的一个标志，也是日本人将自己个体完全融入集体的愿意精神的一种体现。[②]每个同意或服从的行为总会暗含着异议和反叛。[③]

---

① Rowland, *Japanese Business Etiquette*, p. 172.
② Mente, *Business with the Japanese*, p. 41.
③ Watsuji, *Rinrigaku*, pp. 133–135.

背离公司规则的员工和进行批评的经理对这点有全面的了解,并且接受这样的事实:集团内的生活总会是一种谈判性的异议过程。

真实"与思辨/思考性真理没有关系。……真理与谬误都可归为人类存在之信赖关系的属性。"①当我们讲"真正的"朋友时,我们是指那总是瞄准为我们福祉服务的人。"真正的"母亲会精心照料自己的孩子。无论在何时情况下,那些真实的人们都会寻求回应其关系内暗含的信赖,从而使他们自己成为值得信赖之人。此类人的讲话往往会与事实相符合。但因为讲实话是信赖的一种功能,所以我们就会允许那些真实的人们,在客观条件要求言语与事实之间有不一致的情况下,而改变自己的讲话言语而故意导致这种不一致的现象。②一个不想保卫自己国家的将军不是一个真正的将军,因而将军可以故意少报敌人的数字以避免沮丧自己的士兵及打击他们的战斗士气。只要这位将军的行为是值得信赖的,当我们指责他撒谎并仅从此出发时,我们就不能做出合理的伦理判断。相反,我们应该称颂那些如真正将军那样讲人类真理(human truth)的人。

此类分析也可应用于商业背景下的言语和行为。正如我们第一章所强调指出的,人类是以许多高度注定及具体的关系的形式而存在的。真正的言语讲话会尊重所涉及关系中的信赖模式。因而生意人的真正行为与言语是对客户与公司关系或员工与经理关系中所暗含的信赖的回应。这种信赖不同于父母和孩子、丈夫和妻子之间的信赖。③丈夫和妻子之间分享隐私,但日本公司不会在关系开始之初就必然地将所有策略都揭示给美国或德国伙伴。日本伙伴的这种保留信息的行为并不必然是诡秘或欺诈行为。这种行为的基本关注点并不是揭示所有事实,而是以一种尊重基本信赖的方式讲话。这种关注将来的讲话方式意在承认,现有伙伴关系仍很年轻,伙伴各方既不知道也不了解彼此。在这样一种关系的早期,有所保留和谨慎既

---

① Watsuji, *Rinrigaku*, pp. 273–275.
② Ibid., p. 276.
③ Ibid., pp. 275–276.

是真实的讲话方式,也是值得信赖的讲话方式。

　　类似的分析也可应用于公司如何对待新员工这个问题。那些为日本公司工作的美国员工抱怨,他们无事可做。从和辻哲郎的角度来看,日本人已经给这些美国人足够的事情去做。新员工应该仔细观察他的同事们并且融入他们之中以了解他们。如果新员工有问题,他们应该以一种谦逊的态度请教他的同事们。简言之,这些新员工应该观察和揣摩公司内已有的关系、学会以一种合适的方式向自己的同事及那些比自己或多或少资深的人士讲话。他们不应该期待很快的进展。通常情况下,新员工发现,他们需要 3 年或更多的时间才能接触到敏感的信息。①同时,他们应该将自己的精力用于阅读所有内部备忘录,以了解整个公司的情况。关于美国员工,日本经理经常抱怨,对于那些对他们工作不产生直接或明显影响的备忘录,美国人不屑阅读。②

　　从以上这些考虑来看,那种认为日本人时常为了集体和谐(wa)而牺牲真理的看法,如一些西方的商业理论者所主张的那样,是如何得具有误导作用。真理与集体和谐之间并不矛盾。真正的讲话与言语总会尊重隐于具体关系中的信赖。这种真理是仁善的,也尊重那相互依赖的集体和个人。这并不是说,人们之间从不以欺诈的方式对待别人。它只是说,构成欺诈的行为必须是仔细谋划的。因为欺诈别人是对信赖的背叛,所以在没有信赖存在的前提下是无所谓欺诈的。③当信赖临在、但某人的行为方式就好像信赖不存在而且好像没有与此信赖相对应的真理时,真正意义上的欺诈就发生了。如果信赖永远临在,那么欺诈或不真实绝不会单独存在。欺诈永远寄生于信赖与真理。④如果人们许下诺言,然后又表示那种不信守诺言的意向,那么他们没有撒谎。只有当人们许下诺言,并且宣称遵守诺言

---

① Rowland, *Japanese Business Etiquette*, p. 176.
② Yoshimura and Anderson, *Inside the Kaisha*, pp. 169－170.
③ Watsuji, *Rinrigaku*, p. 274.
④ Ibid., p. 280.

时,即假装诚实或真实时,这才是欺诈。欺诈总是一种"伪装的诚实",而它也是一种形式的真理(即对信赖与真理之临在和需要的一种间接承认——甚至当欺诈者正在讲论或实行某个谬误与不实的时刻,也是如此)。①

不论何时,人们试图成为一个"纯粹个人"时,即人们行为做事时好像他们不与集体内其他人之间具有一种根本的联系时,欺诈就形成了。当这些人行为做事时好像他们有权利肆意而为时,他们会不可避免地发现他们不可能在任何情况下都与别人割裂联系。人们似乎只在其生活中的一个或很少几个层面做不到诚实或真实。例如,一个人可能是一个真诚的朋友和一个诚实的父亲,但是一个不诚实的政客。②正如我们所期待的那样,和真理一样,欺诈总会出现在某些注定而具体的关系中。鉴于欺诈寄生于那属于人类存在的信赖与真理,我们没有理由宣称人类存在具有欺诈本性。另外,当我们从不真实且绝不按真理生活这个角度考虑时,我们没有理由宣称,某个人是欺诈之徒,因为最狡诈的人也会在某个方面、某个地点及某个时间按真理生活。

一个社会团体或机构必须注意防范那种从最坏的程度推定个人的做法。当我们推定自私或以自我为中心的人会以某种方式回归到整体时,我们的行为才会更为仁善和真实。无疑这种理解从某种意义上可以解释为什么日本人不对重罪犯人拘禁很长时间这种做法。压制力量可以被用于限制个人,但极大的强制力量只突出显示个人的反叛能量与力量。③社会或团体那种完全消除欺诈、犯罪等的每种努力显示了这种做法的不可能性。社会永远是个人的社会。如果个人消失,那么社会也将随之消失。因而真正或仁善的回应,包括限制行为,将会承认自己的有限。

---

① Watsuji, *Rinrigaku*, p.280
② ③ Ibid., p. 281.

第四节　和辻哲郎之信赖概念的潜在危险

当然和辻哲郎的"日本"信赖概念也不是没有问题。也许我们可以这样认为,这种信赖概念是以一种相对单一的文化(homogeneous culture)为前提条件的。如果信赖是高度注定的关系的一种功能,那么当日本经理被派到外国,管理那些不分享这种对人类存在的准佛教式的理解的人们时会发生什么样的情况呢?一些批评者指出,这些外国管理者将拒绝赋予地方经理太多责任,这是因为日本人发觉不可能信赖那些不了解日本人做事方式的人。这种情形在短期内也不会出现太大改观,因为日本人被认为没有兴趣按照新文化调整其管理方式,①拒绝融入和了解他们所管理的本地人,②极端羞涩和内向,③惧怕在讲外国语言时犯错误。④那么结果就是,本地员工高度沮丧,日本人极其孤独——孤独得想要自杀。⑤

我们必须小心地将此种反对意见分离为几个方面。是的,和美国人或欧洲人相比,日本人更可能使用母公司的国籍人来担负地方管理职位。⑥无疑,在日本管理者和地方员工之间常常存在着紧张的关系。然而,尽管在美国已经发生了一些影响较大的美国人控告在美国运行的日本公司的诉讼案件,但我们可以预测针对日本人的诉讼案件将会超过针对任何其他外国人的诉讼案件,因为日本在美国

---

① Robert M. March, *Honoring the Customer*: *Marketing and Selling to the Japanese* (New York: John Wiley and Sons, 1991), p. xiii.

② Robert M. March, *Working for a Japanese Company*: *Insights into the Multicultural Workplace* (Tokyo: Kodansha International, 1996), p. 225.

③ March, *Honoring the Customer*, p. 167.

④ S. Frank Miyamoto, *Social Solidarity Among the Japanese in Seattle* (Seattle, Wash.: University of Washington Press, 1984), quoted in March, *Working*, pp. 199–200.

⑤ March, *Working*, pp. 202–205.

⑥ Ryuichi Yamakawa, "The Reality of 'Rotating Japanese Staff," *Bulletin of Japanese Labor*, Special Topic, 32: 12 (1 December 1993), http://www.mol.go.jp/jil/bulletin/year/1993/vol32–12/05.html.

的投资水平已经超过了许多其他国家在美国的投资。另外,我怀疑日本人是否具有一套促使日本人格外讨厌信赖别人的特质,其他一些国家的成员也分享一些据说是日本人的特质。根据美耶斯及布里格(Myers-Briggs)人格调查数据显示,许多西方人(大约50%)也是内向型的。有些国家的自杀率高出日本。在一个外国文化中生活工作使几乎每个人都犯怵。因此,当日本人被派往国外、喜欢融入同行日本人时,我们不应该觉得大惊小怪。学习一种新的语言也是相当困难的。毕竟当美国人以在国外旅行或工作时拒绝学习和使用除英语之外的任何其他语言而著称。正如挪威(荷兰、瑞典、西班牙等)笑话所讽刺的那样:"如何称呼讲三种语言的人?三语人。讲两种语言的人呢?双语人。讲一种语言的人呢?美国人。"

  另外,日本人拥抱自己目前的管理模式和投资实践以及希望输出它们,他们这样做拥有一些好的理由。[①]例如,日本人批评美国投资者不具长远坚持精神。这种批评还是有一定见地的。俄罗斯人也做出了同样的批评:米尔(Mir)空间站刚刚出现了一些问题,美国人就忽然开始考虑从这个合资项目撤出的问题。那曾经占据日本男性工人三分之一的终生雇用制,[②]能帮助创造一种就业保障的氛围、促生一种忠诚的精神、减少培训的费用及降低泄露商业秘密的可能性。团队的使用能够帮助建立士气,也可以作为一种在集团内分享认知的机制。鉴于日本管理实践的这些真实优点——一些实践已经被其竞争对手所模仿,我们应该小心诸如此类的说法:日本生意人不值得信赖,他们只知道将自己的模式强加给别的国家。另外,那种依赖日本国籍人士担任地方职位的做法也许只是日本直接对外投资之简短历史的产物。在20世纪90年代初期,日本跨国公司所雇用的本地员工数目有所增加,也许这可以反映出日本人在国外生意项目上积累了更多的经验。[③]

[①] Rowland, *Japanese Business Etiquette*, p. 159.
[②] Yamakawa, "Rotating Japanese Staff," p, 1.
[③] Mente, *Business with the Japanese*, p. 93.

然而这里还有一个关于和辻哲郎所描述的日本伦理本身是否固有某种形式的仇恨外国人的情绪。我的回答是否定的。尽管在日本,集体和谐非常重要,但和辻哲郎非常明确地批驳了西方人所作关于日本人的有机比喻——例如,日本是一个"蜂箱式"或"集群式"社会,[①]它要求其所有成员都遵守日本人的方式,为公共福祉而牺牲个人的利益。只有当个体除了能做事之外还具有管束自己的能力时,这种"牺牲"的概念才具有意义,但是蜜蜂却没有这种选择。

日本员工能够也可以表示异议。日本的语言本身包含一种模糊性,这种模糊性能够允许人们在未必同意同事观点的情况下而与之共同工作。例如,日本语中的"是"可能意味着"我同意",或只代表"我明白您所说的。"这种模糊性与那种将人类存在视为双重否定的观点是一致的,即将自己置于整体的对立面(也就是说,"我明白但我不同意"),但同时又承认融入整体的重要性(也就是说,"我明白您所说的,也并不完全反对,因为我希望我们能够一起合作达成一种令双方满意的观点")。

日本人常常使用这种双重否定,例如,"我并不是不同意您所讲的。"这种双重否定正是我们从"人间"那里所期待的。这种讲话方式能缓和冲突。从大体上讲,这种语言有利于消除陌生者之间的差异。本地员工并没有被强制放弃他们自己的观念而接受日本人的观念,从而获得日本雇主的信赖。这种模糊的讲话方式能够有利于邀请所有各方都分享自己的观点,聆听彼此,以及努力保持开放的心态,如此一来,一种广泛接受的共识就能够形成。

除此之外,日本的公司通常都会定立模糊的目标。公司常常定立诸如"为美妙人生而努力"、"降低成本"、或"努力创新"。这种故意缺少清晰度的目标能够促使工人们格外努力。然而,这种模糊性也会启动一种反省程序:这些口号到底是什么意思呢?——"以讨论真理和美善的名义,一个员工能够间接将自己的观点提交给集体考

---

① March, *Working*, pp. 214, 217.

第三章　和辻哲郎式的信赖、人类存有和商业实践　137

虑。"①广告也常常会使用一些意在倡导思路的广告语,而不是宣传产品或公司。例如,一条非常著名的广告语就是"女孩应该雄心勃勃!"另一条广告语劝诫人们"不要盯着裸者看:你自己也来一把!"②因为这些广告语是故意模糊,所以员工们可以提出自己的观点,但这些观点也许与人们的观点是矛盾的。另外,员工们有机会否定这种否定,因为如果他们的解释受到摒弃,他们能够讲他们只是对广告语提出一种解释。和辻哲郎的这种阐释似乎比布瓦亚·芭特(Boye de Mente)的观点更有意义,满德认为,日本人极其情绪化,常常会提出一些荒诞的广告语,这些广告语是那样得"喜怒无常"或者"感情用事"。③

日本义化的高度融合性叫以为挑战那种"日本人仇恨外国人"的控告提供第二个依据。如果真如一些批评者极力让我们相信的那样,日本人很自负,不信赖人,那么我们将不得不解释日本人是如何擅长向别的文化借鉴思想这种艺术的。当然,日本人可能会认为这些思想是"别人"的思想,将其斥之为"不真实的"思想,并且最终会摒弃这些思想。然而,如果人类存在是一种双重否定,那么日本人的这种兼收并蓄做法就变得完全可以理解。所有人类存在时常处于一种既同意又异议的过程之中。和辻哲郎不断在那些他所反对的西方思想家那里发现真实的东西。

最后,哪里有人类关系存在,哪里就会有某种形式、某种程度的信赖存在。当人们讲论"外人"或"外国人"(gaijin)时,人们就在假定一种关系,即一种内人及外人的关系,这种关系同样也是相互依赖的。外人大可不必为了能使信赖存在于他们二者之间,而成为一名内人。要求人们进行此种转换是没有任何意义的,这是因为,如果每个人都成为一个文化"内人"(这是一个需要"外人"作对照才能有意义的词),那么也就无所谓内人了。和辻哲郎所辩护的信赖确实要求

---

① Yoshimura and Anderson, *Inside the Kaisha*, pp. 160–161.
② Mente, *Business with the Japanese*, p. 225.
③ Ibid., p. 64.

人们放弃那种天真的信念,即一旦我们跨过了语言障碍,所有人将变得完全一样。只要我们都还是人,这种"我们都相同"的信念就是真实的。然而,只要我们都还是人,这种信念必然是错误的,必然是信赖的一种障碍。只要是人就要存在于注定的关系之中,这些关系的特性应该得到探索与尊重。对和辻哲郎来讲,那种表面上看起来更具爱心的"万民皆相同"的信念比他的日本人信念更为仇恨外国人。这种"更具爱心"信念隐含地要求被信赖者遵守信赖者的体面、公平和爱心等概念标准。如果被信赖者摒弃这个信念(也许为了良好理由),那么他或她在信赖者眼里就变得不值得信赖。当我们承认我们之间可能的差异时,包括对我们之间差异之精确特性的不同观点,我们就会更忠实人类存在。第二种方式能够避免给各方强加一种廉价的共识,也为探索研究差异、重现忽略的相似点等打下了基础。另外,这种方法也能帮助各方识别和讨论任何争端中所隐含的许多好的内容。鉴于日本人和澳大利亚人之间的异议可能在一方或双方文化中都有重复现象,这种方法还可以避免给任何一方套上僵化的民族定位。

和辻哲郎伦理还要面对第二个明显的反对意见。如果信赖要求我们尊重各种既定注定关系,那么我们是否最终会加强已有现状,而已有现状会贬低某些团体,特别是当这些团体被社会化而接受某些歧视性待遇时?① 在过去,日本男管理者将妇女的角色仅限定于办公室的勤杂工,她们端咖啡、作文秘及提供关键决策制定者所需要的幕后支持工作。她们没有被委以任何更为有趣的责任。② 在通过《平等就业机会法》之前,大多数大公司拒绝接受女大学生的工作申请,其理由是这些女孩子不久就会辞职或结婚。③ 有些数据显示,即使在通

---

① Marcus Cornelius, "Discrimination," reprinted with the permission of ISSHO at http://iac.co.jp/~issho/faj/discrim.html.
② Yoshimura and Anderson, *Inside the Kaisha*, p. viii.
③ Jane Condom, "The Quiet Revolution: Changing Roles of Women," *Video Letter from Japan II: A Young Family* (Asia Society, 1990), pp. 18–24, reprinted at http://www.askasia.org/frclasrm/readings/r000129.htm.

过《平等就业机会法》之后，一些公司仍旧将妇女安置在那些职员位置上，而不是专业职位上。①Nisei（即那些归来的美籍日本人）也被圈于那些重要责任职位之外。在最近几年，一些被派往海外的日本人回来之后也发现很难重新融入日本社会。②他们被认为已经沾染上了西方的个人主义观念，因而不太可能成为好的团队领导。那些在二战期间被日本军队带回日本、提供廉价劳动力的朝鲜人和中国人不会自动成为日本公民，哪怕他们的家庭已经在日本生活了几代了。在机场，朝鲜居民必须从"外国人"通道重新进入日本。③在所有这些案例中，个人得不到太多的尊重。结果，各种关系（如经理与办公室勤杂女工之间的关系）按照西方伦理标准（如康德伦理或基督宗教伦理）判断的话，就变成伦理上令人可疑的关系。那么当我们尊重这些歧视性关系时，我们怎么可能成为伦理上善的呢？

在回答这种反对意见时需要我们确定什么叫"忠实和尊重"各种关系。它不可能意味着只遵守静止的关系。各种关系在作为人类存在特性的双重否定运动中处于一种不断变化的状态。不认识的男女之间绝不会如夫妻之间一样，然而陌生人切实会成为亲密的伙伴。每种关系都会与其他各种关系之间保持一种动态关系。这些关系通过它们之间的相互依赖性而互相影响。对于和辻哲郎来说，当有人讲"火车上的陌生人不是亲密伙伴"时，这句话不仅代指差异，而且也指出了他们在将来成为亲密朋友的这种可能性。我们进入新的关系，而没有破坏关系中的差异。"亲密朋友"和"陌生人"总是一对独特的关系。这两个及所有其他关系必须是独特而不同的，这样我们才能以复数的形式指代所有关系。我们应该考虑人类存在是由在全部人类中形成的所有实际和可能的关系组成的。因为人类存在是所有真实关系的基础，任何尊重遵守一种关系的人都必然会进入涉及

---

① Sachiko Imada, "Female Employment and Ability Development," *Japanese Institute of Labor Bulletin*, 33:9 (1 September 1996), http://www.mol.go.jp/jil/bulletin/year/1994/vol 33-09/05.htm.

② Mente, *Business with the Japanese*, 150.

③ Cornelius, "Discrimination," *Passim*.

相同各方或不同各方的另一种关系。

因此,尽管日本目前的一些关系并不能使每个人类存在都满意,但和辻哲郎之日本伦理并不阻止人们去实现进入新的关系。恰恰相反,"不断变化"(这一点是永远不变的)是人间存在(ningen sonzai)的逻辑架构。为了通过雇用最佳员工而提高生产力,一些日本公司已经使它们的雇用实践多样化,如从不同的大学雇用男生、女生、甚至外国学生,而不再从一些特定的日本大学招收学生。[1]越来越多的日本妇女站出来谈论性骚扰问题,而一些公司也不断发现,公众们正在让它们对其有关性骚扰政策(或缺少相关性骚扰政策)而做出解释及负起责任。[2]而且,妇女们向各公司不断提出挑战,要求其向她们提供更多机会,各公司正缓慢地适应这些挑战。变化正在平缓发生,而且也没有经过美国为变化所需的诉讼与官司。一旦变化出现,日本人似乎就会欣然接受这些新的事态与情形。[3]日本人所接受的一些激进变革在西方批评者眼里显得那么不可思议,而这些变革也完全符合人类存在的架构。随着新关系的出现,那些真诚的人就会尊重遵守这处于特定地点和特定时间的发展中的关系。

也许最令人担心的批评意见来自对和辻哲郎之日本伦理中的单一民族国家角色的关注。根据他的观点,为了自己的实现,人类存在需要单一民族国家,这是因为我们总会与某个政府和政权产生关系。如果真是这样的话,那么我们就有困难解释日本人和那些不属于日本单一民族国家(即日本人团体)的人们之间如何会存在真正的信赖关系。在日本人眼里,是否那些非日本人注定会显得没有他们更具

---

[1] Japanese Institute of Labor, "Trends in Diversifying Recruitment," *Japanese Institute of Labor Bulletin*, 34:10 (1995), http://www.mol.go.jp/jil/bulletin/year/1995/vol34-10/03.htm.

[2] Merrill Goozner, "Businessmen Must Learn to Deal with Sexual Harassment" *Chicago Tribune* (31 January 1993), reprinted at http://members.aol.com/Goozner/index61.html.

[3] Ruth Benedict, *The Chrysanthemum and the Sword* (Tokyo: Charles E. Tuttle Company, 1954), p. 304.

有完善的人性呢?①不过,表面现象可能具有误导性。虽然和辻哲郎对此的解释可以被理解为极端民族主义,②我们可以看一下他的其他著作。和辻哲郎将人类(人类存在)定义为个体与更大整体之间的演化的相互依赖性。从原则上讲,他的这个定义也可以扩大到那些比某个特定国家大的整体,如可以扩大到国际集体。从这种意义上讲,和辻哲郎之建立独特日本伦理的努力是高度人本主义的。③另外,也正如我们所看到的那样,他所提关于人类关系的许多观点在适用于日本人的同时,也可以合适地应用于西方人经验。

另外,我们必须尊重人类存在。人类现实是这样的,人们以很多方式超越单一民族国家。英国男人与日本女人结婚;日本学生在德国大学学习。和辻哲郎伦理在坚持没有人能完全逃避单一民族国家这种观点的同时,也会承认这种人类现实。当一个英国人定居在日本时,他就与日本民族及英国民族处于一种关系之中。类似的推理也可以应用于在德国大地上居住的日本学生们。这种单一民族国家将会永远存在。那些离开自己祖国的人们在特定时间点进入另一个单一民族国家,从而与其形成了另一种高度注定的关系。他们必须尊重及遵守这种新关系。

当我们考虑跨文化信赖时,我们需要格外谨慎。如果根据所涉及关系的质量不同,而信赖也有不同的表现形式,那么我们在描述这种关系时必须要格外小心。当我们将许多消极的特质归于某个民族时,我们会禁不住得出这样的结论:"这些人"是不可能值得信赖的。这种草率的结论本身就暗示了某种不信赖和自我标榜式的怀疑做法。如此判断者常常使用一些逸闻式证据,然后得出一种结论:这些

---

① Kenichi Takemura, "How Do the Japanese View Foreigners?", *PHP* (October 1981), pp. 48 – 51.

② Yasuo Yuasa, "Appendix: Correspondence with Yasuo Yuasa," in Watsuji, *Rinrigaku*, pp. 314 – 315.

③ Robert E. Caner, "Interpretive Essay" in Tetsuro Watsuji, *Rinrigaku*, trans. Seisaku Yamamoto and Robert E. Carter (Albany, N. Y.: State University of New York Press), p. 354.

特质属于某一组人的本质,从而使人们很难或不可能信赖这组人。这样一种"逻辑"很难驳倒,一旦结论已经形成,那些做出如此判断的人就没有任何动力再"修订"这些判断。因为他们已经推定,他们已经了解这组人的本质,任何相反例子都将被视为既定原则的例外情况,而不予理睬。

最后,我们需要牢记,个体与单一民族国家之间的关系并不是一种固定的关系。和辻哲郎的写作时间是在二战前及美国占领日本之前的这段时间里。最近的批评者主张,通过回忆政府滥用私有或个人权利的做法,现代日本人开始对侵略性或过分控制的政府(通过引申,还包括单一民族国家,因为政府的权力来自于那种代表民族的自我宣称)表示出高度的怀疑。这种怀疑的否定可以抵制任何种类的独裁意识形态。①

第五节 结 论

和辻哲郎将信赖视为人类存在基本架构的组成部分。因而他迫使我们以非唯意志论式、非合同性语言来考虑信赖。和辻哲郎的分析间接探讨了商业领域内的许多流行概念,例如公司可以营销信赖的观点。我们所能做的就是尊重那已经充弥于我们所有关系和我们日常互动行为中的信赖。进一步地,我们应该牢记,这些关系都不是静止不变的。它们将随着我们所做的选择及别人的反应而不断演变。从这种意义上讲,信赖是动态的。如果我们随着时间的变化而调整我们的立场,我们就不是欺诈性的。鉴于"值得信赖"意味着尊重遵守我们的关系,也鉴于这些关系不断变化,那么这种变化也就在意料之内。只有我们否认我们的人性——只有我们假装我们是那些存在于集体之外的个人,或只有我们宣称集体有权控制所有个人行为,我们才是欺诈性的。

---

① Ryuichiro Matsubara, "Living in Fear in Japan," (1995), http://ifrm.glocom.ac.jp/japanecho/1995/22-2/22-2media.html.

第四章 孔子的值得信赖观

传统上,学者们将孔子的教导分为四部分:"文化、伦理行为、个人努力及言语诚信"。①孔氏伦理将可信赖视为一个核心价值。如果我们不首先成为有教养、值得信赖的人,我们就不可能成为范式个体及塑造他人行为:

> 君子信而后劳其民;未信,则以为厉己也。信而后谏;未信,则以为谤己也。②

本章将详细讨论孔氏伦理是如何理解信赖的,然后考察信赖努力是如何体现在公众生活中的,特别是在商业领域。

第一节 孔氏伦理中的可信赖观

乍看起来,孔子关于信赖的观点似乎有别于西方理论家的信赖观点。对于西方人来讲,信赖是信赖者期待被信赖者表现出善意。③和和辻哲郎不同的是,孔子并不将信赖视为人类存在基本架构的组成部分。和辻哲郎否认,我们能够赋予、拒绝或毁坏信赖;而孔子而认为我们能够这样做。正如一些西方哲学家所坚持的,孔子认为信赖必须是获得的。如果信赖没有予以小心保管,那么人们就会觉得他们自己受到了滥用和背叛。如果仔细看来,孔子之观点与西方之

---

① Confucius, *Analects*, trans. Dim Cheuk Lan (London: Penguin Books, 1979),7/25.

② Ibid., 19/10.

③ Daryl Koehn, *Rethinking Feminist Ethics: Care, Trust, Empathy* (London: Routledge, 1998), esp. ch. 3.

观点之间的相似性就会有所减退。孔子与许多西方理论家都不同，他认为可信赖之德比信赖本身更重要。当我们考虑信赖者如何决定被信赖者是否真正向信赖者展示其善意时，孔子和西方理论家之间的差异的程度和意义也就显现出来了。

为了值得我们信赖，一个人大可不必营合满足我们的需要。虽然好的领导者会努力确保其公民能够足衣足食，但物质福祉从来不是他的主要关注所在。即使在困难时期，人们也会尊重他们的领导者，因为"自古皆有死，民无信不立。"①只要被信赖者明显表达善意，那么信赖就会存在，而不管这位被信赖者是否提升我们的物质福祉。我们信赖那些抛开一己私利、为其公民精神（及物质）福祉而努力的仁者。那些有德个人绝不会轻视普通民众，而是赞扬鼓励善良之人而同情那些无能之人。②过分憎恨那些粗鄙之人只会致使他们出现更为粗俗行为，而那些值得信赖之人则会寻求避免战争与冲突。③

信守道之人会从任何讲论精妙者那里听取教训，有德君子很愿意学习，而不因讲话者的身份而决定是否聆听其讲话内容。④他们抱定决心要帮助别人成全其好事。⑤他们既不寻求作恶，也不斥责别人为恶徒。他们憎恨恶事，但不憎恨恶人因为"攻其恶，而无攻人之恶，非修慝与？"⑥如果我们只着眼于那些邪恶个人，我们将不能发现机会以实现他们之内的良善。我们将不会得到他们的信赖，因为我们不会想方设法发展和培植他们。相反，我们对他们的判断只会孕育憎恨与不和。

许多西方的关于信赖的伦理观都宣称，我们有理由对那些背叛、没有达到我们期望的人加以指责。孔子则反对这种观点——相反，我们应该反省一下是否我们对那些被我们信赖之人的要求过高。我

---

① Confucius, Analects, 12/7.
② Ibid., 19/3.
③ Ibid., 7/13; 8/10.
④ Ibid., 15/23.
⑤ Ibid., 12/16.8
⑥ Ibid., 12/21.

们实在应该宽以待人,①并且牢记不同的人具有不同的能力。正如我在第二章所指出的,孔氏理论中的德性是一个连续不断的统一体。仁者之所以与其他人有良好的关系,正是因为这些仁者并不期待每个人都有完善的德性:

> 可与共学,未可与适道;可与适道,未可与立;可与立,未可与权。②
>
> 子路问成人。子曰:"若臧武仲之知,公绰之不欲,卞庄子之勇,冉求之艺,文之以礼乐,亦可以为成人矣!"曰:"今之成人者,何必然? 见利思义,见危授命,久要不忘平生之言,亦可以为成人矣!"③

我们有义务定立合适的期望及仔细选择我们的伙伴与朋友。生活中有许多圣善与利益,当我们追求一种圣善与利益时,某些人适合这个目的;当我们转向另外一种圣善与利益时,另外一些人能帮助我们。

在某些情况下,我们的生意伙伴、朋友及家庭成员也许不能信守他们向我们所作的许诺,或不能向我们表示我们认为应得的尊重。然而,我们不应该浪费精力指责他们不值得信赖。我们不应该担忧别人不知道我们的能力,我们只应该担忧自己没有真实的才能。④虽然孔子之伦理承认信赖的价值,但它总会将我们的注意力引回我们的表现与态度。当困难与问题出现的时候,我们应该向内心自我反省,⑤并且进行自责,而不应该为己过而责备他人。⑥

孔子伦理将我们因受别人小看而产生的愤怒中的能量隔离出来,并且将此能量重新导引回自省当中去。这种导引是合适的,其中

---

① Confucius, Analects, 15/15.
② Ibid., 9/30.
③ Ibid., 14/12.
④ Ibid., 14/30.
⑤ Ibid., 4/17.
⑥ Ibid., 5/27.

有数个理由。发怒于事无益。如果别人因为无知而伤害了我们,那么正确的反应应该是试图教导训诫他们,而不是反过来伤害他们。其次,即使别人坚持伤害我们,我们也不应该让他们的行为分散我们的注意力——我们应该卓绝努力成为一个权威人。因为教养或仁是在我们的控制范围之内,所以我们应该只注意我们的行为,不应该过分担忧别人正在(或不在)对我们做什么。在听到桓魋要暗杀他的时候,孔子回答说:"天生德于予,桓魋其如予何?"[1]有德之人不受焦虑所扰,[2]因为他们绝不会忘记最首要的东西。"内省不疚,夫何忧何惧!"[3]孔子以面对别人侮辱而保持泰然神态而著称。即使我们受到别人的侵犯,我们也不应该计较。[4]我们应该格外注意的是我们的值得信赖之德,而不是别人的诡计或恶毒。

错误判断别人是一种永远的危险。我们也许会认为某个人是一个拙劣的领导,因为他或她所负责的团体或公司一塌糊涂。然而,"如有王者,必世后而仁。"[5]或者,当被信赖者背离了一个既定计划时,我们会得出结论说,我们已经受到了背叛。有时候,改变我们的决定是正确的。"言必信,行必果;硁硁然小人哉!"[6]如果我们不在同时强求自己尽可能得留心与清醒,我们就不能希望精确地评价别人的行动,因而也就更不能希望判断他们的"背叛"。[7]因此,那些追随领导的人有责任像他们的领导那样深思熟虑。如果领导的追随者们不够留心与清醒,那么他们可能就不会辨别出领导教导话语中的智慧,因而也许会最终抛弃拒绝领导。

人类存在很容易就会陷入自欺之中。如果我们不想犯错误的话,我们就需要对自己作谨慎自省。我们很容易就认为年轻工人无

---

[1] Confucius, Analects, 7/23.
[2] Ibid., 7/37.
[3] Ibid., 12/4.
[4] Ibid., 8/5.
[5] Ibid., 13/12.
[6] Ibid., 13/20.
[7] Ibid., 15/8.

纪律,不值得我们的信赖和尊重,但我们自己也绝不是没有任何错误。"焉知来者之不如今也?"①在其他一些情况下,我们的判断也许来自我们自己的恶意或不守信用的动机。在向君王或统治者谏言之前,我们必须确保自己是诚实的。②如果我们每个人常常进行定期的自我审查,那么我们就会更加值得信赖,那么我们会更加全面地信赖彼此。随着信赖的增加,我们能够更好地教导培养彼此,从而反过来进一步提高可信赖水平,促生更多的信赖。如果人们没能发挥自己的潜力,生活于混乱之中,那么我们也许没有以自己的榜样去领导他们。③当孔子建议在"九夷"定居时,他的一个弟子问他:"陋,如之何?"孔子马上尖锐地批驳他说:"君子居之,何陋之有?"④

在没有对我们自己的标准、行为和可信赖性进行批判性审查之前就要求别人的信赖、就对别人的善意进行判断这种做法只会带来灾难。当然,孔子并没有说我们应该容忍所有的不公对待。有德之人不因任何不公对待而愤怒,但他也不会主动寻求被虐待。他会仔细选择朋友,拒绝接受任何不如他一样良善的人做朋友。⑤但这并不意味着,他只选择那些具有完善之德的人做朋友。这意味着,他会选择那些和他一样留心和清醒的人做朋友。他的朋友应该渴望学习;他会劝诫朋友,但如果他的朋友不聆听、不采用他的建议,他会适可而止;他不自讨没趣、自寻侮辱,⑥绝不在那些不能提高改进自己的人身上浪费口舌。⑦贤人不会主动寻找邪恶,但是他们能很容易辨别邪恶,因为他们是警醒的。因而,"不逆诈,不臆不信,抑亦先觉者,是贤乎!"⑧他对别人行为的反应也会有所不同。虽然我们不应该太在

---

① Confucius, Analects, 9/23.
② Ibid., 14/22.
③ Ibid., 13/6.
④ Ibid., 9/14.
⑤ Ibid., 9/25; 16/4.
⑥ Ibid., 12/23.
⑦ Ibid., 15/8.
⑧ Ibid., 14/31.

意别人的伤害,但我们也不至于对其进行回报。一个弟子向孔子建议,人应该以德(恩惠)报怨,孔子予以驳斥。如果人以德报怨,"何以报德?以直报怨,以德报德。"①

通过高度谨慎地判断别人和回应别人,我们可以显示我们自己是值得信赖的。也许世间就没有什么完美的朋友或同事。②然而,如果我们善用判断、时常自省、不对同事朋友期望太高,如果我们的朋友也善用判断、不负过分多的责任,那么我们就会与我们的朋友和同事保持一种坚韧、稳定及信赖的关系。

如此看来,孔子与和辻哲郎在一个重要层面有共同之处:信赖不是也绝不能以遵守僵化规则为基础,如"总要守信"、"避免利益冲突"、"绝不可撒谎"等等。如果朋友之间打破某次诺言,也许会使他们之间更为信赖。例如,我答应帮我两个最要好的朋友油漆他们的房子,当我要前往他们家的时候,我的孩子出了交通事故。我将孩子送往医院,结果也就没有如许诺的那样帮他们油漆房子。尽管我没有信守我的诺言,但我的朋友们也许会得出结论说,我会更值得他们信赖,因为我做出了很好的判断。但前提是我们双方都同意,救治孩子比油漆房子更重要。让我们看一个商业方面的例子:为了能拯救犹太人,辛德勒(Oscar Schindler)就他们的健康状况和生产能力撒了谎。也正是这种愿意在纳粹面前撒谎的精神,才使他的员工爱戴他,在员工眼里,他才是值得信赖的。

从孔子的角度看,在评估别人的信赖时是没有任何计算法则、计算公式的。我们必须总要判断个体行为,审视行为发出者发出此行为时的具体环境及其他相关因素。尽管存在一些评价别人判断的总体原则(如"你判断的着眼点应该是邪恶行为,而不应该是作恶之人"),但这些原则不应该被机械运用。这些总体原则有时不适用,因为仁者的行为方式常常会令我们重新思考我们的已有观念。正如我们在第二章所指出的,孔氏伦理将伦理范畴视为先验的、美学的。也

---

① Confucius, Analects, 14/34.
② Ibid., 18/10.

就是说,伦理范畴是建立在一些不变的训令上,如"君子耻其言而过其行。"①"刚、毅、木、讷,近仁!"②或者"遵守原则,但要灵活。"不过,个人必须决定这些训令在不同环境条件下意味着什么,他还要决定目前情形中哪种善或利益最合适。用亚里士多德哲学的语言来表达,决定是由感知(或 aisthesis)做出的。仁者能够获得权威,因为他们能够通过自己的言行向身边的人揭示新的、相关的可能性及善(或利益)。例如,孔子的教导使我们考虑言行一致的意义。他申斥了那些僵化信守诺言的人,因为他们见识短浅、心理顽固。因此,他不赞成信守过去的每一个诺言。那么当我们讲不要"言过其行"时,它到底意味着什么呢?尽管我没有信守诺言油漆我朋友的房子,我的言语也没有超过我的言行。在自愿帮忙的这件事上,像一个朋友通常所作的,我答应帮忙,因为朋友寻求互相帮助、互利互惠。在帮助我的孩子这件事上,像一个仁者通常所作的,我救治我的孩子。在这两种情况下,我的言和行都反映了我对仁的投入与遵守。只有小人才会指责我背叛了我的朋友们。那些极其清醒、留心的人将会视我的行为是一种范式行为,因为我的言语和行动揭示了言行一致的真正含义。

孔子伦理在商业实践中的例子

一、对合同的怀疑

和日本人一样,中国人传统上一直讨厌依赖合同与契约。有些人不愿意阅读长的合同,坚持删减合同文本长度。合同只是一种商业协议,而不应将其作为红宝书。"你也许可以这样认为,中国人之签订冗长复杂合同只是一种正式的确认:他们想与你开展生意,而并

---

① Confucius, Analects, 14/27.
② Ibid., 13/27.

不显示他们是如何开展生意的。"①合同的签订向人们发出一种信号,"双方之间已经建立了一种'关系',这种关系允许一方去要求另一方宽容、灵活,以及要求另一方的帮助与好处。"②从某种意义上讲,这种勉强性来源于孔子对"法治"的保留态度,我们将在后面的章节里讨论这个概念。然而,这种不愿依赖法治的做法并不是孔子思想对此问题的全部看法。孔子对值得信赖的强调使得合同不具有太多的吸引力,这里面涉及几个理由。首先,细致合同的应用有诱导各方认为合同是信赖基础之嫌。无论何时,一方被认为已经背离了合同条款时,另一方就会感觉有权指责对方的背叛与违背。因而,合同有帮助形成不信赖氛围之嫌。相反,如果人们怀着这样一种共识,即他们需要努力满足其合作伙伴的利益并克服自己的偏见和自诩的正直,而进入各种关系并在此基础上进行交易,那么他们之间的关系就拥有更为坚实的基础。他们也许仍会使用某种形式的简单合同文本列出主要条款,或将其作为合作基础。但是他们不会将遵守合同作为双方全部关系的基础。更进一步地,当中国人在编写合同或法律语言时,他们常常强调总则式的说法和价值,如"转让的技术既要先进,也要符合中国的需要。"③或者,"双方同意相互合作、互利互惠的原则。"④这些宽泛的总体原则构成了谈判的总体框架。这种方法不同于典型的西方方法——"在严格的法律框架内,着眼细节并且务求详尽。"⑤

其次,对合同的依赖能妨碍人们着眼于大局及妨碍人们形成应

---

① Boye Lafayette de Mente, *Chinese Etiquette & Ethics in Business* (Lincolnwood, Ill.: NTC Business Books, 1989), p. 121.

② Ralph H. Folsom and W. Davis Folsom, "An Introduction to International Business Agreements in the PRC," *International Business Agreements in the People's Republic of China*, eds. Ralph H. Folsom and W. Davis Folsom (London: Kluwer Law International, 1997), p. 12.

③ Richard J. Goossen, *Business Law and Practice in the People's Republic of China* (Hong Kong: Longman, 1987), p. 199.

④⑤ Laurence Brahm and Ran Li Dao, *The Business Guide to China* (Singapore: Butterworth-Heinemann, 1996), pp. 103 – 104.

有的留心与警醒。中国人和其合作伙伴之间容易出现的一些争端往往涉及技术转让问题。外方通常会指责中方未能按合同的要求提供土地或资本,而中方往往宣称,外方并没有按双方事先约定提供技术培训。外方认为中方的这种指责纯系捏造,外方确实已经提供了培训,而中方只是以此为他们的违反合同行为寻找借口。尽管某些情况下这是真实的,但仁者将会把眼光移开合同纠纷,而着眼于更大的文化和经济问题。

中国人有充分理由对技术培训问题持有一种敏感的态度。[①]中国政府已经明确决定,通过引进技术及将其改造适应中国的需要和发展水平而现代化这个国家。如果中国人想要提高自己的产品质量、升级自己的企业、提高开发产品和工艺的能力以及改进其企业管理,那么技术起着非常关键的作用。[②]当初在毛泽东的领导下,中国进口了一些成套设备。中国目前的政策是通过进口引进而现代化其生产设备。为了能够尽可能便宜的获得技术,中国人一直以来愿意从二手市场购买一些稍旧的硬件和软件。如果中国人不能学会使用这些进口的技术,他们的现代化策略就不可能成功。因此,中国人特别强调技术交流或那些传达技术信息的展示或演讲。他们不断派人进来,每批人都会问前面一批人所问过的许多同样问题。中国人利用这种方式不仅可以向其团队成员通报项目的进展情况,而且也可以从技术方面培训他们的人员。[③]他们并不认为他们正在利用这些演讲者达到他们自己的目的,或犯"信息抢夺罪"(information rape)。[④]他们认为自己正在获取教育,任何具有真实善意的人都会帮助他们获取这种教育。

鉴于中国的半殖民地历史,中国人具有一种可以理解的对被剥

---

① Goossen, *Business Law*, pp. 199–203.
② Folsom and Folsom, "An Introduction," p. 21.
③ Mente, *Chinese Etiquette*, p. 119.
④ Christopher Engholm, "Asian Bargaining Tactics: Counterstrategies for Survival," *International Business Agreements in the People's Republic of China*, eds. Folsom and Folsom, p. 31.

削的恐惧。他们对此有漫长的记忆,也没有忘记,即使在二战开始时,上海的英租界仍挂着"华人与狗不得入内"的牌子。①他们也没有忘记,直到20世纪70年代末期,香港的英国人还拒绝中国人担任公务职员的较高职位。中国人不想以硬通货和土地及其他资源向以前的殖民者换取他们不能使用的技术。他们也不想中国成为过时或无用软件的垃圾填埋场。如果这些软件不能用,他们自然会怀疑他们受到了欺骗。在西方人眼里,某些合同争端就是普通的合同争端——中国人是否遵守这些交易条款?不过这些合同争端在中国人眼里却是一个很大的文化争端。在每桩交易中,生死攸关的是中国的前途、中国人的自尊和自重。除非各方一贯地关注经济、心理和文化等这些起作用的合同以外的因素,合同才能促生信赖。如果各方提醒自己,他们对于情形的了解没有他们想像得那么透彻,那么他们就更容易采取这种更为宽泛和慷慨的立场。他们应该想得到,他们也许已经误解了对方的关注焦点,或者忽视了对方所寻求实现目标中包含的善与益处。如果各方将自己的注意力从对方的所谓背叛那里移开,转向思考自己是否正在以一种信赖的方式行为做事,那么合同争端就会更易解决。

如此看来,中国谈判者更少讲"不",更少利用威胁和许诺,更多地问澄清性问题。美国和欧洲公司的执行官也许应该向他们学习。②西方人的强硬策略似乎有一种强迫过早结束谈判交易的趋势,而中国人则将眼光放在眼前的问题上,尝试将对话继续下去。他们愿意做出让步,以使双方都能找到公平的得失组合。③双方只有通过

---

① Chin-Ning Chu, *The Asian Mind Game* (New York: Rawson Associates, 1991), p. 171.

② Nancy J. Adler, Richard Brahm, and John L. Graham, "Strategy Implementation: A Comparison of Face-to-Face Negotiations in the People's Republic of China and the United States," *International Business Agreements in the People's Republic of China*, eds. Folsom and Folsom, pp. 37–43.

③ Irene K. H. Chew and Christopher Lin, "A Confucian Perspective on Conflict Resolution," *International Journal of Human Resource Management*, 6:1 (February 1995), pp. 143–158.

探讨双方差异才能达成公平的共识与协议。这样,这种新的谈判策略似乎就更能培养信赖。延长对话能提供更多的显示善意和建立信赖的机会。

二、关系的重要意义

中国人对于关系的依赖与培养是中国商业实践的又一特征。关系通常被视为孔子强调人际间联系之后的产物。从某种意义讲,这种观点是正确的。孔子认为,只有当人们完成自己角色之义务时,那么良好秩序才能建立起来。统治者应该像统治者,父亲应该像父亲。①人们应该意识到其在社会阶层中的角色。历史上,这些角色一直是由习俗所相对固定的。如果统治者滥用自己的权力,那么人们就几乎没有公共法律可以诉诸。进一步地,"根据儒家(孔子)传统,统治者被期望'德治'。像父母一样管理自己的子民……官僚部门几乎不受任何限制与平衡。公众几乎没有意识,政府权力可以受到法律的约束;公众也没有意识,个人权利可以高于国家或社会阶层中其他政府部门。"②在这种体制中,个人会努力与官员建立关系,以防将来他们需要官员的帮助。③家庭关系和个人关系尤其重要。直至今日,中国商业人士仍常常在雇佣或其他商业决策过程中特别考虑家庭成员和老同学。④尊重关系变得如此重要,以至于中国的一些航空公司常常不订满航班,预留一些座位以防一些有关系的人在最后一

---

① Confucius, *Analects*, 12/11.

② Ding Lu and Zhimin Tang, *State Intervention and Business in China* (Cheltenham: Edward Elgar, 1997), p. 90. See also Siu-kai Lau and Hsin-Chi Kuan, "Chinese Bureaucrats in a Modern Colony: The Case of Hong Kong," *Working Paper Series* (Hong Kong: Centre for Hong Kong Studies at Chinese University, 1986), p. 3.

③ Lucian W. Pye, *The Spirit of Chinese Politics: A Psychocultural Study of the Authority Crises in Political Development* (Cambridge, Mass.: MIT Press, 1968), p. 19.

④ Mente, *Chinese Etiquette*, p. 90; Hilary K. Josephs, *Labor Law in China* (Salem, N.H.: Butterworth Legal Publishers, 1990), pp. 14 - 17.

分钟出现并要求一个坐位。①

中国的政府权威,特别是那些地方权威,仍行使着很大的权力。随着中国的法制建设的推进,随着孔子伦理的发展(最终它也会包括政治权利),随着中国人对西方个人主义价值观的逐步吸收,他们的这种权力将受到限制与监督。②同时,商人也被建议努力发展关系。

福山认为,中国是一个信赖低、以家庭为中心的社会,其成员几乎没有经验或兴趣在平等的基础上与外人打交道或与人为伍。③这种结论是错误的。如果中国人仇恨外国人,那么自从邓小平决定建立更为市场化的经济以来,他们也不会如此成功。中国的煤炭、水泥、谷物、鱼类、肉类和棉花的生产居世界第一位;钢产量居世界第三位;原油产量居世界第五位;自1978年以来,中国的年均增长率超过9%。④如果中国人没有进行谈判交易、进口技术、组成中外合资公司,中国的这种经济奇迹也不会实现。中国工业总产量的近10%来自外资和私有经济。⑤

另外,我们还应牢记,在过去十年里经济发展最快的国家和地区包括日本、韩国、新加坡、台湾和香港,这些国家和地区要么拥有相当大的华人人口数量,要么受到了中国文化的深远影响。华人这个人种也许是世界上经济最成功的人种。在菲律宾,虽然华人只占总人口的1.5%,但他们在本国公司销售总额中却占了35%。在印度尼

---

① Scott D. Seligman, *Dealing with the Chinese* (New York: Warner Books, 1989), p. 165.

② Anne S. Tsui and Jiing-Lih Larry Farh, "Where Guanxi Matters: Relational Demography and Guanxi in the Chinese Context," *Work and Occupations*, 24:1 (February 1997), pp. 56–79.

③ Francis Fukuyama, *Trust* (New York: Free Press, 1995), Passim; Mente, *Chinese Etiquette*, p. 90.

④ Nicholas D. Kristof and Sheryl WuDunn, China Wakes: *The Struggle for the Soul of a Rising Power* (New York: Vintage Books, 1995), p. 96.

⑤ Ibid., p. 344.

西亚,2%的华人却拥有全国70%的私有资本。①如果这些作为少数民族的华人人口拒绝与非家庭成员开展交易的话,那么他们也不会如此成功与繁荣。

虽然孔子伦理强调尊重家庭,但他从未说过"只信赖你的亲人"。孔子多次显示,他愿意与任何热望学习的人接近,也曾申斥一些学生,因为他们小看那些来自低等阶层和在过去犯过罪的学生。②另外,封闭排他式的孝德不是可取的。孝德应该帮助创造一种信赖、善意、尊重别人及真正统治者的氛围。仁者应该避免结交朋党,③并视每个人为潜在的兄弟姊妹。④孔子伦理所鼓励的是一种开放的关系,而不是一种封闭的关系。该伦理支持人们与每个人建立关系,伦理上越是成熟的人越会将同等对待陌生人和家庭成员。⑤

孔子伦理对于伙伴关系的态度有利于培养那种非封闭式的关系,所有的人类关系都是可能的。那种认为关系总是"道德"或"不道德"的观点过于头脑简单。尽管有些人不适合作我们的政治伙伴,但也许他们可以成为我们钓鱼的好伙伴。尽管我们不应该漫无边际地结交朋友,但我们也不应该总是追求道德完善之人。我们应该愿意冒险与那些工作努力、对项目投入、能够提供资金和劳力的人组成合资公司。许多中国人相当具有冒险精神,而其中某些精神可以归因于孔子伦理。我们不应该认为这种对关系的渴望是所有关系的背后动机;相反,我们应该考虑关系在中国繁荣与流行的可能性,当然这是因为中国人很擅长建立和维持各种各样的关系,而并不是因为中国人不信赖陌生人。

---

① Nicholas D. Kristof and Sheryl WuDunn, China Wakes: *The Struggle for the Soul of a Rising Power* (New York: Vintage Books, 1995), p. 317.

② Confucius, Analects, 7/7; 7/29.

③ Ibid., 2/14.

④ Ibid., 12/5.

⑤ Kam-hon Lee, "Business Ethics in China: Confucianism, Socialist Market Economy, and the Multinational Enterprises," *Ethics in International Management*, eds. Brij Nino Kumar and Horst Steinmann (Berlin: Walter de Gruyter, 1998), p. 315.

在回应西方营销时,中国人对新关系的开放态度、对关系的依赖及他们对信赖的重视都一显无遗。中国人愿意从外国人手里购买商品,这种愿意精神应该提醒我们,关系并不代表一切——营销者手里必须有他们想要的产品。①事实证明,当西方营销着眼于公司本身及其形象特征而不着眼于产品时,它会变得更加有效。②消费者想知道与他们打交道的是什么人,这种取舍倾向也许可以被理解为那重视共同发展和提高的孔子伦理的自然产物。孔子伦理并不强调欲望的满足。任何公司都销售产品,因而宣传推介产品并不能使这个公司值得信赖。相反,宣传公司的形象特征可能会培养信赖。在消费者们看来,公司是有自我意识的,应该能够意识到其行为对消费者和利益相关方的影响。鉴于这种宣传与广告可能最终证明是虚假的,所以我们不应该宣称此种宣传是根本上合乎伦理的。然而,从孔子伦理角度出发,公司形象的宣传比单纯的产品宣称更为合乎伦理,因为最终消费者与其他利益相关方和公司形成关系,而不是与公司产品形成关系。

在中国人对待外国投资者的方式上,这种对关系的强调也显露无遗。中国给予那些直接投资者优惠待遇,因为他们的投入与努力被认为比合资公司的外国投资者更为显著。例如,在1994年的税务改革期间,国家税务官员向那些外国的直接投资者保证,如果新的税法导致外国直接投资者所支付的税额升高,那么这些外国直接投资者将享受税额减免待遇。③

---

① Thomas Leung and L. L. Yeung, "Negotiation in the People's Republic of China: Results of a Survey of Small Businesses in Hong Kong," *International Business Agreements in the People's Republic of China*, eds. Folsom and Folsom (London: Kluwer Law International, 1997), pp. 44-49.

② "P&G Wants to Be on Tip of Tongues in, Let's Say, Tianjin," *Wall Street Journal* (24 August 1998), p. B8.

③ Choosin Tseng, Paula Kwan, and Fanny Cheung, "The Impact of Current EconomicDevelopment in China on the Market Entry Strategies of Foreign Consumer Goods Manufacturers," *Business Transformation in China*, ed. Henri-Claude de Bettignies (London: International Thomson Business Press, 1996), p. 191.

只有当各方感到对方友善时,良好关系才能建立发展。上海汽车工业公司当时正在寻找一个合作伙伴,据说日本丰田公司当时很不友好。丰田公司不愿转让任何技术,并且对中方在管理外汇方面的困难也很冷漠。上海汽车工业公司开始与通用汽车公司和福特汽车公司展开伙伴性对话,尽管丰田拥有更为优越的生产技术。那些具有与中国人共同克服困难之经验与历史的公司以及那些避免对其中方合作伙伴作过分自以为是的判断的公司似乎能兴旺成功。摩托罗拉先于其他竞争者进入中国,并表示它将长时期呆在中国。即使在1989年的"六·四"之后,它也没有从中国撤出。结果,摩托罗拉得以主导中国日益增长的电子市场。[①]

三、对道德领袖的强调

中国人之避免合同和拥抱关系的做法显示,孔子的可信赖价值观正在起作用。孔子价值观不仅仅能够使我们理解而且也能够使我们批判性评估中国人中通行的实践。让我们考虑谁是好的商界领袖这个问题。从一方面来讲,孔子之领导概念有点像所谓的"公仆式领导"。如果别人不跟随遵循一个人时,那么这个人就不能领导这些人。当管理者从被管理者的利益出发去管理时,他就能领导得很好。只有当统治者过一种同情其人民关注与问题的生活时,他才能精确地把握被统治者的利益与兴趣。因为在中国的历史上有许多穷人,所以孔子伦理建议,商业领导者应该过一种节俭、不铺张的生活。孔子伦理并不一定倾向于那种绝对的平等主义(见下一章),它也不提倡那种苦行僧生活。当被统治者的生活水平得到提高时,领导者才能选择更舒适的生活——不过道德应该永远是他们的根本关注,而不是物质利益。

邓小平1992年南巡之后,要求人们以更快的速度拥抱市场经

[①] Kam-hon Lee, "Moral Consideration and Strategic Management Moves: The Chinese Case," *Management Decision*, 34:9 (1996), pp. 65–70.

济,整个国家处于一种致富的浪潮中,因而也就出现了拜金主义。①部长级的官员以及许多高层官员的子女们开始亲自下海经商。军队开办了制造钟表和冰箱的工厂,军队一部门成了一家豪华酒店的业主之一。尽管官方后来禁止军队投资经商,但军队仍是互联网业的主要经营者。一些政府官员也使自己富裕起来,因为他们可以利用自己的关系及对土地的控制权而获得合同或获取合资公司股份。某些高级官员的亲属成了中国最富裕的人。孔子伦理将谴责那些通过出卖国家资产以充填个人腰包的官员,并且会质疑这样的领导及管理者是否是真正的或合法的领导及管理者。

随着中国向市场经济的进一步发展,中国人开始再次注意孔子道德标准,以用其要求商界领袖和政界领导人。1998年,前市委书记陈希同因其腐败行为而被判刑16年。他的儿子及其他一些官员也受到了审判。②这次审判之前,前北京市政协副主席黄纪成(Jicheng Huang)及前北京市人大副主任铁瑛因贿赂罪而被判刑。③

除此之外,孔子伦理还会让我们审视领导者的物质成功以外的东西。有时,人们称赞现代中国领导人摧毁封建体制、降低新生儿死亡率、延长成人寿命、提高识字率及妇女地位。如果成功是世间正确与错误的惟一判断标准,那么毛泽东、周恩来、邓小平将因他们的成就而赢得人们的无限赞扬。尽管孔子并不否认成功,但他要求我们思考:什么样的成功? 一个领导人应该擅长领导人类存在。确保人民有一种"死工资"或"铁饭碗"并不是杰出领导才能的证明。虽然饥饿的人们很难关注德性问题,但填饱他们的肚子这种行为本身并不能帮助他们实现自己的人类美德。就连动物都喂养自己的幼仔,所

---

① Kristof and WuDunn, China Wakes, p. 141; Xiaohe Lu, "On Ethical and Economic Value," *Online Journal of Ethics*, 1:2 (1997), http://www.stthom.edu/cbes/.

② "Former Beijing Mayor Sentenced to 16 Years' Imprisonment," Associated Press story posted 31 July 1998, http://www.vietnam411.com/newstand/beijing-brief story.btm.

③ Michael Griffin, "Latest Censorship News: China," *Index Online*, http://www.indexon.censorship.org/news/china260897.html.

以供养我们的父母也不算格外仁爱,①因而君子追求的对象是真理,而不是食物。②正如我在本章开头部分所指出的,孔子坚持,只要统治者的善意是明显的,统治者就可以要求人们放弃自己的食物而不会丧失信赖。值得信赖的统治者绝不会忘记人类进行选择之独特能力。只要人们没有受到欺压,他们就能忍受任何形式的艰难与困苦。

孔子的一段轶闻很好地说明了这一点。据《礼记》的记载,有一次,孔子和弟子们走过一片树林,看到一个妇人坐在一个尚未掩埋的坟墓旁边,这个妇人哭得很伤心。当孔子的弟子子路问她为什么哭时,她哭诉道:

"昔者吾舅死于虎,吾夫又死焉。今吾子又死焉。"夫子曰:"何为不去也?"曰:"无苛政。"夫子曰:"小子识之,苛政猛于虎也"

这个故事值得我们好好分析一下。这位妇人依赖那些男人们提供生计,但老虎使她变得穷困潦倒并且威胁着她的生命。然而,她宁可面对这种物质上的灾难,而不愿失去她的自由。如果真正的统治者为其所统治的人类存在的利益服务,如果正如这个故事所建议的,自由是人类存在的根本善与福祉,那么真正值得信赖的统治者就是那些总是留心尊重和促进自由的统治者们。在孔子的价值观里,自由与经济福祉是相辅相成的。这种伦理也许会同意那种强迫的土地重新分配做法,但它绝不会允许对公民的杀戮。自由的价值在于,它能使我们做出选择,通过这些选择,我们能够实现仁。死去的人没有自由,也不能进行选择,所以孔子伦理绝不允许为了某些人的物质福祉而杀戮另一些人的做法。(孔子确实讲过,他不判断什么是允许的,什么是不允许的,但是他是在回答另一个人的伦理纯洁的声明之

---

① Confucius, *Analects*, 2/7.

② Confucius quoted in Gangjian Du and Gang Song, "Relating Human Rights to Chinese Culture: The Four Paths of the Confucian *Analects* and the Four Principles of a New Theory of Benevolence," *Human Rights and Chinese Values*, ed. Michael C. Davis (Hong Kong: Oxford University Press, 1995), p. 46.

后而讲此番话的。孔子也确实判断过一些总体上不好的统治形式，例如，压制和恐惧式统治、严刑式的统治、轻视臣民的统治，等等。）

因此，孔子绝不会因为某个人改善了人民的物质生活水平就判断其为伟大的领导者。另外他也不会对当代中国的一些被誉为模范商界领袖的人表示太多好感。让我们以张果喜（"张老板"）为例。张老板可能是中国最富有的人，他是如此得受人尊重，以至于江西天文台将观测到的一颗小行星以他的名字命名。为什么他会如此受人尊敬呢？在文化大革命期间，他将自家的房子卖掉，然后用得来的钱作为资本开始了雕刻木匣的生意。这些木匣在日本打开了市场，后来张老板扩大生产，开始雕刻镀金佛龛。现在果喜集团已经发展成了一家很大的国际贸易公司，在日本、香港和德国都设立了分部。孔子将会承认张老板的创业精神、把握机遇的能力以及他的灵活与适应能力，但孔子不会在一个人身上寻求全面的成全之德。孔子总是在别人值得赞扬的时候才赞扬别人。他可能会承认，张老板已经成为中国企业家的模型与典范。然而，我仍不相信，孔子会视张老板为伟大的商界领袖。张老板似乎不太关心政治，只要政府不干预他实现他的商业事业，他就满足了。他不屑考虑是否现在政府正在帮助尽可能多的人们实现他们的人性，他对任何形式的公共服务都不感兴趣。结果，他未能实现自己而成为一个完善的人类存在。

这里我想要表达的观点是，每个政界或商界领袖必须是伦理上纯洁的。总体来讲，孔子对纯洁的问题很谨慎。[1]当孔子的一个弟子批评一个大臣将对被弑的君主的忠诚转而投向那弑君者时，孔子敏锐地指出，正是这位大臣的建议才拯救了这个新的王国。如果没有这个大臣，他们恐怕早就被迫穿上蛮夷的服饰了。[2]这位大臣值得赞扬，因为他从没有忘记那种保持自己人民自由的需要。旧的君主已经死去，国家面临敌人的威胁，这位大臣做了当时情形要求他应该做的事，向新的君主提供了良好建议。与此类似，孔子警告不要通过不

---

[1] Confucius, *Analects*, 5/19.
[2] Ibid., 14/17.

道德的手段获取官阶,[1]并要求他的弟子们天下有道时则现身服务,天下无道时则退而隐之,[2]但是孔子会毫不犹豫地出面帮助意欲叛乱的佛肸。当孔子的弟子子路质问孔子时,孔子给出了如下精彩的回答:

> 佛肸召,子欲往。子路曰:"昔者由也闻诸夫子曰:'亲于其身为不善者,君子不入也。'佛肸以中牟畔,子之往也,如之何?"子曰:"然,有是言也。不曰坚乎,磨而不磷?不曰白乎,涅而不缁?吾岂匏瓜也哉?焉能系而不食?"[3]

那么孔子是否在此宣扬纯粹的权宜变通之计呢?表面看来,当擢升的机遇出现时,孔子迫不及待地牺牲自己的伦理道德标准。那么"道德领导"的观念又跑到哪里去了?虽然孔子确实强调道德领导的观念,[4]但"道德"之概念并不等于"僵守原则"。孔子也如张老板一样,也是一个完全的世俗之人。他深知,我们必须常常在不完善、不如意的情形下行为做事。我们不能选择我们的做事地点。仅仅因为我们不想让自己的人品不受到污染而拒绝行动,我们的这种做法对不好情形的改善没有什么益处。如果我们不采取行动,情形也许会更坏。因此,当叛乱出现,许多人将遭遇不幸时,孔子表示愿意前往干预。我们也许可以将孔子与德国实业家辛德勒进行对照。辛德勒并不是一个德性的典范,然而通过与纳粹的商讨与欺瞒,这个玩弄女人的酒鬼设法挽救了数百犹太人的生命。辛德勒没有太在意自己的声望或做事一致性,他关注更多的是如何尽力减轻那些比他不幸人们的痛苦。从他的企业家精神来看,他和张老板一样,但他与张老板不同的是,他利用自己的才能为更为伟大的事业服务,即为人们争取尊严和自由。辛德勒似乎明白,人民大众是检验标准;通过它,领

---

[1] Confucius, *Analects*, 7/16.
[2] Ibid., 8/13.
[3] Ibid., 17/7.
[4] Ibid., 7/16; 8/13.

导者不至于误入歧途。①

第二节 对孔子之可信赖概念的反驳

是否孔子之可信赖概念经得住反驳？在回答这个问题之前，我们需要考虑几种可能的反对意见。

一、反驳之一：孔子的孝德鼓励不信赖

一些批评者指出，孔子思想(儒家思想)已经遏止了中国经济的发展。孔子伦理对于孝德和培养关系的强调被认为妨碍公民发展一种更为普遍、能够培养和维持与陌生人的信赖关系的伦理。那些提出此反对意见的人还没有读懂孔子。其伦理之所以强调孝德，正是因为(也正是到此程度)它可以培养一种尊重和关爱人的习惯，从而使尊重和关爱也能惠及家庭成员以外的人们。另外，孔子并不赞成家长专制，也不赞成对权威人士意志的下贱服从。他还指出，己所不欲，勿施于人。②虽然中国已经经历了很多世纪的专制统治，但这种专制统治不能归咎于孔子伦理。孔子伦理赞同意对暴君的反抗(见第五章)。另外，无论如何，在许多其他未受孔子思想影响的国家也出现了暴君。

在某些方面，孔子价值观对最近的东南亚"经济奇迹"起到了促进了作用。鉴于孔子价值观在20世纪以前就已经存在，鉴于亚洲广大地区内的许多价值观源泉，我不想把孔子价值观视为中国、韩国、印度尼亚西等的迅速工业化进程中的惟一或主要的动力与原因。孔子思想不能解释韩国是经济强国而朝鲜连人民温饱问题都不能解决这二者之间巨大的差异。进一步地，我们仍要解释为什么孔子思想没有在1400至1900年这段时间里促发持续的经济发展。历史事件

---

① Confucius, *Analects*, 15/25.
② Ibid., 15/24.

第四章 孔子的值得信赖观

在发展过程中起着至关重要的作用。只有在毛泽东思想破坏了中国的封建基础之后,中国才得以走上现代化的道路。无论如何,亚洲的经济成功与繁荣是非常显著的。据世界银行的计算,如此之多的奇迹出现在相邻国家的几率只有万分之一。① 因此,中国人的孔子伦理在其中一定起到了某种作用。例如,孔子思想强调健康和教育的重要性,后来毛泽东恢复了这一传统,这已经为中国造就了一批相对健康和教育良好的劳动力。② 人们能够努力工作也具有文化,这两点都是在日渐复杂的经济环境中保持成功所必需的。更进一步地,从历史上看,中国人一直能够充分利用众人的才能,这是因为孔子伦理十分重视表现成绩及德性,而不强调阶级、地位、背景、种族或性别。事实上,一些研究显示,中国是特别适合妇女做生意的天堂。外国妇女发现,只要她们表现良好,她们就被中国公司所接受。③ 因此,那种认为孔子价值观导致不信赖、从本质上敌对经济发展的看法是荒谬的。

二、反驳之二:孔子伦理忽视在信赖中胜任能力和共同分享价值所扮演的角色

现代关于领导的研究对孔子伦理提出了一个有趣而具有说服力的反对意见。孔子伦理以值得信赖为中心,而不是以信赖中心;它强调,自省是使我们自己赢得别人信赖的一种方法。但是我们能否不用考虑别人的人格特征及其实质的投入努力呢?我们的领导者与统治者是否应该展示自己的技巧以及对我们这些下属所共同分享之价值观进行投入与遵守?没有人会信赖一个不知道如何诊病与治病的医生。同样,各利益相关方也当然不会信赖这样的领导者:没有能力启示和激励工人、没有能力整合出一种使公司繁荣而赢利的远大眼

---

① World Bank study quoted in Kristof and WuDunn, *China Wakes*, p. 318.
② Ibid., 320.
③ Robert 1. Westwood and Shuk-mei Leung, "The Female Expatriate Manager Experience," *International Studies of Management and Organizations*, 24:3, pp. 64-85.

光。另外,除非商界领袖能够证明他们也分享他们必须启示激励的这些人的价值观,他们才能成功;如果他们不能说服其同事们他们也分享那些价值,那么他们就会发现很难与其同事们展开工作,也就更别提启示和协调同事们的活动了。因此,我们就会认为,孔子伦理犯了严重错误,忽视了胜任能力和分享价值在树立领导权威、使其显得可信赖等方面所扮演的角色。

尽管孔子没有对领导、能力和分享价值之间的关系讲很多,但是他的理论也绝不是毫无意义的。从某种意义上讲,孔子伦理能够为领导理论研究出现一些新的成就与发展而打下基础。一些学者已经开始挑战那种关于管理的标准推定:领导就是培养主要能力的问题,因而它是可以教授的。彼得·威尔(Peter Vail)认为,"管理领导不是一时学来的(not learned),而是学无止境(learning)。"[1]今日的领导者必须要面对范围很广的利益相关者。这些不同的利益相关集团具有不同的使命、利益和组织结构。随着经济和社会不可思议地演进,各利益相关集团也处于一种持续的变化中。最胜任的领导者也许不是那些具有最多技巧的个人,而是那些最能挑战流行假定、从新角度看待问题的人们。

孔子将会完全同意这种观点,他的警醒伦理的目标是为人们培养一些深思清醒的习惯。真正的统治者应该意识到:"为君难,为臣不易。"[2]虽然确保繁荣永存的方法不存在,但那些谨记这句名言的人们将最可能成功。那些反省此教导的人们将会悉心聆听别人的建议,因为他们欢迎任何来源的洞识与精见。这样的领导者能够以一种新的眼光看待旧的事物,因而能够很好地应对变化。那些能从新角度看待过去的人们将不会得出,将来只会单纯重复过去的假设结论。

---

[1] Peter B. Vaill, "The Learning Challenges of Leadership," *The Balance of Leadership and Followership* (Chicago: Kellogg Leadership Studies Project, 1997), pp.71-83.

[2] Confucius, *Analects*, 13/15.

通过将值得信赖性建基于那种愿意学习和自我批评的精神，孔子为达至一种全然不同但也许更为深刻的对人类关系的理解打下了基础。在20世纪90年代，一些管理学大师们主张管理者应该放权给工人们。放权的意思就是赋予下属以权力和责任，使其能够进行决策并且从其所犯错误中学习教训。这种观点将放权还原为一种单一的行为：CEO将权力和责任赋予经理们，然后坐等其成。不过，事情绝没有那么简单。领导者和下属都要弄清，放权到底意味着什么，不意味着什么。放权并不意味着赋予员工那种做任何决策的绝对权力。银行出纳员绝不可决定发放贷款，电话推销员绝不可通过客户电话就诊断分析问题。员工不应该做出他们不能实现的许诺，也不能假设他们自己拥有本来缺乏的知识与技能。领导者们也应该学会一些深刻的教训，他们不能告诉自己的属下有权设计和生产产品，但然后又拒绝批准生产预算。除非员工被赋予纯正的、为成功完成项目所必需的自行决定权，那么放权就是空洞的。简言之，放权不是一种技巧，它是领导者和下属对权力、合适界限和自行决定权的一种永不止境的学习过程。因此，作领导者或作下属确实很难。

三、反驳之三：自省很容易就成为危险的自我批评

第三点关注基本上还没有引起孔子伦理评注者的注意。孔子伦理要求我们高度自觉和自我批评，一方面这种要求能够促进更深的反省，但另一方面它将使改革变得更加困难。个人被教导要求进行内视而寻求提高自己，而不去寻找别人或机构的错误与缺点。这种自我批评的义务能够被寡廉鲜耻的统治者用来破坏人们批评或改革已有权力机构的努力。统治者可能会提醒那些中高社会阶层的人们注意自己正在享受的许多特权，不要多管闲事。通过狡猾利用人们的罪恶感，统治者然后会要求这些"罪恶"的人们进行自我控诉，描述自己的错误思想与行动。统治者不允许人们批评权威，人们只应该监督和纠正自己的思想。在今天一些中国企业仍时常要求那些与同事或经理发生争议的员工们做自我批评，即使法庭或仲裁委员会已

经判定对方有错。

公平地讲,孔子从未要求人们作自我控诉,也没有禁止人们批评别人。孔子鼓励批评,但前提是批评的方式一定要正确。我们应该提出建设性的批评,应该总要攻击邪恶之事而不要对人。[①]在某些情况下,腐败体制比体制之内的腐败之人更应该受到责备。然而,孔子伦理未能意识到自我批评实践可能被人控制和滥用的各种方式。人们应该能够挑战权威,而不必担心他们会忽然成为被检控者。在这里,我们再次看到了西方权利理论能够有效补充孔子伦理的情形,当人们批评别人行为的时候,他们有义务批评性地反省他们自己的行为和动机、并且保持明智,但是他们也应该有权力不做强制的自我控诉。

虽然权利的说法对孔子来说显得陌生,但那种避免自我控诉权利的背后意思还是不陌生的。这种避免作自我控诉权利可以被理解为孔子又一思想的另一种表达形式,即孔子认为个人总是最终超越各社会范畴。这类社会范畴绝不能决定谁是伦理上善的人,因为这些社会范畴会随个人的行为和思想的变化而变化。今天的反革命会成为明天的英雄。要求人们作自我控诉就是要求人们将自己降低为他们所应超越的社会范畴,没有任何有头脑的人会选择做此种贬低自己的蠢事。只有当人们不能够被强制进行自我控诉时,即只有当人们面对承认错误或犯罪的压力而拥有保持沉默的权利时,自我批评的义务与深思熟虑的义务才能同时存在。另外,只有当人们有理由相信言论不是在受压迫的情况下说出的,人们才更能相信彼此的言论。只有在这种情况下,值得信赖的条件和信赖别人的条件才是对等的。

第三节 结 论

虽然最近西方关于信赖的讨论大多集中于信赖别人的条件,但

---

① Confucius, *Analects*, 12/21; 17/24.

第四章 孔子的值得信赖观

孔子却要求我们将值得信赖视为更重要的现象。如果我们想把自己变成一个真正值得信赖的人,我们应该如何做呢?为了能够确保我们对别人的值得信赖性做出合理判断,我们应该拥有什么样的责任呢?孔子和和辻哲郎恐怕都会质疑一个商界领袖仅仅通过遵守既定的原则(例如,"避免利益冲突之原则")或采取一些特殊的技巧就能够赢得其下属的信赖。这样的观念可能是产生不信赖的源泉,因为它代表了一种对信赖的错误概念,即信赖是某种可以生产或消费的商品。真正的值得信赖只有一个来源:我们必须时刻留心和清醒,我们的行为总要反映和发展我们的人性,同时我们的行为还要启发激励我们身边的人,使他们变得更为仁善。

第五章 和辻哲郎伦理中的公共与私有概念对商业实践的意义

有些理论家认为,远东国家并不区分公共事务与私人事务。有人告诉我们说:"中国人的语言中不存在隐私之类的词语,因为这种概念从传统上讲是外来的,基本上是不可想像的。很早就开始的稠密人口和集体生活方式使人们习惯于以集体的方式思考和行动,而不是以个人为基础。"[①]对于日本人来说,集体的概念也被认为是最根本的。日本人用"公共"这个词来指代任何不属于亲密团体的人,因而显示他们"不具有美国人式的'公共精神'。"[②]

诸如此类的片面主张存在问题。美国和欧洲商业伦理学家所承认的许多原则与规范都来自公司的公共性质。从这点看来,公司之所以被允许存在,只是因为政府认为这些公司符合公共利益。因此,我们就有权期待商业行为符合和支持这种公共利益。如果中国人和日本人真的没有"公共"这一概念,那么被视为商业伦理的大多数内容似乎都建立在牢靠的基础之上。

这些主张与观点还存在着其他一些方面的问题。首先,因为本书开头所给出的理由,关于"远东意识"或"亚洲价值观"的粗糙归纳与概括受到了人们的质疑。即使我们对商业出版物中的关于亚洲的英文文章进行粗略阅读,我们也会怀疑远东不存在隐私这种说法。在中国有一个典型的案例,一位女士控告她的室友未经其同意而使

---

① Boye Lafayette de Mente, *Chinese Etiquette and Ethics in Business* (Lincolnwood, Ill.: NTC Publishing Group, 1994), p. 70.

② Edward T. Hall and Mildred Reed Hall, *Hidden Differences: Doing Business with the Japanese* (New York: Doubleday, 1987), p. 56.

用其电子邮件账号,散发错误信息,因而侵犯了她的隐私权。①另外,隐私对日本人来说也足够重要,以至于和辻哲郎利用其伦理著述一整章来讨论私人与公共之间的确切关系。②

　　正如刚才所说的,有些人宣称,日本人和中国人不同于西方人,他们没有隐私或公共利益的概念。这种说法是非常令人不安的,因为这种东西方对比是以这样一种假设为前提条件的:西方存在一种关于公私区别的标准概念。事实远不是如此。即使在盎格鲁萨克逊和欧洲传统中,"公共"这个词也包含有不同的、有争议的意义。本章将要简洁描述三种关于公私区别的西方观点,然后分析和辻哲郎之理解与这些西方观点的相同与差别。我将通过考虑和辻哲郎伦理可能赞同的商业伦理规范类型以及通过分析一些商业实践的后果而对这些相同与差别的伦理意义进行探讨。下一章将讨论孔子关于公共的概念。

第一节　西方的三种"公共"概念模型

　　我将以一个从社会学著述中归纳出的模型作为开始点。

一、模型之一:政治权力所能涉及的所有领域都称之为公共范畴

　　社会学家博兹曼(Barry Bozeman)争论说,政治权威所能影响到的所有东西都可以被视为公共的。根据这种说法,所有组织(即使那些所谓的"私有企业")都或多或少带有公共性质。各组织是"正式组成的社会集体,通过从环境获取资源并将这些资源用于符合目标的

---

　　① Chih-Ho Yu and Ning Huang, "China E-mail Case Attracted Attention to Privacy," Newsbytes Pacifica 1 August 1996, http://www.nb.pacifica.com/headline/chinaemailcaseattract-671.html.

　　② Tetsuro Watsuji, Rinrigaku: Ethics in Japan, trans. Seisaku Yamamoto and Robert E. Carter (Albany, N.Y.: State University Press of New York, 1996), pp. 145–154.

活动而实现自己的目标。"因而,组织呈现四个根本过程:"第一、建立和维持组织;第二、组织结构形成;第三、获取和管理资源;第四、确立及实现目标。"①政治权威会以多种明显及微妙的形式对每种过程产生影响。

让我们以公司为例,不管它是巨大的集团公司还是家庭拥有的小型企业。政府通过证照颁发、区域规划和经营授权等方式影响公司的建立;政府还通过并购、反托拉斯政策和破产法律掌握着公司的生死命运。公司在合同与贷款方面依赖政府,通过合乎政府税务法规的资产负债表向内部和别人报告自己的活动。因为政府已经建立了许多政府资助企业(GSEs),所以公共与私人之间的分界也已经变得模糊起来。有些政府资助企业参与市场竞争,有些不参与。政府资助企业可以被分为私有赢利企业、政府资助私有企业、政府完全拥有的企业、私有非赢利企业、多重组织企业及美国政府职能机构。②因为有些"私人"组织是在政府的法规之下而成立的,它们的合法性与国家的合法性是联在一起的。例如,政府的许多顾问团和医师协会是由私人个人所组成的,但它们都负有公共责任与角色(如保护公众健康或制定科技政策)。如果政治权威被认为是非法的,那么这些"私人"团体与协会就很可能也会失去它们的权威。

组织和公司的结构也会反映出政治权威的影响。美国的宪法对政治体系进行分割,这种分割做法也延伸到了政府组织中,一个政府机构通常受到各个部门的限制。在美国,行政管理和预算局(OMB)管理各机构的财政和预算,而人事管理局(OPM)则控制各机构的人员政策与程序。这种分权制也影响了非政府组织。一家向国防部出售设备的航天公司应该对总审计局(GAO)的审计员、总务管理局(GSA)的采购政策和行政管理和预算局的合同法规及报告程序等负责。许多国防企业都设立了专门的部门与这些联邦政府部门打交

---

① Barry Bozeman, *All Organizations Are Public*: *Bridging Public and Private Organizational Theories* (San Francisco: Jossey-Bass Publishers, 1987), pp. 5 - 7.

② Ibid., p. 31.

道。政府内联邦政治权力的分割也在公司内部创造了类似的企业权力分割。①

当一个企业开始集中资源的时候,它会再次遇到政府权威的影响。许多企业利用州政府奖励计划或小型企业管理局的贷款,还可以选择减免税务企业振兴区(tax enterprise zone)作为自己的厂址。各企业通过自由市场筹集资本,而市场本身也是由一系列旨在减少垄断、降低外部经济效果、确保公平游戏的政府规章所维持的。

第四个组织程序(企业目标制定)在很多方面都与政治权威联系在一起。专业组织针对的是公共服务,只要它们能够促进诸如健康(医药)或法律性公正(法律)之类的社会所期望目标的实现,它们就拥有相对的自治权。②正如博兹曼所指出的,企业有许多目标,只有其中一些是和利润直接联在一起的。企业的目标往往包括"发展、财务稳定、可预测性以及其他一些较为不太直接相关的因素,如创新、控制、组织自治、员工工作满意度、公共服务、声誉以及竞争优势。"③许多公司往往以良好"公司公民"而自豪,在这种情况下,此类公司可以被称为"公共"的,因为成为良好公民的条件明显取决于国家如何看待这些公司的目标。如果国家是一个荣誉至上国家(timocracy),那么企业为了能被视为一个提供公共服务的公司,就需要强调培养员工的勇敢精神。另外,尽管一个私有企业会尽力实现足够的控制来完成自己的许多目标,但关于什么样的控制可以接受这个方面,国家拥有发言的权利。虽然公司可以通过设立经济奖励机制来影响员工的行为,但是自由民主的国家不允许对员工进行体罚与折磨。

同理,这一点也适用于"私人"个人。我们的职业生涯也并不单纯是我们个人意愿与喜好的问题,我们需要在公共组织内谋求我们的职业生涯。只要我们受到组织的规则、政策和实践的限制,我们的

---

① Barry Bozeman, *All Organizations Are Public*: *Bridging Public and Private Organizational Theories* (San Francisco: Jossey-Bass Publishers, 1987), pp. 74-75.

② Daryl Koehn, *The Ground of Professional Ethics* (New York: Routledge, 1994), pp. 144-173.

③ Bozeman, *Organizations*, p. 148.

职业生涯就会具有公共维度。我们所担负的责任与扮演的角色也会受限于公共的规定、认可及其变化。尽管有些组织和个人可能比别人更具有公共维度,但公共范畴的定义在各种情况下都是一致的:只要受到(联邦、州、省或地方)政治权威的影响,那么它就是公共范畴的。

二、模型之二:公共范畴是一种展示空间

德国哲学家阿伦特(Hannah Arendt)和哈贝马斯(Juergen Habermas)已经对公共范畴的性质与意义做出了一些最为完整的分析。他们不同于社会学家,他们并没有将公共范畴与政治权威牵扯起来;相反,他们将公共范畴与独特的人类范畴等同起来。

根据阿伦特和哈贝马斯的说法,西方的"公共"一词(public)最初是指人类被显露和互相展示的空间。[1]这两位哲学家将这个空间视为辩论竞争的空间,他们认为第 5 世纪的雅典人是这方面的很好例子。古雅典公民通过彼此间的竞争来显示自己最高的人性优点与美德,如勇敢、正义、身体能力等等。这样的公共范畴不可避免地与理性联结在一起。公共范畴不是个人兴趣与利益相互对抗然后取得某种让步谐调的空间。相反,公共范畴是人类理解人类意义的地方。通过参与公共讨论而获得兴趣与利益的方法,人类能够成为完善的人类。与此恰恰相反,私有范畴仅仅是指家庭内所发生的事物,这种私有生活完全是一种"愚民式"(idiotic,在古希腊语中,"私有"这个词是 idiotes)生活。那些生活在家庭内的人们(如奴隶和女人)没有机会发现他们的真正兴趣与利益,或没有机会实现真正的人性德性。这些人出生、劳作、生育然后死亡,根本不能展示自己。[2]

---

[1] Hannah Arendt, *The Human Condition* (Chicago: University of Chicago Press, 1958), pp. 22 – 78; Juergen Habermas, *The Structural Transformation of the Public Sphere*. Trans. Thomas Burger with Frederick Lawrence (Cambridge, Mass.: Polity Press, 1989), pp. 3 – 4.

[2] Arendt, *Human Condition*, pp. 28 – 33.

为了能够参与公共讨论,一个公民必须是家庭的拥有者。那些奴隶或那些拥有资本但不拥有土地的外国人不是,也不可能是公民。这种公共范畴是以奴隶经济这种社会形式为前提条件的。役使奴隶能够使男人从劳动中解放出来,使他们拥有休闲时间来参与公共生活。虽然这种公共范畴是以阶级社会为基础,但是它不能被还原为社会。公民们自由使用自己的理性去发现他们个人和集体的利益与兴趣所在;他们并不单纯代表阶级利益与兴趣。从这种意义上讲,公共生活确实是一种公众的生活。这种以理性为基础的社会团体是在街肆内或任何公共讨论展开的地方形成的。

这种意义上的公共范畴在中世纪日渐衰退,因为在这段时期里,社会阶级的体制决定何为公共。国王或封建领主成了公共范畴,因为人们认为他们应该体现和代表上帝的意旨。普通民众不再是由自我决定存在所组成的社会团体的成员,他们被还原贬低为纯粹的私人存在,他们的特权与定位完全由他们在阶级架构中的身份所决定。在整个这段时期里,公共范畴变成了一种身份性属性(a status attribute),只属于那些自称代表某种更高或绝对意旨及观点的人,其他人类存在不能对其进行挑战或质疑。公共空间是不存在的。[1]

根据阿伦特和哈贝马斯的观点,现代生活威胁到了公共范畴的完整性。公司企图控制沟通与交流,并且整塑人们的期望。[2]公共范畴已经失去了其古典上的意义,即将某事物呈现给人们,这样人们能对其进行挑战与批评。相反,现在的公共演讲似乎要么着眼于所谓的全球经济需要,[3]要么着眼于对某种产品或某个人引起更大的公众注意。这两种形式的演讲与宣传从本质上都是不能批评的。[4]恰恰相反,公共关系人员希望消费者不加批判地接受某种产品、某个公

---

[1] Habermas, *Structural Transformation*, pp. 5–14.
[2] Ibid., pp. 181–195.
[3] Arendt, *Human Condition*, pp. 31–38.
[4] Tom L. Beauchamp, "Manipulative Advertising," *Ethical Theory and Business*, eds. Tom L. Beauchamp and Norman E. Bowie (Englewood Cliffs, N.J.: Prentice-Hall, 1993), pp. 475–483.

司代表或发言人的优点,包括公关人员自身的优点。正如在封建社会,在公共舞台上显示的只有纯私人或阶级的兴趣与利益,似乎这些兴趣与利益与社会团体其他成员的兴趣与利益一致。在这样的公共范畴里,只有私人的兴趣与利益得到了宣传与公开;公众意见也许会变得危险。私人利益与兴趣能够操纵公众意见,使其产生一种错误的舆论共识,或动员公众(那些不愿聆听同辈人但很容易盲目追随公关人员或宣传人员所提出的观点的普通民众)攻击和消灭任何反对它们的人。

如此看来,公共范畴的概念是一个历史性的概念。虽然人们在各个时代都使用这个词,但这个词所指代的内容已经随着时代的改变而发生了变化。对于好争论的古希腊人和中世纪的君权神授的统治者们来说,这个词有着迥然不同的含义。阿伦特和哈贝马斯都主张,一个属于人类存在且为其服务的公共范畴必须有其自己的完整性,该完整性必须以人类开展理性分析的能力为基础——分析利益与兴趣、探讨权威扭曲公共利益的可能方式的能力。因此,"公共"与"私有"范畴是规范性术语,也是历史描述性术语。这种规范特性可以解释为什么那些意欲改革社会团体的人们能够在关于政治变革的争论中诉诸于公共利益的概念。例如,那种人类存在能够在其中彼此呈现的公共范畴概念已经被用来支持那种将投票公民权延及妇女和先前奴隶的做法与主张。只有当那些活跃于集体生活的人们有机会参与讨论及有机会表达自己的声音时,这个集体才会成为更加公共的集体。因而,一个公共空间应该是"开放"的空间(德语用"offen"这个词来表示"公共"的意思,它的意思是"开放")。

因而根据第二种观点,公共范畴的一些主要特征如下:第一、公共范畴是一个空间,而不是一种身份性属性;第二、该空间是开放的,人类存在能够在其内自由呈现彼此及发现他们的利益与兴趣;第三、该空间是为了批评性讨论和演讲而存在,并由那些致力于保护该空间完整性的讨论和演讲所维持;第四、对此空间的参与更好说是属于全部人类存在的,而不是属于那种家庭内或其他某种背景环境中的某个私人生活——在这种情况下,个人没有被鼓励或要求回应别人的批评或关注;第五、该空间没有以任何公共福祉作为其前提条件,因为空间就是公共福祉本身。

三、模型之三:公共范畴是个人行为的后果

阿若伦特和哈贝马斯的观点比博兹曼的社会学观点更具规范性。这种社会学观点并没有指出哪些要件能构成政治权威,这样任何形式的权威,包括极权政治,都会创造一种公共范畴,因为各种政治都会影响维护、组成、收集资源及制定目标等组织性程序。阿伦特和哈贝马斯承认"公共范畴"在历史上具有各种各样的意义,但将"公共范畴"严格定义为一个具有以上四种特征的空间。极权政治或任人唯亲的资本主义体制都将破坏"公共性"。因此,这些体制不应该被归为公共范畴。但是,阿伦特和哈贝马斯的观点存在着缺点,因为该观点并不假定任何美好生活作为其前提基础,这种空间的存在就是公共福祉本身。他们的观点与美国哲学家杜威(John Dewey)的观点截然不同。虽然杜威对"公共范畴"的理解也是规范性的,但他的理论却假定了一个更为丰富的公共福祉的概念。这种概念植根于杜威的"关系形而上学"。

根据杜威的说法,没有任何人或组织是孤独存在的。所有实体之间都存在互动,因此我们无权听起来好像存在着一个"私人"空间,在这个私人空间里,一个人能够不受其他人类存在之行为的影响。我们的行为会对别人产生后果与影响,如果我们不考虑我们影响的是谁或怎样影响的,我们就不会辨别我们行为的意义。因而,对于实用主义者杜威来说,我们关于行为或言论的推理之正确与否要取决于该推理的结果。每个公司行为和我们的许多个人行为都是公共范畴的,因为"形成一个公共范畴这一过程所产生的后果的核心本质是这样一种事实:这些后果会扩展到所有那些直接参与形成它们的人之外。"[1] 正如杜威的评论者格兰奇(Joseph Grange)所指出的那样,

---

[1] John Dewey, *The Public and Its Problems* (Denver: Alan Swallow, 1927), p. 77.

"每当一个人的行为外溢到别人的生活当中去时,那么公共范畴也就产生了。"① 为了能够获得对我们自己行为的自我认知和意识,我们需要考虑这个公共范畴,考虑其内我们不可避免要与之发生关系的人。

杜威的理论既强调了关系的重要性,同时又从实用的角度坚持考虑后果,他将二者结合起来。他的理论产生两个后果:第一、杜威会要求我们忽略先前对个人和集体所作之区分。这种区分实际上是人们对自由主义和集体主义所表现出的一种意识形态上的青睐。意识形态是公共性的敌人,因为意识形态会分散我们的注意力,妨碍我们试验不同形式的共同行为和组织,妨碍我们对后果进行评估。第二、我们不能永久性地决定公共和私有范畴的相对地位与关系。它们二者之间的关系是复杂的,也是无限变化的。它们的表现形式取决于我们行为的方式。杜威的公共范畴理论是极其经验式的,他的做法不同于阿伦特和哈贝马斯,他并没有在公共和私有之间作一个绝对的区分,任何此类区分都会带有意识形态的味道,也就会破坏公共生活。

虽然杜威反对从某个原子存在(atomistic being)或从某个固定的人类本质出发去获得一个私有范畴,但是他的论述并没有破坏私有范畴,恰恰相反——

> 杜威赋予私有层面以最高的地位。正是在私有范畴里,所有纯正的新事物和发展才得以发生。尽管公共范畴有其自身的许多机制与机能,但它还是一种非常保守的力量。它寻求稳定,胜过创造。杜威将私有范畴重新定义:它是一种独特而不可再分的时刻——在此时刻内,焕发的智力能将人类经验世界引向全新而多产的方向:"发明是一种极其个人的行为,哪怕发明是由几个人共同完成的。一个新念头首先要出现在个人的头脑

---

① Joseph Grange, "The Disappearance of the Public Good: Confucius, Dewey, Rorty," *Philosophy East and West*, 46:3 (July 1996), p. 355.

里,一个新项目或新计划必须要由个人着手开始或发起。"①

这个私有范畴等同于人类独特意志和智力——它们负责发起行动,也负责使我们能够通过试验而整塑我们自己。我们的私人的行为、选择、发起和试验会不断形成公共范畴。

是否所有私人的主动努力都是好的呢?答案是否定的,主动努力有好有坏,好的主动努力会反映出对沟通重要性的意识。私有范畴只与公共范畴相对存在,而且两者都是人类自我的象征性体现,它们谁也不能脱离人类象征形式而独立存在。对于杜威来说,交流沟通是人类的标志,通过"交流沟通中的交换",我们既表达我们的人性,也实现我们的人性。②参与性民主是公共生活的最全面的实现方式,因为在我们共同行为和讲话的过程当中,我们会实现我们之间的关系性。当我们以这种互换的方式进行沟通交流时,我们既创造公共范畴,反过来这个公共范畴也对我们产生反作用。换言之,我们经验后果,因而我们也就了解我们行为的意义。也就是在这个时刻,我们成为更为完善的人类存在,我们也就总是不可避免地与别人进行互动,并且随之不断变化。

如此看来,公共范畴包括如下四个特征:第一、公共范畴是我们那些必然影响别人和事物的行为的结果;第二、公共范畴只与那些引发行动的私人意志和智力相对存在;第三、当我们试验不同形式的行为、反省其后果并对其作相应调整的时候,公共范畴与私人范畴之间的关系能够也必将发生变化;第四、公共范畴不应该以一种国家意志或利益的形式而构建起来,这是因为公共范畴只是个人行动的结果;第五、公共范畴的最真实形式与参与性民主或与杜威所谓的"大集体"(Great Community)是等同的。

杜威对公共范畴的理解以某种方式借助于参与性民主这个概念,而前面两个理论并没有此方面的考虑。博兹曼认为,政治权威对

---

① Joseph Grange, "The Disappearance of the Public Good: Confucius, Dewey, Rorty," *Philosophy East and West*, 46:3 (July 1996), p. 356.

② Dewey, *Public and Its Problems*, pp. 154-155.

个人或组织的任何影响都可被视作是公共的,而阿伦特和哈贝马斯所考虑的公共空间是以那些绝不会实现公共临在(即人类存在)的奴隶的劳作为基础的。对于杜威来说,这些奴隶必然是这个公共范畴的一部分,因为奴隶主人和立法者的行为都会影响到这些奴隶。只要奴隶主人未和奴隶进行沟通,那么他就必然缺少自我认知及更完善的人性,这是因为他将不知道他拥有奴隶这个行为的真正意义。奴隶们需要能够与其他所有人进行自由沟通与交流(即从奴隶制下解放出来),这是因为只有当所有人都自由时,我们才能合适地理解我们自己的行为。

第二节　和辻哲郎的公共概念及其对商业实践和规范的意义

　　和阿伦特和哈贝马斯一样,和辻哲郎将公共范畴视为一种人或物进行展示的领域。①公共范畴等同于"世界",因为只有当一个秘密泄露给"世界"时,它才能成为公开的。然而这个"世界空间"(world-space)或公共领域不能与物理空间等同起来,物理空间是对均匀广延性(uniform extension)的一种知觉,而公共空间恰恰相反,它不是均匀的,因为它是由我们的关系所构成的。当我们与一个朋友不期而遇,我们会说"这世界真小。"随着我们在不同时间所选的交通和沟通方式的不同,事物与我们的距离也就会发生"变化"。两个村庄离我们的村庄都是5公里,只要我们是从我们的村庄步行到两个中的任一个去,我们都会觉得它们一样近。然而,当铁路将我们与其中一个村庄联结时,我们就会觉得这个通火车的村庄离我们"近",而那个不通火车只能步行的村庄离我们"远"。②

　　公共范畴或世界空间是一个舞台,在这个舞台上,事物通过具体的、随历史不同的人类沟通和交通方式而互相展现。这个公共范畴

---

①　Watsuji, *Rinrigaku*, p. 145.

②　Ibid., p. 25.

(public)的特征是其公开性(publicity),即一种将事物揭示及展现的过程。和辻哲郎对于公共的描述不同于博兹曼的社会学分析,因为公共范畴不是政治影响的产物。和辻哲郎的公共范畴概念和杜威的公共范畴概念最接近,因为公开性绝不是,也绝不可能是绝对的。一个人类存在是谁不可能展示给所有别人,因为只要是人,他就要生活在一系列的具体、注定的关系中。我们不会向报刊公布我们与配偶之间所分享的秘密,我们的启示与我们的关系是联系在一起的。在每一种关系中,我们会揭示我们自己的不同层面。

任何绝对的公开性只存在于上帝的面前。既然绝对的揭示不可能在此世实现,那么这个公共范畴或世界空间的公开性就是不足的,或有缺失的。从这种意义上讲,每个人类存在和所有人类行为都既是公共的,同时也是私人的。以此类推,公司也既是公共的,同时也是私人的。一个日本公司会在一系列的关系中运作,例如,在一个纵向组成的家族集团(keiretsu)内,某个公司会有联系紧密的伙伴公司。该公司的第二层关系是由那些稳定的客户或其他属于某个行业协会(如日本汽车制造商协会或日本经济团体联合会)的公司组成。它的第三层关系是整个日本,它包括普通的证券持有者、消费者及本地竞争者。它的第四层关系是整个世界,它包括所有那些与之竞争的世界范围内的公司。①该公司将与第一层关系内的公司分享很多信息。当商业机密或竞争信息被提供给 keiretsu 内的其他公司时,该信息就被"公开",但通常不会宣布。各种揭示都会在一种关系内、并且以合乎这种关系的方式进行。正如没有个人能够做全面揭示一样,没有公司能够对其他公司全面透明。想让公共范畴好一些就是等于一个人将先前保密的信息与其他人进行分享。既然作为一个人就意味着生活在具体而注定的关系中,那么完全的透明或全面的揭示绝不可能成为人类的一个目标。

---

① Iwao Taka, "Business Ethics: A Japanese View," *Business Ethics: Japan and the Global Economy*, eds. Thomas W. Dunfee and Yukimasa Nagayasu (Dordrecht, The Netherlands: Kluwer Academic Publishers, 1993), pp. 23–62.

和杜威一样,和辻哲郎将公共与私人两个范畴视为一对辩证词语。何为私人或公共要取决于比较的内容是什么。当一个家庭成员向同家庭中另一个成员讲述某个秘密时,那么揭示、披露或公开在家庭内也就发生了。然而,相对于那些广泛传播的公开案例而言,家庭内的揭示还仍然是一种私人的揭示。当家庭争吵传出房间到达大街上时,那么它就变成了公开的事情。和其内的家庭相比,村镇是一个较大的公共范畴;但它和更大的背景相比时,它就是私人的范畴。一个村庄也许有她自己的秘密,但经记者报道给全国知道后,原本私人的也就变成了公共的。公共范畴的公开性其实就是一种"指示,它代表在某个公共范畴之外永远存在另一个更大的团体。"①和辻哲郎绝对会反对阿伦特和哈贝马斯的单个统一的、我们在其内展示或实现我们人性的公共范畴的观点。作为人就意味着自由进出一系列关系,意识到公开性的指示特征,然后行为做事和展开讨论。

让我再重申一次:绝对的公共范畴是不存在的。也许随着电信业的发展(和辻哲郎曾预见到这种可能性),地球上的所有国家都可以被称为最宽广的公共范畴。但即使在这种情况下,和辻哲郎也要求人们谨慎为妙。新闻报道即公开宣传并不是均衡的。国际新闻业只报道人们关注的国内众多事件中的为数很少几个。另外,报道的消息常常只会引起代表某个国家的外国人的兴趣(例如,美国的贸易代表会关注来自中国的消息,因为他们关注这些消息会对美国的贸易政策意味着什么)。和辻哲郎试图将公共范畴本体仅仅局限于这样一种空间:在这种空间内,那些分享丰富、共同生活的个人能彼此认识。在当代世界,最广义的公共范畴往往等同于国家。

与阿伦特、哈贝马斯和博兹曼不同,和辻哲郎拒绝将政治、社会、公共和私人各范畴和领域割裂开来。因而我们不拥有特别适用于作为"公共"机构之商业的规范,使其有别于作为"私有"机构之商业。"人间"或公共范畴的每个特征同时适用于生活在这个公共范畴内的

---

① Watsuji, *Rinrigaku*, p. 147.

所有个体人类存在。①公共范畴是由所有高度注定的社会关系组成，在这个公共范畴内个人能够获取具体的责任和权利。②因此，和辻哲郎伦理有时会转向纯描述性的内容。我们发现这些关系中的每一个都会有许多共同团结的形式（信赖、真理），并且每种形式都既是私人的（因为关系是有限的）也是公共的（因为社会关系互相重叠，如金字塔一样）："正是因为这种有限性，没有任何有限的存在（人类）团体能够逃脱这种'隐私性'。"③公共范畴总是以反映历史和人文条件的私人、具体的关系作为其中介与媒质。只有当我们从这些具体而注定的关系中抽象出来，并且观察到，所有情形下的关系都将涉及揭示与公开活动且它们彼此之间是相互联系的时候，"公共"范畴本身才能自我显示出来。哪里没有私人范畴，哪里也就没有公共范畴。在哈贝马斯看来，克鲁索（Robinson Crusoe）是一个私人的存在，但在和辻哲郎看来，他既不是一个私人存在，也不是一个公共存在，因为他完全处于社会矩阵之外。④

那么，对于和辻哲郎来说，公共范畴等同于整个社会矩阵，在这个社会矩阵内，个人否定更大团体的宣称，重新考虑他与这些大团体的关系，然后调整他与更大团体的关系。和辻哲郎伦理既不将个人纳入团体中，也不使个人隶属于团体。那些潜在具反叛精神的个人和社会团体同样也是公共范畴的一部分。和辻哲郎将会激烈地反对那些持这样观点的人：日本人通过对这些"公共范畴"的关注而赞扬团体，并且要求全面抹杀个人和私人兴趣与利益。公共范畴不是一个团体，相反，它是存在于团体和个人之间的一种张力，这种张力也是私人的，因为每种关系都是有限的。和辻哲郎伦理将会批评任何将自己定为公共范畴或要求全面忠诚以检验一个人的团体精神的团体或公司。虽然个人可以自由决定投入某项事业，但和辻哲郎会反对那种"过累死"（karoshi）。没有哪个团体有权利要求一个人为了某

---

① Watsuji, *Rinrigaku*, p. 15.
② ③ Ibid., p. 25.
④ Ibid., p. 146.

种更高更大公共福祉而牺牲自己的存在。没有任何团体能够或确实代表公共范畴,没有任何团体能够在不破坏"人间"或人性的前提下而吸纳个人生活。

和辻哲郎伦理对法治的不信任也值得我们注意。和辻哲郎提出把公共范畴与任何规则体系分离开来,也正是基于此,把公共范畴与任何权利体系分离开来。他反对博兹曼的这样一种观点:公共范畴是行使政治权威的产物。和辻哲郎还不至于天真地否定政治权威能够被用来影响我们的关系。国家能够也确实规定并在人类中间推行义务,但当它们这样做时,公共范畴的团体性质也就"变成了一个没有光影变化的、统一紧凑的系统。"①当这种情况出现时,公共范畴就受到了破坏,因为真正的公共范畴应该是许多多样的人类存在的团体。和杜威一样,和辻哲郎反对任何辨别"国家意志"或"公共利益"的企图,或者那种将国家假定为此种意志的合法表达的做法。相反,每个国家"只是一种法律建构,如果法律所表达的团结没有得到存在之团体的支持,它就不足以表达人间(人间)的方式。"②

那么我们该如何看待一个公司呢?它是公的还是私的?将其视为一个公共团体是否有意义呢?如果任何事物都不具有私人或公共的本质,那么公司之干预其工人生活的权利具有哪些限制呢?在和辻哲郎伦理内,公司与其员工、客户、供货商以及其他利益相关方之间的关系只是众多社会关系中的一种。既然根据和辻哲郎伦理的观点来看,这些社会关系本身就是公共范畴(本质),那么公司及其所有活动都必然也是公共的。反过来,这些关系也都是有限的,因而和所有这些关系的总和比较起来看,这些关系必然也是私人的。

让我们考虑和辻哲郎对于公司形式的分析。他注意到,和美国与欧洲的公司一样,日本的公司是一个"法人"。这个法人和人类个人之间的关系是复杂的。只要公司具有自己的地址、拥有自己的权利与责任、表达自己的意志,那么它就拥有一个自我。它的意志超过作为股东的个人的意志,因为一个公司可能会拥有一些超过个人股

---

① ② Watsuji, *Rinrigaku*, p. 25.

东想像或经验的项目、债务和资信。①但是从另一个角度来看,股份公司是一个人为建立且能够人为解散的法律虚构物,因此我们必须要防范这样的假定:公司是一个总能自我存在、不受其组成成员影响的整体。公司的整体性不过是一种抽象权力,一种消除个人之所有人性能力、将其限为某笔钱的投资者(即拥有与投资成比例的投票权的股东)的权力。因此,除了那种与其投资成比例的分红之外,两个成员之间不存在存有集体。作为人类存在,他们彼此是完全分离的。我们应该拒绝将这种"社会团体"视为独立完整的人类存在的做法。②

换言之,公司总是将个人还原为单一的维度(例如,一个已经投资一定金额的股东;一个为公司工作、完成某项任务的员工)。这种还原是伦理上许可的,既然我们的所有关系都是有限的,那么当我们被与我们所扮角色的整体性相比较时,我们总是以一种私人的模式而存在。因而,公司基于它的有限性,它必然是一种私人性质的公司。它并不像人类存在那样而存在于法律之外。公司的利益相关者同样也是有限的,因而和那由多种重叠角色组成的公共——社会比较,他们也是私人的。当公司管理者将公司与员工之间的关系上升到最高水平或试图迫使员工在其公司内生活终生时,问题就会出现。让我们再回到第二章的一个例子:对于和辻哲郎来说,只要员工能够完全自由拒绝公司所提供的亲人丧葬费或蜜月旅行费用,公司就能够这样做,并且这样做也是伦理上许可的。家长制做法并不是问题。正如日本商业伦理学家梅津所指出的,日本人并不认为公司的家长制做法是一种伦理问题。③这种观点与和辻哲郎的伦理完全一致,他并不承认一个由固有私人(intrinsically private)事务组成的领域。然而,伦理上不许可的是公司的这样一种企图:将自己视为惟一的人性

---

① Watsuji, *Rinrigaku*, p. 91.
② Ibid., p. 93.
③ Mitsuhiro Umezu, "Ethics and the Japanese Miracle: Characteristics and Ethics of Japanese Business Practices," unpublished paper.

关系并要求完全的遵守、服从和忠诚。当公司行为限制员工对公司命令、建议或援助的进行拒绝的能力时,它们就成了不合乎伦理的行为。

第三节　和辻哲郎伦理的一些问题

和辻哲郎伦理是丰富的,充满了对剥削性现状和实践进行批判的素材。然而,其理论确实存在一些问题。

一、问题之一:缺少对人权的考虑

对于和辻哲郎来说,公共范畴既不由权利概念来定义,也不由权利概念予以维持。在阿伦特和哈贝马斯的理论中,言论自由的权利和结社自由的权利是非常重要的,因为这些权利能够使理性以一种完全的方式考虑公众利益。个人可能会坚持自己的权利来保护他们自由行动的能力。这可以解释为什么西方的员工会拥有那么多的权利,例如言论自由权利、结社自由权利、示威权利,等等。和辻哲郎并没有否认权利的存在,他一定了解这个政治概念,因为他在欧洲学习伦理学和政治学多年。无疑他对这个话题保持沉默的部分原因是他的公共范畴的概念不允许他推出具普遍性的绝对权利。公共范畴是多样化的、迥异的,并且充满"光与影"。那种非常依赖法律行使权力的做法是不可取的,因为法律绝不能把握人类关系的特质。和辻哲郎的这种观点能够帮助解释为什么日本统治者拥有一个不立法的历史。德川幕府喜欢依赖现有的习俗,避免公布书面法律。①那种机械坚持我们的合法权利的做法会篡改我们的人性。如果这种坚持做法将个人锁入一个僵化的职位,并且阻止他返回他一直属于的团体,那

---

① Hajime Nakamura, "Basic Features of the Legal, Political, and Economic Thought of Japan," *The Japanese Mind : Essentials of Japanese Philosophy and Culture*, ed. Charles A. Moore (Honolulu: University of Hawaii, 1967), p. 146.

么这种坚持做法就确实是邪恶的,不管这个人是否选择承认这种归属事实。因而,当和辻哲郎赞同地引用德国哲学家费希特(Johann Gottlieb Fichte)的观点时,这也就不是偶然的。费希特将邪恶与惯性等同起来(identification of evil with inertia)。[①]

因此,任何试图应用利益相关方商业理论的做法必然会在和辻哲郎之框架内遇到困难。利益相关方理论认为,公司所影响的不同团体都在公司的行动中拥有其利益,公司应该尊重这些团体。这种尊重是通过利益相关方可能会利用其反对公司、公司利用其反对利益相关方的一个权利与主张的系统而实现的,如解决税务纠纷过程中的政府。这类权利通常是以个人的固有价值之概念或不可剥夺尊严之概念为基础的。这些权利是通过法律公布的,并通过政府及其机构执行的。工人们拥有劳动安全的权利,消费者拥有使用安全产品的权利。反过来,公司享有进行商业宣传、雇用企业员工等自由合法权利。这些权利属于个人,也属于那些被视为法人的公司。

与此形成对比的是,和辻哲郎将权利视为具体的历史关系,并在这种历史关系内寻求赋予这些权利的意义。除了人类存在的这种多重关系架构之外,我们不能找到人权的普遍性基础。因为政府不是公共范畴的惟一机构或捍卫者,员工们和消费者们没有那种由政府权威支持的权利来挑战公司。不管公司和利益相关方拥有什么样的权利与义务,它们必须建立在公司和利益相关方的具体关系之上。从这种观点出发,一个公司的利益相关方可能会拥有另外一个公司的利益相关方所没有的权利。

另外,如果权利确实存在,那么它们就必须正确行使。所有行为都应该以真心的精神展开。真心的人可以通过向公司提出坚持自己的某种权利而强调自己的个体性,但他应该同时承认他对所反对公司的依赖性。这种双重运动可以解释为什么进行仲裁的日本商业争议双方常常以一句熟知的俗语开始:"争论双方都应该受到责备(一

---

① Watsuji, *Rinrigaku*, p. 136.

个巴掌拍不响)。"① 这样的坦白为将来双方回归和谐打下了基础。命令式要求别人履行自己的义务(义务是权利的关联概念)并不是一种诚挚、真心的行为,因为它会导致我们反对这些义务。僵化反对是伦理上邪恶的行为。总体上讲,真心讲话比言论自由权利更有价值。因此许多日本诉讼都通过庭外和解的方式解决,这也就不足为怪了。当法官判案时,他也许会要求双方都做出道歉,这是一种旨在促成和解的策略。②

如果雇员不拥有绝对的、具普遍性的权利作为一种伦理基础,那么当他们抗议管理层要他们过分加班或抗议不安全的工作环境时,他们的立足点在哪里?和辻哲郎伦理提供了一个很好的中间立场。为了能获得一个听证的机会,工人们可以诉诸于员工权利。和辻哲郎多次强调人类的个体性(human individuality),该个体性被其理解为一个人对抗和反对社会期望的不可剥夺的能力。因此我们也许可以认为,员工个人具有一种反叛的固有权利(an inherent right of rebellion)。然而,冲突仍然需要通过双方的互相让步及对双方相互依赖性的认识才能予以解决。通过诉诸抽象的公共利益、从此抽象过程中获得绝对原则、然后将这些原则用于解决冲突这样一种模式是不能实现这种双重否定过程的。相反,合乎伦理的冲突解决方法要求深刻的自我反省以及双方承认许多积极因素存在、肯定双方共同分享人性的乐意精神。如果没有这种意识,合乎伦理的冲突解决方法是不存在的,主张权利也不会有太大的益处。和辻哲郎也许会同意中村的观点(Hajime Nakamura):"(在日本,)个人之间紧密联系在一起,他们形成一个封闭的人性关系网。在这里,一个强调自我的人会伤害别人的感受,因而反过来伤害他自己。"③

---

① Nakamura, "Basic Features," p. 147.
② Elliott J. Hahn, *Japanese Business Law and the Legal System* (Westport, Conn.: Quorum Books, 1984), pp. 284-285; 304-309.
③ Nakamura, "Basic Features," p. 148.

二、问题之二：政府干预的局限

在西方①宪法之下，政府通常被认为是公共制度的最基本部分。④它了解、表达并应对公共意见以保护公共利益。②通过确立最低工资、调解劳资纠纷、惩治没有安全工作条件的公司等方式，政府干预企业事务。正是这种政府行为才使得博兹曼之类的社会学家将公共范畴定义为所有那些受到政治权威影响的领域。然而，和辻哲郎不允许任何政府将自己视为公共意见的声音。和杜威、哈贝马斯和阿伦特一样，和辻哲郎认为，这是一种在独立、原子式的个人概念基础上构建公共意识的做法，这种构建做法是不正确的。这种个人式的构建模型之所以错误，是因为公共意识永远是可分离的，并且在许多多样的人类关系中具有一种空间上的广延性。公共意见是由所有在社会关系中明确表达的意见组成的，对于和辻哲郎来说，那种拥有或表达某种公众意见或利益的公共整体是不存在的。

另外政府也不是公共范畴的代表或化身。和辻哲郎相信，西方人之所以将政府与公共范畴联系起来主要是因为他们的宗教。只有在上帝或绝对存在面前，个人才能得以全面揭示（即公开），因而公共范畴就等同于某个实体（an entity），或等同于某个具有单独定位的关系（a relation with a single identity）。因此，西方人也就容易将一个实体领域（one entity-sphere）等同于公共范畴——在此范畴内，人类存在是以自治存在（the autonomous beings）的方式而完全揭示。日本的宗教中并没有此类绝对实体，因此这些宗教不会提供根据以支持一个特殊公共范畴的概念。③

和辻哲郎对于公共利益的理解使其处于和日本法律主义者直接对立的立场上。这些法律主义者主张，国家不对个人产生威胁，因为

---

① Habermas, *Structural Transformation*, p. 249.
② Ibid., p. 230.
③ Watsuji, *Rinrigaku*, p. 26.

国家是代表公共利益行事的,并不武断地行使权力。[①]和辻哲郎反对那种使日本整体性或日本集体这个概念实质化、具体化的做法,以及那种将国家变成这个整体的无误传声筒的企图。他坚持,这个整体"不会自己独立存在,只能以对个人的限制或否定这种方式出现",[②]即将个人还原为一种缺失的形式(如利益相关方、客户、公民)。因此,政府无理由以公共意见或公共利益的名义宣称对企业或商业进行管理。

企业可能会试图主张自己从社会绝对独立出来。例如,如果一个公司的管理层声称该企业可以完全自由地污染当地水源,那么国家就会开始干预,颁布执行法律以否定它的这种绝对独立。不过,这些法律可能会显示出严格和统一等特点,而多种形式的社会——公共范畴是没有这些特点的。因此,法律应该是诉诸的最后办法。相对于各种关系的微妙差异,调解更公平、更敏感,因而是伦理上更为可取的办法。从历史上看,日本人一直对诉诸法律解决冲突的做法表示怀疑。一些日本律师只有当他们离开日本的时候才称自己为律师,但是在日本工作时,他们则使用别的头衔。

总体看来,和辻哲郎伦理不赞成政府对商业事务的干预和监管。每种关系都有自己独特的形式及自己的历史期望。我们可以从日本各工会的行为中看到商业形式的证据。二战以来,各工会有罢工的权利。通常情况下,工会和公司管理层会在私下里完成薪酬方面的妥协。[③]工会可能会罢工一天以表达他们的不满,但罢工本身只是一种宣传的行为,而不是一种迫使妥协的策略。[④]政府很少干预此类劳

[①] Noriho Urabe, "Rule of Law and Due Process: A Comparative View of the United States and Japan," *Japanese Constitutional Law*, eds. Percy R. Luney, Jr., and Kazuyuki Takahashi (Tokyo: University of Tokyo Press, 1993), pp. 173–186.

[②] Watsuji, *Rinrigaku*, p. 99.

[③] Shunji Kobayashi, "Business Ethics and Corporate Strategy in Japan," *Business Ethics: Japan and the Global Economy*, eds. Dunfee and Nagayasu (Dordrecht, The Netherlands: Kluwer Academic Publishers, 1993), p. 211.

[④] Boye Lafayette de Mente, *How to Do Business with the Japanese* (Lincolnwood, Ill.: NTC Publishing Group, 1993), pp. 170–171.

资纠纷,如果政府干预公司和其供货商或客户的关系,那么政府可能会面对不尊重人类存在架构(the structure of human being)的指责。每种关系都拥有自己的完整性和独特的活动。人类存有和团体在这些形式内并通过这些形式而存在:"'伙伴关系'只是一种互动关系,通过这种互动关系,人们彼此之间产生明确的联系。"①政府对一种商业形式或职业(如药品)进行干预、同时声称是为了保护人类集体或人类完整性,那么这就是一种自相矛盾的说法。尽管在例外的情况下人们可以诉诸于政府的干预,但和辻哲郎不会将其视为不满足现状的人们所常用的办法。

尽管这种拒绝干预的做法有几分可取之处,但它能导致某些犯罪行为的制度化。让我们考虑日本黑帮(Yakuza)的问题,日本黑帮在日本已经横行了很多年,并且还取得了相当的成功。②在1990年,黑帮收入估计高达55.6亿英镑,是赚钱最多的。这些赚的钱是那些像本田公司这样第二级别公司的8倍。③这些收入部分来自诸如赌博和组织卖淫等非法活动,部分来自对企业的敲诈。黑帮首先购买企业的股票,然后威胁破坏股东大会,除非企业向他们支付费用。为了阻止他们的破坏,企业纷纷向他们支付大量的金钱,这些金钱当然是非法的。当这些金钱支付公开后,企业的领导人将会引咎辞职。1991年5月,野村证券和日光证券的总裁被迫辞职,因为公众得知,这两家证券公司的附属公司向某个最大罪恶辛迪加的老板出借了20亿日元。④无论如何,这种收买黑帮的实践仍在继续。公司与黑帮之间的这种关系已经演化成了一种具有隐含规则与责任的形式(kata)。无疑,政府不愿干预及改变关系(kata)的一般做法能够帮助解释黑帮的根深蒂固的临在,因为政府的不情愿精神与和辻哲郎伦理完全一致。

---

① Watsuji, *Rinrigaku*, p. 11.

② "Yakuza," *Organized Crime Website*, http://organizedcrimeabout.com/newsissues/organizcdcrime/cs/yakuza/index.htm.

③ ④ Statistics from Fenton Bresler, Interpol (London: Penguin, 1992), http://222.altematives.com/crime/YAKUZM.HTML.

和辻哲郎伦理是否向企业管理者们提供一种反抗黑帮勒索的伦理依据呢？正如我在第二章中所指出的,该伦理明确允许社会关系通过个人反叛和社会应对反叛这一过程进行演变。企业经理可以合理地回击黑帮的勒索,因为黑帮正在企图将这位经理的个人生活纳入黑帮团体的期望之中。伊丹（Juzo Itami）的电影《黑帮女侠》（Minbo no Onna）在美国以《日本文雅勒索术》（The Gentle Art of Japanese Extortion）的名字公映。这部电影是一个反击黑帮的很好例子。[1]在影片中,一群黑帮成员占领酒店大堂之后,挟持一部分酒店客人之后向酒店勒索钱财。年轻政府探员向酒店经理介绍反击黑帮的方法。这位探员和酒店经理最终能够成功击退黑帮成员,但这主要是依靠个人努力而实现的。他们并没有得到太多的政府支持。

总结起来讲,和辻哲郎伦理没有规定政府可以代表公共实施干预,我们对其这一缺点进行批评是合理的。然而,如果我们诚实的话,我们会承认,许多以权利为基础的西方政府在减少其境内的黑帮活动、哥伦比亚毒品帮以及其他犯罪组织等方面还不是很成功。另外,和辻哲郎还指出了"政府是公共利益的根本或惟一代表"这种观点的危险,在这一点上,和辻哲郎值得我们予以肯定。尽管将公共范畴等同于人们发现自己兴趣与利益的空间（如哈贝马斯和阿伦特所坚持的）的做法具有一定意义,尽管赋予政府以保护这个空间之责任的做法也具有一定意义（如博兹曼对公共范畴的分析）,但和辻哲郎和杜威也能够合理将公共利益等同于团体成员的多种不同利益——除非我们聆听这些成员个人,我们是不能知道这些利益的。那些有权力者通常试图宣称自己是公共利益的代表,而通过它来控制个人的生活。政府也许可以保护权利,但它很容易就在保护公共利益的道路上走得太远。至于什么是公共范畴或什么是公共利益的问题是有争议的。和辻哲郎认为,公共利益是动态的、无限变化的、由团体

---

[1] Juzo Itami, *Minbo no Onna*, filmstrip (1992); George Alexander, "Yakuza May Have Faked Itami Suicide," *Sun Tzu Newswire* (4 January 1998), http://www.ccnet.com/-suntzu75/stn/1998/stn98001.htm.

内众多利益组成的挂图。他的这种观点可以对那些试图将公共利益具体化、实质化的思想者和政府官员的思想趋势作有益的遏止。

三、问题之三：政府和企业之间也是互相联结的

当我们考虑和辻哲郎所反对的某些关于商业的西方观点时，我们会对和辻哲郎之公共与私人的区分获得更深的理解。众所周知，日本工业与日本政府及其机构有着很紧密的联系。日本国际贸易和工业部的职能是资助并协调工业发展和竞争策略。如果我们将政府视为公共范畴或伟大公共制度的组织机构，那么这种紧密关系就使日本企业在西方人眼中显得好像"公共"的了。但和辻哲郎却不这样认为，政府与企业间的关系是通过公开宣传来呈现自己的、高度社会的、众多注定形式的又一种。和辻哲郎反对那种根据政府影响企业的程度来决定企业公私性质的做法。"公共"只不过是一个可以被应用于所有社会关系的指示性词语。政府与企业之间的关系或政府与公民之间的关系无权成为公共关系本身。这一点部分上可以解释为什么我们几乎找不到持续反对或怀疑日本政府的历史，我们也几乎找不到日本政府和宗教间的冲突。[①]日本企业和日本政府之间的关系和所有其他关系一样，既是公的，也是私的，同时也显示了为公开宣传所固有的指示性（the indexicality inherent in publicity）。当日本国际贸易和工业部与日本企业所制定的策略还处于秘密状态时，那么它们二者之间的关系就是私的关系；当这些策略被公布出来时，那么它们二者之间的关系就呈现出来，变成了公的关系。尽管西方人愤慨地认为，政府应该向"私有"企业提供融资和策略等方面的支持，但这种愤慨在和辻哲郎伦理中并没有太大的意义。和辻哲郎伦理坚决反对根据拥有权这个标准来决定企业的公私性质。既然"公共"只是一个指示性词语，那么和辻哲郎就要求我们在评估某个机构的公共性时小心弄清被比较的内容或实体是什么。一个只在日本开展生

[①] Nakamura, "Basic Features," p. 155.

意且其事务只在日本公开的企业不如一个在全球范围内开展业务的日本跨国公司更具公共性。和辻哲郎的公共与私人概念既是描述性的,也是规范性的。从这种意义上讲,他对这两个概念的处理类似于博兹曼所作的社会学分析。博兹曼根据政治影响的程度,给公司赋予了不同程度的公共性;同样,和辻哲郎根据比较的内容与背景,决定公司的公共程度。

然而,也许有人会提出反对意见,日本政府和地方企业之间的紧密关系是一种规范性的关系。例如,有人会说,这种关系是不公正的,因为它使外国企业处于一种竞争劣势之中。外国企业不能在日本市场获得立足点,因为政府制定了一些旨在减少进口或提供进口产品的价格的政策,从而使其显得不具有吸引力。我在第二章里就已经开始了对这种反对意见的讨论。现在既然我已经对和辻哲郎的公共范畴概念进行了勾勒,我就能更好地回应这种反对意见。

"大日本有限公司"(Janpan Inc.)这种形象具有一定的真理。日本政府已经与本国企业共同工作,使这些企业强大起来且更具竞争力;日本政府每年都会发授勋章,向那些为该国经济发展做出杰出贡献的企业管理者授予效忠天皇的荣誉。[①]这种企业及政府的形式(kata)是真实的,但这并不意味着,这种关系已经铁定,不能改变使其更为公正。从和辻哲郎的角度来看,这种关系和其他所有关系一样,都有其发展历史。从某种意义上说,"大日本有限公司"这种现象是美国占领日本的产物。美国人鼓励日本人努力发展一些工业,如造船、汽车、电子、钢铁等等。[②]美国人最初宣称要破坏战前工业家族(财阀)所拥有的集团公司,结果通过同样的日本人(本来美国人宣称要剥夺这些人的权力),他们反倒巩固了战前的状态:

> 让我们考虑消除战前秩序这个问题。在军队内进行了大规模的清除民族主义狂徒的工作,美国在战争中所战胜的就是这

---

① Taka, "Business Ethics," p. 42.

② Patrick Smith, *Japan: A Reinterpretation* (New York: Pantheon Books, 1997), p. 16.

些人。美国总司令部不需要日本人的军队——不管怎么说,这种情况一直持续到20世纪50年代初期。最终被清除的人员中有80%是军国主义者。然而,其他诸如政治、经济以及那些有权力的官僚机构等领域又如何呢?在这些领域的清除工作至多也是粗略的。财阀的重组的继承者们现在仍与我们在一起。共有830个官员被清除,但这不足全部被筛选官员的2%。麦克·阿瑟使用战前的官僚机构管理这个国家;这些官员甚至亲自执行清除计划。[1]

我的观点是,政府与企业之间的关系不是一种自然生成之物,而是许多方面所作具体决定的结果,这包括美国军方的决定。这些选择反映了许多经济现实,例如,当资本出现短缺供应的时候,keiretsu(家族)是一种聚集投资资本的有效方法。随着时间的推移,企业和政府权威之间的相互信赖也逐渐加深。虽然这些信赖关系是非常关键的,但它们并不是固定不变的。当供货商未能提供合乎质量和数量要求的配件时,日本企业显示有能力且愿意摆脱这样的供货商:"让我们以电器消费品为例(这是纵向 keiretsu 的典型例子),如果现有供货商不能有效满足要求,那么组装企业很可能就会减少此类供货商的订单,而与新的配件供货商开展新的生意。"[2] 正如其他人所注意到的,日本的轿车生产商对价格很敏感,他们希望他们的产品具竞争力,因而有动机寻求我们这些具竞争力的非家族配件生产商的产品。[3]

外面人可以打破并进入联系紧密的横向家族。从1981年到1988年,一些大家族之间交叉持股比例持续下降,由最初的25.48%降到后来的21.61%。[4]这种交叉持股比例在整个20世纪90年代一直持续下降。虽然政府倾向于本土企业,但是一些希望与日本公司

---

[1] Jean-Pierre Lehmann, "Asian Perspectives on Globalization and Intra-Regional Dynamics," http://www.saf.ethz.ch/publicat/pb-15jl.htm.

[2] Taka, "Business Ethics," p. 48.

[3][4] Tsunao Nakamura, "U.S.-Japan Conceptual Gap on Trade and Market Openness in the Auto and the Auto Parts Talks," http://www.sumitomocorp.co.jp/econo1/9506/no2.html.

建立长期商业关系的顽强外国企业也正在取得进展。IBM、强生、麦当劳、General Mills 以及苹果等公司都出现在了日本。①这种突破正是和辻哲郎所预料到的。当时机合适的时候,某些公司经理个人可能会反叛和背离既定路线。他们这些反叛经理希望自己的公司兴旺发达,因为他们个人的命运与他们雇主的命运紧密联系在一起。因此,"无论何时开展的新业务对企业发展有利时,企业就会愿意寻找新的业务合作伙伴。"②随着信息技术的不断应用,生产商依赖供货商发展技术的需要越来越弱。③最近亚洲出现的危机无疑会进一步开放市场,因为企业管理层发现寻求外国投资及多样化其投资来源都是经济上有利的做法。另外我们也应该注意到,日本各企业对于日本政府对经济撤销管制这个问题持相当不同的态度,那些受日元升值影响的公司倾向于撤销管制及劳动力管理实践方面的变化,而那些受保护免于面对国际竞争的企业却倾向于保护主义、购买日本本国货的政策等。④最后我们还需要指出的是,一些非日本企业愿意通过组建自己的联合集团,用"以火攻火,对毒攻毒"的策略应对日本的联合集团。现在人们正在讨论由美国和欧洲生产和销售电脑软硬件的公司所组建的"信息 keiretsu"、全球性机构和联盟。⑤

总之,日本并不是如某些西方人所认为的是一个封闭的企业国家。那种"大日本有限公司"的概念是最近才出现的,它是公开性之交流特征(the communication characteristic of publicity)的产物:

在过去一个多世纪里,美国对日本的态度就像钟摆一样摇

---

① Taka, "Business Ethics," p. 50.

② Ibid., p. 49.

③ Japanese External Trade Organization (JETRO), "Keiretsu Supplier System Changing: Suppliers are Winning Greater Independence," http://www.jetro.go.jp/JETROINFO/FOCUSJAPAN/96-11.html.

④ Japan Policy Research Institute, "The U.S.-Japan Trade Agreement ofSeptember 1994: Contending Views of Believer and Skeptic High Government Official vs. Pensioner of Cardiff," *Working Paper #5* (January 1995), www.nmjc.org/jpri/public/wp5.html, p. 5.

⑤ Zona Research, "Emerging Info-Keiretsu," http://www.zonaresearch.com/free/here1.htm.

晃不定。一百年以前,我们曾自问,原始而无知的日本人什么时候才能变成基督徒和民主的呢？随之而来的是黄祸,当时日本人被视为具掠夺性的军国主义者,在灵魂深处他们深爱着军刀。在战争期间,日本人就是野兽——这是杜鲁门(Harry Truman)的评断。然后,日本人又成了"工作狂",此时我们又在策划串谋理论(conspiracy theory)。忽然之间,日本又风平浪静了。后来我们又说,东京的成田国际机场太小,因为日本想限制外国人的流入及日本人的流出。日本没有在20世纪90年代进入经济衰退,它在"蒙蔽"我们,是一种狡猾的进攻策略,是实现经济主宰的更好手段。这种观点现在已经没了声音,恰恰是因为日本经济已经进入了衰退,但当我们的贸易问题有所复苏时,日本的经济也会再次复苏。[①]

尽管我不想忽视对日本经济政策公正性的关注,但公正性也要求我们批判地看待我们自己对日本的认识。我们的溢美言辞对我们自己是慷慨,而对日本是吝啬。或者如和辻哲郎可能会指出的,美国和日本之间的关系是一种动态形式(dynamic kata)。这种关系并不是一成不变的,而是永远变化的,因为一方总会应对另一方的控制或区域化的企图。注意关系中的变化与表述关系的特征这两个方面具有同样的伦理显著性(ethically significant)。

四、问题之四：防止公共范畴退化的不妥措施

最后一个问题是关于公共范畴完整性的问题。阿伦特和哈贝马斯这两位德国哲学家清楚意识到了极权国家的可怕性,他们还担心健康公共生活可能会丧失。哈贝马斯认为,资本主义贬低了公共范畴,因为它将公共利益(the public interest)还原为阶级利益(the class interest);而资本主义下的公司的"公共关系"比欺骗好不了多少,其

[①] Smith, *Reinterpretation*, p. 16.

本意是使公司或阶级的一己之利成为公共福祉,从而加剧了这种贬低。在二战期间,日本公司的领导者,还有日本的超级民族主义者们,极力要求他们的同胞公民为了日本天皇以及为了那种推崇企业利益超过员工个人利益的经济现状而牺牲一切。是否和辻哲郎伦理允许我们批评我们生活当中已经采取的形式?或者,是否人们被宣告注定只能接受所有的、既公且私的关系形式?

为了能回答这个问题,我们需要对和辻哲郎的公共范畴概念作进一步讨论。尽管任何以前某人所不知道、现在已经揭示给他的事物都可称为"公共",但这个宣传公开过程可能是真实的(authentic),也可能是不真实的(inauthentic)。和辻哲郎认为,当谎言以事实披露的形式出现时,或当证据被编造以支持谣言时,这种宣传公开过程就是不真实的。在这些情况下,宣传公开过程通过将谎言呈现为事实的方式而遮没了其真实特征。①那种伪装成社会福祉的阶级利益就构成不真实的宣传公开过程。这种不真实宣传公开过程给人类存在带来了问题,因为它动摇了社会。披露与沟通是人类现象。既然人类存在着眼的是人类关系中的真理(见第三章),那么当那些消息报道者编造事实或不负责任时,人类存在就不能以一种合乎其关系的方式行为做事。真实的宣传公开过程能够允许我们合适应用我们的一般判断力,抵制那种可能将我们变成"动物世界"的大众歇斯底里。

和辻哲郎伦理将会对那些就其产品性能撒谎或将危险产品说成安全产品的企业管理者们进行抨击与谴责。传播谣言说竞争对手死亡的做法也是一种不真实的宣传公开过程。关于公共范畴是否能够被不真实宣传公开过程完全破坏的问题,和辻哲郎伦理与哈贝马斯和阿伦特的伦理之间存在着不同的看法。人类历史充满了真理被揭示的时刻,如果宣传公开过程是完全不真实的,那么这些真理揭示就不能发生。通过宣传公开过程,谣言终归是"谣言",宣传终归是"宣传"。对于所有人类事物来说,任何否定的尝试或否认宣传公开过程的尝试都要求我们在反省之后对否定进行再否定。宣传公开过程既

---

① Watsuji, *Rinrigaku*, p. 151.

揭示真理又掩蔽真理。如果企业在其公共关系活动中撒谎，它很可能会发现自己已经成了新闻披露的对象。企业既是宣传公开过程的主体也是它的对象，因此从这种意义上讲，它总是公共的，哪怕企业管理者正在以一种不真实的方式进行宣传与广告。对于和辻哲郎来说，宣传公开过程本身就是防止公共范畴遭到破坏的合宜手段。

那么是否这种观点过于乐观呢？有些真理需要很多年才能浮现出来，如在南非和其他地方的关于回扣的真理。那些拥有利益且拥有权力的人士常常会阻止真理浮现出来。当美国政府想要以违反证券法的罪名检控德崇证券公司（Drexel Burnham）和迈克尔·米尔肯（Michael Milken）时，德崇证券发起了大规模的公关活动，对迈克尔·米尔肯大肆赞扬，对政府大肆攻击。政府受到了很大的影响，开始怀疑它是否能够成功检控这样一个巨大而富有的企业。另外，当谎言充斥社会时，公民趋向于认为所有人们的所有言论都是不可信赖的。然而，仍如我们在第三章所意识到的，不信赖是以信赖为前提条件的，没有人能够对所有的事物都不信赖。另外，除了依赖真实的宣传公开过程揭露不真实的谎言、宣传、谣言及欺骗性广告这种方法之外，我们似乎也别无其他选择。转向以权利权为基础的伦理也不会解决问题，拥有权利的人们能够也确实撒谎和传谣。国家可以选择规定某些言论形式为非法的，如欺骗性广告或仇恨性语言。不过，哪些言论形式算是此类非法的呢？这需要其他言论形式对其进行限定。当和辻哲郎坚持宣传公开过程本身的基本自我纠正特性时，他似乎还是很有道理的。

第四节　结　论

和辻哲郎伦理反对那种从商业之公共特性那里获取商业伦理规范的做法。公共范畴不是一个独立的领域，它只是一个指示性词语。那些宣传揭示更广的事物比尚未沟通交流的事物更具公共性。公共与私有之间的关系是一种相对的关系，随着比较内容和沟通条件的不同，我们所应用的词语也不同。

尽管如此,和辻哲郎的公共概念也有其规范之内容。例如,我们可以批评公司参与不真实的宣传公开过程与活动。另外,该伦理可以允许企业利益相关个人主张自己的权利,就如企业与利益相关方关系中的各方那样;但他们没有理由坚持,他们的权利是惟一重要的权利,或者他们所寻求的利益是惟一的利益,或者他们所寻求的利益最合乎公共利益。公共利益由许多利益组成,这是因为众多的人类关系是动态的、彼此联结的。正是这些多样化的关系才构成了公共范畴,不存在任何孤立的利益。这种洞识不但没有动摇伦理,反倒成了可辩护普世伦理的坚实基础(见第七章)。下一章将讨论孔子对公共范畴的理解。之后的一章将通过借鉴孔子和和辻哲郎的精见洞识勾勒出可辩护普世伦理的简明框架。

第六章 孔子伦理中的公共范畴对商业伦理的意义

中文中没有表达"privacy"（隐私）之意义的词。①这种词语上的缺失使一些思想者得出这样的结论，在中国每个行为和选择都是公共的。毕竟，如果政府或执政的共产党被认为是公共利益的代表，那么政治权威有权控制所有的职业、商业、宗教和协会。

是否这些推理都是有根据的呢？孔子伦理如何看待公私区别呢？是否个人就是一种胶泥，由政府任意塑造呢？是否政府或政党将自己意志强加于企业的做法合乎伦理呢？为了能够很好地回答这些问题，我们需要对孔子的关于公共范畴的理解做深入研究。

第一节 孔子伦理缺乏对公私的区分

这种公私区分的缺失可以追溯到孔子，孔子没有区分公共（或社会范畴）和个人（或私人范畴）。他之所以没有区分二者，主要是因为孔子所持有的人类存在的概念。西方人将社会、公共生活和私人、个人存在进行对立对比，而孔子则没有将二者视为极性对立者。正如我们在第一章里所看到的，孔子一致地着眼于范式人（exemplary persons）的概念，范式人的行为或判断最能实现我们所分享的社会人性。"仁"只能在集体内才能获得并展示。因此，公共范畴等同于人性化范畴，它不是一个和私人家庭范畴不同且相对立的社会范畴。如此看来，尽管中文中缺少表达隐私之意义的词语，但这并不意味

---

① Nicholas D. Kristof and Sheryl WuDunn, *China Wakes: The Struggle for the Soul of a Rising Power* (New York: Vintage Books, 1994), p. 299.

着,孔子伦理没有讨论关于合适使用权力或对政府权威的限制等方面的问题。

对于孔子伦理来说,最重要的问题不是如何最好的开辟和保护、个人能在其内自发行动、免受政府控制的私人范畴的问题。相反,我们应该问这样的问题:谁是范式人? 在什么条件下公民才最有可能成为仁人? 在孔子的世界里,政治与伦理是不能分开的,它们都是人性化(humanizing order)范畴的不可分的组成部分。这个人性化范畴包括家庭生活。孔子可能会反对诸如阿伦特和哈贝马斯等西方思想家的做法,他们在公共领域和私人生活之间划一条严格的分界线,并视公共范畴高于一切。因为我们在家庭里学习人性化习俗(humanizing customs,礼,例如礼貌饮食、文明讲论),所以家庭也是公共范畴的一个组成部分。因而,统治者对家庭生活质量的关注也完全是恰当的。孔子自己也曾多次论及在家庭内培养公共道德的需要。① 公共范畴包括所有实际或可能对人施加人性化影响的事物。然而,正如我们将要看到的,这并不意味着,统治者有权将他们自己所理解的公共福祉强加于所有公民。

孔子对西方称之为"公共范畴"这一概念的理解会对关键的伦理和政治概念(例如法治的概念)以及对我们如何理解商业背景下的伦理产生深厚的影响。本章开始部分将详细讨论孔子伦理对公共范畴及对仁善范畴(humane order)产生方式的理解。下一部分将考虑商业、政府及这个仁善范畴之间的复杂关系。我认为,孔子肯定会反对弗里德曼(Milton Freidman)的高度个人主义的、高度法律主义的商业伦理。另外他也会反对任何高度依赖法律、建立和实行以权利为基础且意在确保公平游戏广场的框架的商业伦理。一方面,孔子会赞同利益相关方理论的观点,商业是一种社会机构,应该为了员工、供货商、消费者、社区成员及股东的利益而运作;另一方面,孔子会强调利益相关方的责任与权利,也会强调管理层对利益相关方的教育

---

① Confucius, The *Analects*, trans, with introduction by Dim Cheuk Lau (London: Penguin Books, 1979), 1/6.

义务。我觉得,孔子伦理不会倾向于政府或政治党派对企业日常业务活动的大量干预做法,但它会坚持商业领导应该履行他对更大集体的义务。第三部分将分析孔子伦理所要面对的潜在危机,特别是这样一种可能性:公民可能不会处一种有效的位置,反对那些自称是人性化领域领航人的政治和企业领袖。

一、仁善范畴的产生

法律论学者任辛(音译 Xin Ren)曾争论说,在孔化的中国,统治者认为他们有权将其影响延伸到家庭、家族、行会和工会。①在他的主张中包含有很大成分的真理。孔子以及整理其教导的追随者们都不承认职业、工会、或家庭的自主地位。在盎格鲁-撒克逊传统中,法律、医药和宗教服务被视为半独立的实践,专职倡导精选纯正的善(法律正义、健康、救恩)。②这些实践从这些善所提出的要求中获得各自的标准。政治权威之所以允许这些职业成员具有相对的自主权,正是因为也正是在此基础上,这些善属于纯正的公共和私人价值。③

盎格鲁·撒克逊的自主职业概念与中国人对于医药的理解形成了鲜明的对比。在中国,医药从来不是受过培训的医生的专职范围,家庭中的长子被期望了解一些医药知识。因为父母恩赐子女以生命,④子女们反过来应该提高父母的福祉。医治父母不是一种独立自主的职业行为,而是明白欠父母恩情的范式子女所做出的仁善举动。从孔子的角度来看,和其他所有行为一样,医药实践也要遵从于同样的普世伦理标准,即是否该行为实践符合仁的要求?中国医药从业者具有相对的自主地位,只要他们将报答生命恩赐作为其学习

---

① Xin Ren, *Tradition of the Law and Law of the Tradition* (Westport, Conn.: Greenwood Publishing Group, 1997), p. 140.

②③ Daryl Koehn, *The Ground of Professional Ethics* (London: Routledge, 1994), Passim.

④ Ren, *Tradition*, p. 27.

医药的目的的一部分。但是真正的统治者仍和以前一样,保有"权利"对医药(建筑、法律①等等)进行监管以促进一个更为仁善的范畴。有德子女的行为只是真正统治者或领袖所要促进的更大仁善范畴的一小部分。

是否这些统治者或领袖可以自由行事不受限制?尽管领袖负责培养形成一个仁善的范畴,但是他们无权肆意而为或者对那些违反他们命令的人而施行严重的惩罚措施。孔子讲得非常清楚:文明社会既不能通过自封的人性化者(humanizer)的武断命令而建立起来,也不能通过以惩罚和奖励为基础的法律体系而建立起来。要想成为真正的人,个人就需要作内部的自律。尽管仁人应该尊重法律("君子怀刑,小人怀惠。"②),但孔子对法律不太信任。无疑,法律对于控制反叛或违法因素来说是必要的。从定义来看,此类人不尊重人类尊严,满足于像野兽一样生活,但仅仅遵守法律绝不会构成范式人。仁人必须努力通过显示其言行之人性维度的行为方式来将传统变成自己的一部分。实现人性需要个人的努力工作,机械遵守法律不会产生太多的彻悟。

即使使用法律,孔子伦理也会更倾向于一种更为人道的做法。权威应该努力使犯法者反省自己所犯罪恶,并引导他们作正确的思考。除非个人愿意意承认他们自己的罪恶,并为其行为负责,人性化过程不能开始。自愿性的自责能在这个康复过程中扮演重要角色。③纵观中国法律历史,人们极大强调了违法犯罪者的自我招供。有时,权威甚至还威逼口供。尽管罪犯保持沉默的权利在中国直到1999年才予以承认,④但这种权利也符合孔子的思想,因为该伦理指

---

① Cynthia Losure Baraban, "Inspiring Global Professionalism: Challenges and Opportunities for American Lawyers in China," 73:4, http://www.law.indiana.edu/ilj/v73/no4/05.html.
② Confucius, *Analects*, 4/11.
③ Ibid., 5/27.
④ "Suspects to Win Right of Silence," *South China Morning Post* (22 June 1999), sec. 1, p. 8.

出，没有人应该被强迫变成更为仁善的。①德性只来源于那寻求全面人性的人的自由意志。权威可以试图说服人们看清自己生活中的错误，但权威应该同时查看他们自己的缺点。如果被指控的违法者反过来要求权威们证明自己的行为，那么权威们应该正确对待这一点。

抹杀政治和伦理之间的区分是危险的事情。这种区分的缺失似乎意味着，个人没有内在的人类尊严。孔子伦理是否能够提供合适的方法来对付那些视自己为"正确思想者"而认为自己有权强迫人们同意其观点的、过分热心的权威呢？我将在本章的后面部分讨论这个危险及考虑是否孔子伦理拥有足够的素材来解决这个问题。但是在我这样做之前，我想尽量赞同地列出孔子对于人性化范畴（humanizing order）的观点。根据这个概念，法律、行为、统治者及公民都应该实现这个统一的目标：通过更多的自律实现人性（realizing humanity）。集体之成员不应该在牺牲别人利益下而寻求自己的利益，不应该永无止境地寻求物质财富，不应该满足自己的贪欲或臆想。如果人们未努力成为有德性者，那么也就没有真正的集体，我们至多也就是一群具有本能冲动、只惧怕鞭子的野兽。如果这些"人"能够剥削别人而能逃避法律的制裁，那么他们一定会这样做。他们甚至可能将法律变成恐怖主义的工具。孔子同意亚里士多德的观点，邪恶的人还不如野兽，因为邪恶之人所造成的破坏比野兽所造成的破坏要大得多。

在人类灵魂和个人的生活当中必须要有秩序。如果这样的秩序存在的话，那么公共秩序也就随之存在："（君子）修己以安百姓。"②并且，"其身正，不令而行；其身不正，虽令不从。"③让我们注意，孔子的强调重点不同于许多西方理论者。西方学者更多关注违犯行为，

---

① Gangjian Du and Gang Song, "Relating Human Rights to Chinese Culture: The Four Paths of the Confucian *Analects* and the Four Principles of a New Theory of Benevolence," *Human Rights and Chinese Values*, ed. Michael C. Davis (Hong Kong: Oxford University Press, 1995), p. 42.

② Confucius, *Analects*, 14/42.

③ Ibid., 13/6.

而不是创建文明社会集体这个问题本身。也许这种对违犯行为的过多关注是不可避免的,因为萦绕于西方人脑际的是个人的自由及该自由与别人自主行动权利之间的平衡问题。与此形成鲜明对比的是,孔子对自我发展之善的兴趣要超过对违犯行为的兴趣。对他来说,关于人类的中心问题是:作为人的具体含义是什么?什么样的社会及政治秩序能够支持人们努力追求全面的人性?

如果自律是实现我们人性的钥匙,那么在大范围内鼓励自我发展就成了政治(宗教、哲学、商业等等)问题。因此,政体所面临的关键问题就是达到德性标准,而不是法律所定义的违法行为。但孔子对于犯罪的态度也不是幼稚的,和西方政治及伦理理论家一样,他也认为犯罪是一个问题。一方面,西方人将犯罪理解为对法律的违犯行为;另一方面,孔子伦理将其视为一种对人性的打击、一种对旨在实现人性的秩序的反叛。对罪犯的监禁与罚款不是一种应对犯罪的合适方法,我们应该教育人们培养德性,这样集体才会充满信心——培养有德性政体的措施已经被采取。对于孔子来说,中心伦理问题是"一个人是否被合适教授了道及他是否愿意勤奋学习?"①

"德性应该被教授"这句话说起来容易,但如果不通过法律或强迫力量这条纪律应该如何实现呢?那么从自我发展会生成什么样的秩序呢?是否孔子头脑中有一种文化统一体的概念,一种如和辻哲郎努力否定的统一民族意识?或者是否他的概念包括不同的善、习俗、实践和观点呢?孔子考虑通过三种方式实现秩序:第一、通过行政权威和命令;第二、通过普遍共识(general consensus);第三、通过礼仪传统。依赖于第二种方法(即普遍共识)实现秩序并不是一种可行的策略。普通民众(民)是糊涂的、无知的,他们达到目标的能力已经失掉了:"民鲜久矣!"②"民散久矣!"③孔子用来形容民众的词有

---

① Herbert Fingarette, *Confucius: The Secular as Sacred* (New York: Harper & Row, 1972), p. 35.

② Confucius, *Analects*, 6/29.

③ Ibid., 19/19.

"暗"(dark)、"盲"(blind)、"昏"(confused)。"民"这个字的最初形式可能意味着一只没有瞳孔的瞎眼。①民众需要范式人式的领袖,仁人的作用就好像是眼睛中的瞳孔,如果人们想要实现自己的潜能,他们肯定需要仁人。

孔子将民众与那些以身作则的上级(上)进行对比:"上好礼,则民易使也。"②民众需要教养良好的领袖,因为这些领袖的言行方式能够揭示人类存在的尊严。当统治者是好的时,当整个帝国都遵循"道"时,"则庶人不议。"③统治者的好与善既应该是伦理上的,也应该是政治上的。既然孔子不区分公与私,那么政治与伦理也是不可避免地联系在一起:

> 统治者的伦理完整性远不是他自己的私事,人们认为他的伦理完整性对他的领导地位具有一种定义的性质。他必须意识到,他私下里的行为不仅具有象征意义,而且也对他的领导地位产生直接的影响。④

因而,看起来好像孔子依赖范式权威的魅力与能力来形成有德性的政体(第一种方法),但问题远没有如此简单。孔子伦理是复杂的,它的许多观点有时是互相矛盾的。尽管孔子意识到强大仁善领袖的升华生活的能力("君子之德风,小人之德草,草上之风必偃。"⑤,但是他知道伟大的政治家未必总执政。他批评了当时和过去的统治者,观察到"上失其道",⑥因此,当这些统治者失去"道"之后,由谁来向民众揭示"道"呢?

只要民众还是那些还没有分化的人群,那么他们就不能成为范

---

① David L. Hall and Roger T. Ames, *Thinking Through Confucius*(Albany, N.Y.: State University of New York Press, 1987), pp. 140 – 141.

② Confucius, *Analects*, 14/41.

③ Ibid., 16/2.

④ Wei-ming Tu, *Centrality and Commonality: An Essay on Chung-Yung* (Honolulu: University of Hawaii Press, 1976), p. 70 – 71.

⑤ Confucius, *Analects*, 12/19.

⑥ Ibid., 19/19.

式人：

> 民众群体中的个人不能贡献意义和价值，那么作为群体的民众就不能表达他们作为……人类存在的潜能，也就不可能成为重要的'道'的来源。他们也许能够追随'道'，但他们肯定不能被用来实现它。"①

然而，尽管此类民众绝不是有德性的，但权威、仁善和范式的领袖也会定期地从他们当中出现。从原则上讲，任何人都可能成为仁善之人。没有人天生就拥有仁，人性也不是某个特定社会阶层与生俱来的权利。实现我们的独特人性需要这样一种东西：深思、谨慎而努力的工作。我们每个人都出生在民众当中。为了能够使我们有别于人，我们必须崛起："民之于仁也，甚于水火。"②

当统治者不好时，民众中的个人也可以起领导的作用。范式人可以为人指出方向、指引道路：

> 君子笃于亲，则民兴于仁。故旧不遗，则民不偷。③

让我们注意，在上者需要民众，民众也需要他。对于那些旨在建立文明政体的真正统治者来说，民众是原材料或基础，通过这些民众，真正统治者才能建立这个秩序。仁人不能轻视民众，而应该待之以同情与怜悯，总要寻找机会鼓励他们提高自己。事实上，对孔子来说，寻求正义就是显示仁善。④

在上者对民众的依赖还有一种方式。在上者的行为应该考虑其行为实施的背景，包括民众所继承的信仰和礼仪。孔子的讲话总是与他的听众和当时的环境联系起来。有德性的个人通过再振兴他们的传统而实现他们的权威（第三种方法），该振兴可能会是对旧实践的重大改革，或者是对标准实施方式的重大背离。不管是哪种方式，

---

① Hall and Ames, *Thinking*, p. 143.
② Confucius, *Analects*, 15/35.
③ Ibid., 8/2.
④ Du and Song, "Four Paths of the Confucian *Analects*," p. 45.

继承的传统总是其前提条件。如此出现的改革都是在已有的共享传统背景上展开的;为了能被人理解,改革者必须保持足够的持续性。同理,民众总要对人性的概念有一定的认识,不管这种认识有多不成熟。有德性的人通过依赖这种不完全不成熟的认识而施加其影响。让我们再回到刚才的例子:通过权威人士对自己亲戚的厚待,民众可以受到启发,因为他们清楚抛弃亲戚意味着什么。从这种意义上讲,所有的人都拥有一种天真的良善(naive goodness)。正如孔子的简明说法,仁总是近在眼前。[1]

无论何时个人以仁行事,他就在有效统治民众。我们能够统治而不需担任任何官职,因为我们的每个范式行为都是公共的行为。统治也意味着,通过表达民众中对善的不完全理解、为了建立人性化秩序而重新振兴礼仪。伟大贤王舜"恭己而正南面而已矣。"[2]如果个人能够建立礼仪而启发民众以一种有意义的方式实践这些礼仪,那么集体就会变成高度文明的集体。即使统治者是坏的,但文明也很可能持续下去:只要民众的基本习惯是好的。如此一来,真正自律意义上的统治就在所有机构中建立起来。无论何时我们深思而后行,我们就可以被认为在正确领导民众:

> 或谓孔子曰:"子奚不为政?"子曰:"书云:'孝乎惟孝,友于兄弟。'施于有政,是亦为政,奚其为为政?"[3]

孔子对此统治问题的深思熟虑的回答显示了受过良好培训的领袖的特征。

因而,这个由伦理领导地位而生成的仁善秩序不是这样一种文化:所有的人都以同样的步调前进,或到处引用红宝书。在一个文明的集体,成员所从事的礼仪应该是有意义的。领导者和追随者都应该努力而谨慎前进,使过去的智慧(习俗与实践中所体现出的知识)为现在所用。这种对过去的振兴应该以大多数民众中的土生土长、

---

[1] Confucius, *Analects*, 7/30.
[2] Ibid., 15/4.
[3] Ibid., 2/21.

传播广泛但不成熟的善为基础。伦理上善的行为既是启发性的,也是高度象征性的。米尔(Malden Mills)公司的总裁弗耶斯坦(Aaron Feuerstein)在其家庭拥有的纺织厂大部分被烧掉之后,决定重建纺织厂并继续支付每个工人的薪水,这样他的行为也具有范式的意味。他的行为显示,他的工厂属于管理层、工人及当地集体。他对自己诺言的遵守显示和树立了一种团结精神,而这种团结精神也马上被每个员工所领会,因为某个人都已经或多或少地了解什么是团结。弗耶斯坦和年轻学生都抓住了机遇并做出了符合机遇要求的行为。他们的行为并不符合某些已有定义何为伦理恰当的格言或规则,这种合宜恰当性通过他们的行为本身显示出来。

二、仁善范畴和商业实践

在和辻哲郎的框架中,没有特定的伦理规范适用于商业。商业本身只是众多形式或 kata 的一种,为了能符合伦理善的条件,所有这些形式都必须参与双重否定运动。然而,孔子却提出了两个适用于商业的观点,这两个原则性观点来自于他对仁善范畴的努力。虽然这两个观点表面上是矛盾的,但它们却创造了一种卓有成效的、能促进人们展开反省的张力。

第一个观点或第一点建议是消极性的:对商人的活动持怀疑的态度。孔子将人分为四种:知识分子、农民、工人、商人。商人阶层的地位最低,因为商人们常常受到贪欲的驱使。他们不断追求财富,因而他们不能使自己的欲望符合仁善范畴的要求。真正仁善者会努力教化民众,对美食、华衣或堂皇住屋没有太大兴趣。[1]仁者安于仁,[2]俸禄也总是他的次等考虑。[3]然而,那些追求巨额利润、生活豪奢的商人在教化提高别人方面不会付出太多的思考与精力。

---

[1] Confucius, *Analects*, 4/9.
[2] Ibid., 4/2.
[3] Ibid., 15/38.

孔子对商人的怀疑态度甚至延续到现代。中国共产党一直以来非常谨慎,不想给予企业家们太多挣钱的自由。尽管私人财物所有权最近已经被写入法律中,但政府和许多公民仍很担心,奸商会不顾公共福祉而追求一己私利。①基于同样的理由,知识产权在中国也存在问题。所有商标都应该符合社会主义伦理道德的标准。②当代中国人很难接受赋予个人"想法、发明改进或某种艺术表现形式的专利权,从理论上讲,所有这些都应该属于社会整体并为其服务。"③在过去,只有当无授权复制和盗版涉及政府材料时,权威才会出面干预停止这些复印和盗版行为。④

这种对怀疑商人的建议得到了第二个建议的平衡与抵消。第二个建议对商业相对有利:经济活动应该得到鼓励,因为当人们不再挨饿时,他们更可能参与仁善范畴的建立工作。

子适卫,冉有仆。子曰:"庶矣哉!"冉有曰:"既庶矣,又何加焉?"曰:"富之。"曰:"既富矣,又何加焉?"曰:"教之。"⑤

当集体具有一个繁荣的经济基础时,仁善范畴就更容易被建立起来。然而,经济基础的类型非常重要。经济必须要造福于民众,因为仁善范畴来自于民众,理论上也就应该包括所有民众。因此,权威人和统治者应该提倡那些能够产生普遍繁荣的经济形式。孔子伦理可能会赞同中国目前广泛流行的员工拥有股票这种趋势。1997年时,47%的中国员工都或多或少持有自己公司的股票。尽管政府是公开上市公司中最大的股东,但非公有企业或开发区企业的员工却可以拥有公司的很大部分。因为中国具有很高的储蓄存款率,所以

---

① Frank N. Pieke, *The Ordinary and the Extraordinary* (London: Kegan Paul International, 1996), pp. 92–152.

② Laurence J. Brahm, *Intellectual Property Law in the People's Republic of China* (Hong Kong: Longman Group (Far East) Ltd., 1988), p. 13.

③ Ibid., p. vii.

④ William P. Alford, *To Steal a Book Is an Elegant Offense* (Stanford: Stanford University Press, 1995), pp. 16–17.

⑤ Confucius, *Analects*, 13/9.

许多人都有资金购买股票。鼓励员工持股是一种在大众中分配财富的很好方式。①

中国统治者们很早就意识到繁荣经济的重要性。然而,同样的统治者们也看到,商人致富比农民更容易,因而可能变得过于具有影响力。为了寻求一种平衡,统治者们曾寻求对这二者都予以鼓励。几个世纪以前,中国政府曾通过禁止政府官员收取贿赂、干预商业交易等措施帮助商人。同时,政府通过提供获取社会地位的途径而帮助那些不如商人致富容易的农民们。农民们可以穿丝绸坐锦车,而商人则不能这样做。更进一步地,商人的孩子和孙子都不允许做官。这个禁令意在防止商人获得太多政府影响力和权力,并且为使农民变成教养良好及社会地位提升提供一个渠道。②正如我在第一和第四章所指出的,真正统治者绝不会忘记学习、德性及民众之经济繁荣等方面的需要。

如此看来,孔子伦理并不反对商业。只要商业允许买方和卖方之间进行价值交换,只要商业提供一个获取和展示仁的场所,那么商业就是善的。当我们让贪欲主宰自己时,或者未能欣赏经济福祉和服务的重要性时,那么商业就是恶的。我们需要在这两个原则之间寻求一种平衡。

在记住这种必要平衡的同时,让我们考虑孔子伦理对一些西方流行商业伦理理论的看法。孔子将会反对弗里德曼(Milton Friedman)的这样一种观点:只要商业人士在合同法的范围内寻求利润最大化,那么他们的行为就是伦理行为。③弗里德曼依靠市场的无

---

① The National Center for Employee Ownership (NCEO), "Employee Ownership Attracts Growing Interest in China," http://www.nceo.org/world/asial.html; Willy Wo-Lap Lam, "Shareholding Scheme Set to Boost Reform," *South China Morning Post* (12 June 1999), Front Section, p. 9.

② Kam-hon Lee, "Moral Consideration and Strategic Management Moves: The Chinese Case," *Management Decision*, 34:9 (1996), p. 66.

③ Milton Friedman, "The Social Responsibility of Business Is to Increase Its Profits," *Ethical Theory and Business*, eds. Tom L. Beauchamp and Norman E. Bowie (Englewood Cliffs, N.J.: Prentice Hall, 1993), pp. 55–59.

形之手来分配财富,而忽视了平等的问题。如果有些阶层获得了大部分的经济福祉,那么公共范畴就会变得不稳定。这样,太多的权力将会集中于太少的人的手里,弗里德曼从未考虑这种可能性。

弗里德曼完全忽视了那种谨慎的需要。如果员工和管理者认为,只要不违法就是伦理上许可的,那么他们就会停止反省他们应该做什么。这样的冷漠是危险的,因为在许多情况下,在立法者听说某些实践问题之前,各企业就已经意识到了它们。美国企业和中国企业在各自政府采取控制污染措施之前的几十年里就已经意识到它们自己在污染环境。即使没有防止污染的法律,有德性的人们也会关注,他们的商业实践正在导致大量鱼类死亡、社区的饮水受到污染。孔子将会质疑,那些具有完全自由、能够贪婪行事但不触犯法律的人是否能够发展与培养真正的对法律的尊重。弗里德曼的"伦理"更可能培养出一些为自己利益而操控法律之徒。

另外,孔子伦理还会反对弗里德曼理论中的法律主义观点。理由如下:第一、因为立法者并不总是那些伦理上善的人们,所以法律本身也可能是恶法。因此,仁人不会机械遵守所有的法律或法律协定。只有协议是根据正确与仁善的原则制定的,那么它的条款才可能是善的。①第二、法律是一种极其迟钝及僵化的工具。真正的商业领袖不会诉诸于法律而寻求指导,他会按照实际情况的要求而行为做事。当人们因服用美国强生公司的有毒泰诺林胶囊而生病时,法律没有要求公司董事会召回瓶装泰诺林,但公司的管理者们命令大规模召回瓶装泰诺林,在这种情况下,他们也就显示了一种仁善的领导方式。他们在保护消费者安全这一问题上犯了错误,因为保护消费者安全是一件仁爱和正确的事情。通过将民众置于利益之前,该公司的行为就具有范式行为的意味。如果公司的运作方式是弗里德曼式的,那么它的回应程度恐怕将会很有限——当公司盘算如何在法律范围内省事、省钱时,它恐怕会避免做任何事情。

第三、弗里德曼允许贪欲、鼓励管理者狭隘地看待个人的利益。

---

① Du and Song, "Four Paths of the Confucian *Analects*," p. 45.

根据弗里德曼的说法,公司经理只应该着眼于利益最大化,将辨别和担心公司行为副作用的任务留给别人。从孔子的角度来看,一个符合伦理的经济体系要求管理者们考虑所有民众的福祉。有德性的管理者不会为了最大化公司的利润而生产劣质产品、污染环境或忽视法律精神,他们会关注本公司的福祉,同时努力了解公司行为是如何影响社区成员生活的。他们会努力确保其公司经济活动产生广泛的经济利益。另外,民众通常缺少权力或教育,因而是脆弱的,因此那些具有仁德的管理者们会努力通过审查他们的管理抉择和行为对集体中最脆弱成员的影响而保护这些脆弱的民众。

弗里德曼方法过于狭隘。根据弗里德曼的观点,无论何时管理者们的选择符合法律的规定,并且能够最大化公司的利润,他们的行为就是符合伦理的行为。根据这种观点,管理者不需与别人进行商量就能作到行为符合伦理。相反,孔子认为,为了能行为做事符合伦理,我们需要彼此。我们每个人都有一种懒惰和自欺的趋势,我们的朋友可以通过鼓励和责备我们的方式而帮助我们在通往圣善的道路上前进。我们需要聆听别人,因为我们绝不知道什么时候我们能听到一些智慧之语或一些能使我们从自足中惊醒的警告之语。孔子甚至愿意和狂癫之人讲话,因为他们能讲一些孔子感兴趣的事情。[①]

因此,基于这些理由,孔子伦理将会反对弗里德曼的方法。孔子伦理也会反对任何将合乎伦理的商业定义为在平整游戏广场上所展开的商业的做法。在商业实践中,法治的伦理角色并不是设立一些基本规则或提供一个可供商业展开的最基本权利的框架。西方人对法治的个人主义的理解既高估了法律的伦理重要性,也低估了它。

它高估了法律,这是因为它将对法律的尊重(或在法律内并通过法律所制定的社会契约)视为伦理价值的全部。从孔子的角度来看,法律至多是实现一个更为仁善秩序的一种工具。孔子观点一直贯穿中国的整个历史,甚至一直持续到后毛时代。中国官员承认法律的重要性,但他们的行为常常使西方的法律学者感到意外。例如,有些

---

① Confucius, *Analects*, 18/5.

官员常常忽视颁布的法律。他们通过环境保护法,但又常常不执行,或以一种乍似多变的形式执行。无疑,这种对法律的忽视有时来自于一己私利。然而,有时这些官员们只是以一种孔子式方法而行为做事。

这种人治优于法治的观念在中国有多种表现形式。共产党视自己为伦理精英,以相称于对大众的领导。除此之外,共产党似乎也灵活对待法律,因为改革在中国正进展迅速。法律相对落后于新政策的执行,而许多在地方发起且不合法的改革被证明相当具有成效,一旦这些改革成为既定的事实以后,中央政府就会将其纳入法律。①

在中国,司法并不独立。司法机构要征求党的意见而决定它是否应该开庭审理某个案子。法官常常是指派的,通常这些法官也是党员。有些法官没有接受过正式的法律教育与培训。这种缺少教育的做法部分要归因于孔子伦理。对于孔子来说,法律并不拥有自身的利益,因而对法律的学习在中国也没有太高的地位。当企业、经理或员工被诉上法庭时,他们也许接受由法庭指定的辩护律师。不过,这些辩护律师也许受过法庭的培训,也许只接受了几天的培训。

有时候有些企业之所受到了指控,是因为中国官员希望杀一儆百。如果一个政权检控一个外国企业有噪声污染情节,而对那些具有更厉害噪声污染情节的国内企业视却而不见,那么西方人会认为这种做法是不公平的。与此形成鲜明对比的是,孔子伦理认为,该检控是公平的,因为它能产生明显的象征效果,能帮助建立一个更为仁善的秩序。中国官员们也强调污染问题,并且向外国公司发出警告:污染绝不可宽容,即使这些强大的外国公司正在给中国带来巨额的投资。在这种情况下,对外国公司的检控被认为是公平的,因为它能帮助为整个集体建立一个健康的环境。

让我们看另外一个例子:一些与中国公司建立合资公司的西方企业惊奇地发现,他们需要缴纳一些原来合同所没有规定的费用。

---

① Ding Lu and Zhimin Tang, *State Intervention and Business in China*: *The Role of Preferential Policies* (London: Edward Elgar Publishers, 1997), p. 91.

地方官员已经向污染企业征收排污费,并且已经命令这些企业购买昂贵的污染控制设备。合资公司所要缴纳的诸如此类的费用要高于国内公司。中国官员认为,对于污染的防治问题,那些最富裕的污染公司应该比那些更为贫穷的污染公司要多贡献一些。从西方的法治观点来看,这种做法是值得怀疑的。所有人和团体都应该在法律面前平等,且在量上统一。当这些平等的人和团体所犯的罪是一样的时候,惩罚也应该是一样的——罚款数目相同,坐监年限相同,等等。在孔子框架内,个人性质上不是一样的(not the qualitatively the same)。尽管所有人类存在都同样具有一点本性的善,但法律的全部目的是帮助民众培养一种实现范式行为的能力,因而能使自己个性化。权威个人与其他人截然不同,他们的行为和言语应该予以更多的尊重,因为在教化人们的过程中,他们的言行所起的作用超过民众无思想的言行所起的作用。因此,中国权威并不认为在法律面前平等对待所有人的做法是正确的。相反,应该对那些更为繁荣企业和个人期待更多,因为它们不易受到那麻木人意志之贫困的影响,因而更能显示它们的领军地位,从而能通过贡献大额资金而资助那些切实提高普通大众生活质量的动议与项目(如清理中国河流的费用)。

　　向合资公司收取高额费用可以被讽刺地理解为权威向外国人勒索硬通货的企图。事实上,后毛时期的许多官员通过出售国有资产和征收各种费用并贪污的方式而暴富起来。一些观察家指出,在实行"社会主义市场经济"过程中,中国所要面对的一个主要问题就是腐败问题。腐败确实存在,然而人民的真正意愿很难辨别。一种对中国商业实践的较积极看法认为,中国商业实践植根于孔子伦理,孔子伦理有其自己的强有力逻辑。如果正义被大致理解为"给某人以应得之物",而且如果人们所应得的是一个变得更为文明的机会,那么那种"得到越多,被期望越高"(它是"各尽所能,按劳分配"这一社会主义原则的变形)的原则也就不是不公平的,如一些西方学者所认为的那样。西方人认为,法律体系必须绝对平等地对待每一个人,这才能称之为公平。这是一种夸大的说法,从孔子的角度来看,这种说法在牺牲人民变得更为仁善之能力的前提下,高估了法治(rule of law)和形式平等(formal equality)。

另外我们应该注意,外国公司也因中国向某些团体提供特殊保护和激励措施以借力启动改革的愿意精神而获益匪浅。外国直接投资者已经获得了税务上的减免,而中国也已经创立了特殊的创业园区,这些园区向在其内创业的公司提供优惠条件。欧美公司已经完全愿意利用这种优惠待遇,而且当这些改革的优惠向它们倾斜时,它们也没有提出"法律面前绝对平等"的要求。随着中央计划经济向市场经济过渡的进一步展开,政府已经开始取消这些优惠待遇。[1]

同时,西方人对法治的梦牵梦绕也悖论性地低估了法律的力量。孔子伦理将法律视为一种教育、教化力量,而不单纯是平等、均等机会或公正程序的保证者。孔子对法律的观点继续塑造着中国人的法律实践。中国法庭通常更关注犯罪行为的实质问题,超过对形式程序的关注。如果一个管理者或员工被发现犯了某种错误,法庭的角色(以及司法和惩治系统的官员的角色)将与涉案者共同研究提高他/她的人品。在法庭开始审判之前,各方被期望和平解决问题。如果他们不能和平解决问题,那么法庭将会努力调解纠纷。[2]在某些商业争端中,为了能使争端得到满意解决,中国法庭甚至与各企业会面达二三十次。在中国,大多数企业间争端(包括涉及外国公司的争端)都通过非正式的协商或调解予以解决。[3]提出诉讼应该是最后的解决办法,这种观点来自于孔子伦理:"听讼,吾犹人也。必也,使无讼乎!"[4]在诉讼中,法庭将决定过错。从伦理教化的角度来看,这种归咎的做法比那种争端各方聚到一起理解并承认各自的错误的办法要差得多。人们需要练习内省,他们很容易就能看到别人的错误而

---

[1] Ding Lu and Zhimin Tang, *State Intervention and Business in China*: The Role of *Preferential Policies* (London: Edward Elgar Publishers, 1997), pp. 91–141.

[2] William C. Jones, ed., *Basic Principles of Civil Law in China* (Armonk, N.Y.: M.E. Sharpe, Inc., 1989), p. 373.

[3] Ibid., p. 374.

[4] Confucius, *Analects*, 12/13.

看不到自己的不足。①

在做出判决之后,法庭还会继续鼓励涉案各方进行内省,诉讼方被鼓励写自我反省或向另一方道歉。②在涉及专利权侵害事件中,法庭会命令侵害方停止侵害,并做出公开道歉。③那些认真悔改(或有迹象表明认真悔改)的侵害者受到的惩罚将会轻于那些不思悔改者的惩罚。除此之外,法庭还会通过征求公众意见而检验所做出的判决,公布的法庭判决有时还会包括一些当地被要求对法庭判决做出回应的公众的看法。获取公众对判决的支持是非常关键的,因为法律判决应该为教化集体所有成员这一长期目标服务。

孔子伦理不仅会反对弗里德曼那种认为商业行为只要遵守法制就是符合伦理的商业行为的观点,而且它还会反对任何将伦理问题理解为对基本规则体系的遵守问题的商业伦理观点。通过人治建立文明集体的做法远比法治本身更重要。事实上,如果法律本身是不好的,如果遵守法律只是害怕惩罚的结果,而不是为更具尊严的仁善秩序而真诚努力及参与之精神的外在表现,那么此类遵守就是不符合伦理的。

另外还有一种商业伦理观也达不到孔子伦理的要求,即利益相关方理论。利益相关方理论的问题表现在两方面:首先,利益相关方理论要求管理者考虑所有重大决定对那些可能被企业选择所实质影响各方的后果与影响。④在中国情形中,利益相关各方将包括供货商、消费者、投资者/业主(经常是"人民",因为许多企业都是国有企业)、员工及其他管理成员。(中央和地方)政府和党的官员也是利益

---

① Confucius, *Analects*, 5/26.
② Josephs, *Labor Law in China: Choice and Responsibility* (Salem, N. H.: Butterworth Legal Publishers, 1990), pp.197-205.
③ *China Patent Cases: Selected Decisions of the Patent Re-Examination Board* (Hong Kong: Asia Law & Practice Ltd., 1992), p. iv.
④ William M. Evan and R. Edward Freeman, "A Stakeholder Theory of the Modern Corporation: Kantian Capitalism," *Ethical Theory and Business*, eds. Tom L. Beauchamp and Norman E. Bowie (Englewood Cliffs, N.J.: Prentice Hall, 1993), pp. 75-84.

相关方,这是因为法律规定,他们代表了人民在企业所使用工厂、土地和自然资源等方面的利益。尽管企业行为对各方产生的影响不一样,但这种利益相关方理论却赋予了所有利益相关方平等的权利,即表达意见和考虑利益的权利。该理论以康德哲学为基础,康德认为所有个人都值得平等尊重,因为他们都是理性存在。[1]

孔子伦理对利益相关方的态度却有很大的不同。个人本身无权表达自己的意见,事实上,严格意义上讲,许多利益相关方根本就没有资格称为个人,因为他们还没有培养一种产生个性化、范式行为的能力,他们只是民众的一部分。因为孔子伦理并不将所有意见和观点视为具有同样的价值与重量,所以该伦理并不要求管理者尊重所有利益相关方的意见。只有管理者们充分运用自己的教育和修养来辨别哪些意见最值得注意,他们的决定才是伦理上善的决定。如果他们的决定是真正的仁善,那么他们的选择将必然会使企业和更大集体受益。领导者的智慧能够帮助他们理解和履行自己对利益相关方的义务,而不是他们平衡所有利益相关方主张的能力。因此,毫不奇怪,中国家族企业(其中有些家族企业是世界上最成功的企业)的拥有者兼管理者具有很大程度的控制权力。[2]

然而,孔子伦理还有另外一种考虑。因为所有的人都有可能成为有德性之人,都对真理有一定的理解,所以管理者还要仔细聆听每个利益相关方讲什么。尽管利益相关方无权表达自己的意见,但好的商业领袖将会渴望向所有组成各方寻求关于最佳行为方式的真理、也会寻求促生那种建立更为文明、更为关爱集体的良好意愿。如此看来,虽然中国的这些业主兼老板们非常强大及具有控制力量,但

---

[1] William M. Evan and R. Edward Freeman, "A Stakeholder Theory of the Modem Corporation: Kantian Capitalism," *Ethical Theory and Business*, eds. Tom L. Beauchamp and Norman E. Bowie (Englewood Cliffs, N.J.: Prentice Hall, 1993), pp. 75–84.

[2] S. Gordon Redding, "Societal Transformation and the Contribution of Authority Relations and Co-operation Norms in Overseas Chinese Business," *Confucian Traditions in Modernity*, ed. Wei-ming Tu (Cambridge, Mass.: Harvard University Press, 1996), p.318.

他们也以与供货商、合作伙伴及消费者培养良好关系而著称。①

最后这点观察让我们又开始面对孔子伦理认为利益相关方理论所具有的第二个问题。因为利益相关方理论假定,如果拥有权利的个人维持自己的尊严,那么他们就必须受到尊重。该理论赋予管理者们一种考虑和平衡员工、股东、供货商等之间的竞争性权利的义务。孔子伦理并不是围绕权利而建立起来的,孔子从没用过权利这个词。尽管我认为该伦理可以将一些权利整合起去(见第一章和本章下面部分),但是我们应该明白,权利在中国的意义不同于权利在西方的意义。例如,中国法律理论者承认一系列的"环境权利",最重要的环境权利是政府为了国家利益所拥有的利用和保护其环境的权利。除此之外,国家有权为公民们提供一个安全健康的环境。权利应该与责任结合起来,而共产党所行使的国家权利具有首要性,因为共产党宣称它所行使的领导权是正义的。既然权利只在那由仁人所建立的仁善秩序里才具有意义,那么国家的权利超过个人所宣称的任何权利。个人确实具有民事权利,但这些民事权利总要与那种维持更大秩序的需要联合起来看待。下面一段引述来自中国关于民法的标准论文,该引述具有一定的典型意义:

> 建立一个侵权行为民事责任的法制体系及充分利用民法补偿程序停止及惩治侵权行为是非常重要的,**因为它是维持社会主义经济秩序、保障社会主义现代化建设、教育公民培养自觉遵守法纪精神及防止违法乱纪行为再次发生的有效手段**(黑体强调是本书原作者本人加的)。②

我们也许可以将孔子伦理和利益相关方理论结合起来,得出这样一种结论:在孔子伦理中,人们具有"一种仁善存在的权利"。只要我们明白,这样一种存在是由别人的教化以及我们祖先的贡献所共同实现的,这个结论就是有意义的。然后,我们就可以给这个基本权

---

① Redding, "Societal Transformations," pp. 318–321.
② Jones, Civil Law, p. 177.

利框架充实其他一些权利。例如,既然健康和生计是这个仁善存在的组成部分,个人就可以宣称他有权拥有一个健康的工作环境及有权工作。除此之外,孔子伦理仍会坚持将这些权利和责任结合起来,如果人们拥有工作的权利,那么他们同样有听从命令、认真遵守工作规则、接受劳动纪律、努力学习工作技能及履行工作义务等责任。换言之,工人们有权通过批判性、反省性的自律来提高自己,为公司的繁荣昌盛及公司同事的福祉而做出自己的贡献。另外,孔子伦理也会承认,人们有一种互相帮助的积极义务。利益相关方具有获取别人帮助的积极权利,也具有行为不受别人干预、待遇要程序公平、意见得到聆听和评估等最低消极权利。除此之外,人们还应受到保护、不受失职罪的侵害。琼斯(William Jones)指出:

在决定侵权行为的非法性时,我们不仅要将时下有效的宪法和民法通则作为标准,我们也有必要将社会及伦理方面的规范作为基础。非法行为不仅是一种积极的违犯,而且也可以是一种消极的失职。前者是一种法律所禁止的行为,后者是一种法律和伦理道德所要求的行为的缺失。①

在某些情况下,对于同一个实际问题,孔子的这种"权利与责任"理解所产生的伦理决定可能不同于利益相关方理论所产生的伦理决定。让我们考虑这个来自中华人民共和国的劳动争议案件:

一个工人被暂时派遣帮助其同志将工厂的工具间搬往另外一个地方。该工人拒绝接受这份暂时派遣工作。当他最终同意接受这份工作时,他了草地做完了该工作。车间主任召开了一次纪律会议,该名工人被停职并被要求写检查。该名工人被这个决定激怒了,他故意将临近工厂管理办公室走廊内的五个电灯开关弄坏了。工厂厂长根据《公司员工奖惩规定》辞退了这名工人。该名工人承认了自己的错误并恳求给予一次机会,但是

---

① Jones, Civil Law, p. 178.

工厂厂长没有收回辞退命令。①

利益相关方理论会支持这位厂长的决定。管理者必须衡量业主、其他工人、消费者及政府的各方利益和权利,最后形成一个伦理上善的决定。工厂的业主当然不希望工人破坏工厂的设施。即使因损坏所造成的更换成本较低,但故意破坏行为侵害了业主的权利。如果工厂内没有照明设施,其他工人做工作时就有困难。或者至少说,该名工人的行为分散了人们的注意力,管理者不得不花费时间和精力来解决该名工人所造成的破坏。该名工人已经因其不当行为而受到了一次警告,而他对被要求向其他工人提供短时帮助这样一个合理要求的回应却是暴怒。所有员工都在维护员工计划和合作等方面拥有自己的利益。如果工人不能一起工作,那么他们就会发现很难谋得生计。消费者想要良好产品,他们因此也会在防止员工破坏方面拥有自己的利益。

利益相关方理论会赋予该名工人一种按照公正程序被辞退的权利,但该名工人没有那种继续某种工作的绝对权利。如果我们假定(1)管理层的期望广为员工所知;(2)当这些期望没有达到时,工人得到了管理层的通知,那么利益相关方理论就会支持管理层辞退该名工人的决定。在刚才这个案例中,这两个条件似乎都具备了。

那么孔子如何看待这个案例呢?孔子伦理将会要求管理者考虑如何培养一个更具爱心、仁善的集体这个问题。管理者应该关注财产权和公司的生产。不过这些关注不应使管理者忽视他们教化反叛工人的义务。在这种情况下,管理者需要作内省,问自己一些实质的问题。例如,他是否向该工人提供足够悔过的机会? 他是否完全了解该名工人的能力和才智? 当该工人最初拒绝帮助工具间搬家时,车间主任没有马上辞退他。既然该车间主任最初努力说服该工人提供帮助,那么他一定认为该工人还是可以予以纠正的。该工人最后确实表示悔过并就破坏灯开关行为道歉。在中国,辞退工人常常被

---

① Josephs, *Labor Law*, pp. 198-199.

认为是管理失败的一种标志,"因为(管理者)没有完成他作为'慈父'的义务。"①

惩罚性措施应该是最后所要诉诸的方法。该名工人具有电工方面的技能,也许厂长曾要求该工人修理他所破坏的灯开关,或者厂长曾用其他方法来管教该工人。也许这位厂长与国家所提供的调解者和这位工人协商过。也许他们三人曾努力达成一种协议以避免进一步的冲突。

破坏公司财物是一个严重的错误,但辞退一名员工则显得更为严重。辞退员工并不能帮助他获取更好的工作技能,只能使他很绝望从而走上犯罪的道路。仁人将不会轻易辞退这名工人,而会千方百计帮助和教育他。对这个问题的伦理上善的解决方案不是那种平衡个人的竞争性权利的做法,而是促进建立一个文明的社会和谐。无疑,这个着眼点可以解释为什么中国老板很少辞退工员这种现象。孔子伦理总会将其对建立仁善秩序的关注带入平衡、评估各方主张的过程中。相反,利益相关方理论总是开放的,它不考虑深思熟虑这一问题。因为利益相关方理论强调对每个人的尊重及聆听每个人的意见这种需要,所以它将开放性作为伦理上可接受的。正如我们所看到的,孔子伦理并不承认那种平等对待每个人的意见、且每个人的意见值得同等尊重的义务。如果想要求仁者采取这样一种观点,那么就会导致他们反对自己的领导和合宜塑造人们观念的责任。尽管孔子愿意与狂癫者谈话,但并不是因为这些狂癫者拥有一种"被聆听的权利",而是因为他们所讲的一些内容对孔子具有一定的意义。

三、对孔子商业伦理的可能反对意见

无疑,以上对孔子伦理的解释会使某些读者感到不安。如果民众只有得到精英的引领才能发展,那么什么可以确保精英能够有一

---

① Sirinimal Withane, "Confucian Influence in Human Resource Management in the Far East," *Management Decision*, 29:6 (1991), p. 33.

种真正仁善的行为呢？如果个人在挑战权力滥用或其他形式的无良统治或管理时没有可以诉诸的不可剥夺权利,那么他们又如何希望自己的挑战获得成功呢？如果只有当人们接受教化自己这一义务、及为了重新振兴传统而行为做事时,仁善秩序才可能建立起来,那么人们是否就成了传统的奴隶呢？有些邪恶可能就是体制性的邪恶。当该伦理是那样紧密地与现状联系在一起时,对现状作体制性批判又怎么可能呢？只有稳定,企业才能成功繁荣。那必定多变、不可预测的人治体制中是否可能建立一个有生机的经济秩序呢？

1. 反对意见之一：孔子伦理赋予精英太多权力

尽管孔子伦理指望为数不多的范式领袖引领集体的发展,但该伦理提供了五个不允许某些团体自诩为伦理精英的理由：

第一,通过定义,这些自称了解真道的团体失去了道。孔子伦理坚决地反对意识形态式的做法。正确的礼仪是由问问题组成,如果我们不持续地问我们自己："我们应该做什么？我们的行为是正确的么？别人怎么说？"那么我们就没有机会成为仁者。

第二,该伦理质疑任何朋党(不管是政治的还是私人的),因为朋党追求自己的利益,且通常是在牺牲公共利益的前提下进行的。[1]该伦理并不假定在伦理行为和将经济权力集中于某个朋党这种做法之间有必然联系。日本、台湾和香港都从许多方面是"孔化"(儒家)社会,它们的经济也相对自由。我们可以这样认为,这些国家和地区之所以能够采取这种经济自由政策,正是因为孔子伦理中的自律观点提供了一种自制的措施。

第三,没有任何团体有权将自己宣传为德性的模范。真正的领袖都是谦虚谨慎的,他们不会批评自己身边人的行为,或不指责他们缺少伦理道德。他们进行内省,决定展开最高程度的

---

[1] Du and Song, "Four Paths of the Confucian *Analects*," p. 52.

自我审视:"不患人之不已知,患不知人也。"①

第四,合乎伦理的领袖通常诚恳地接受义务并高兴地同意对其同胞公民负责任。他们欢迎批评并时时处处追求真理。每个人都具有某种程度的德性,②都会讲一些值得人们去聆听的内容。该伦理要求我们从论点本身出发而对论点进行评估,而不应通过人身攻击而对论点进行批驳。政治迫害或自我标榜之伦理精英否定整个阶级人们(例如,资产阶级或知识分子)的努力都是伦理上不能接受的。

第五,尽管孔子伦理强调义务与责任,如领导者负责和自我批评的责任、欢迎批评的责任及从论点本身出发对论点进行评估的责任,但该伦理并不反对那种认为个人具有不可剥夺权利的观点。正如许多评论者所指出的,《论语》具有许多条线索,有些线索相当自然地指向了人权的问题。③当统治者,不管是政治统治者或是企业统治者,未能按伦理行事时,孔子伦理允许人们使用非暴力对其进行抵抗:"如果统治者不善,而没有人反抗他们,大约国家灭亡之日就指日可待了。"④因此,我们可归纳出一种在任何领域反对暴君和压迫的政治权利。该伦理也支持一种言论自由的权利,因为言论是信赖的前提:"如果你不知道一个人的言论,你就不能信任他。"⑤

如此看来,孔子伦理为反对任何形式的压迫提供了足够的素材,而且它也可以经过发展和扩充而将人权的概念整合进去。是否为使该伦理更具可辩护性而有必要将其与人权概念结合起来呢? 这个问题较难回答,因为将人权引入政治并不是万能药。公民或员工在纸上拥有多少权利并不重要,政治和法律学家如何认真仔细地定义和

---

① Confucius, *Analects*, 1/16.
② Ibid., 19/22.
③ Michael C. Davis, *Human Rights and Chinese Values* (Hong Kong: Oxford University Press, 1995), Passim.
④ Confucius quoted in Du and Song, "Four Paths of the Confucian *Analects*," p. 49.
⑤ Ibid., p. 42.

证明这些权利也不重要。除非人们有尊重法律、重视司法独立及捍卫自己权利的传统,这些权利是没有任何价值的。集体也需要有一种法律一致性的传统。中国具有许多法律,但人民并没有一种自然趋势重视这些法律,因为这些法律变换经常而没有可预测性。例如,一会儿鼓励大家庭以增加劳动力,一会儿又施行严格的家庭限制以降低人口增长率。[1]在缺少法律一致性和尊重法律这样一种传统时,对权利之讲论最终也是讲论。人们需要小心谨慎地继承人权传统,并显示如何使这个传统继续具有活力。在孔子伦理中,人民能够分享并有责任保存由其祖先经过艰苦奋斗而建立起来的文明,这个概念是踏上正确道路的一个根本出发点。让我们看另外一个例子:英美民主取决于这样一种传统:参议员、众议员、国会议员都愿意彼此让步,这样所有各方都有机会表达自己的意见。如果这些人不愿意让步,那么这种民主机制就会很快崩溃。那种以权利为基础的伦理是脆弱的,因为这些伦理都没能把握自己与传统的关系。

另外仍如我在第一章所指出的,关于将权利(特别是人权)引入孔子伦理这方面,我们有必要再说一两句。20世纪已经显示,当人们具有很少政治权利时,他们是非常脆弱的。也许基于权利的伦理的最大优点就是它坚持刻画出一个不容侵犯的空间,在此空间里,人们必须能够自由表达自己的心声、必须能够尝试不同的生活方式,以便寻求那最具成效的道路。尽管孔子听说暴政,但他没有实际经历那些在人类存在每个维面都寻求控制的极权主义者的统治。孔子伦理首先假定了一个世界,在这个世界里人们的范式行为都能放射出来、大家都能看到。当很少的几个人控制着大众传媒时,那些高尚的行为未必能受到人们的太多注意。尽管我们可以举出极权统治下几个光彩夺目的高尚人格,尽管我们能想到捷克年轻人帕拉齐为抗议

---

[1] Joyce K. Kallgren, "Politics, Welfare, and Change: The Single-Child Family in China," *The Political Economy of Reform in Post-Mao China*, eds. Elizabeth J. Perry and Christine Wong (Cambridge, Mass.: Harvard University Press, 1985), p. 135.

苏联入侵捷克斯洛伐克而自焚,①但这些例子远远少于我们所希望看到的例子。而此类行为具有一种绝望性质。除非人们拥有一些绝对的权利,范式行为的范围是非常狭隘的。

也许孔子伦理对个人榜样的力量过于乐观。正如人权需要一个由权利讨论和权利实施组成的传统它才能有意义一样,范式行为最终也许需要一个由绝对人权所保证的空间。这些权利的绝对性是关键。正如我们所看到的,中国共产党确实对个人和企业的权利提供保护,然而这种保护总要取决于个人或企业是否伤害了共产党所定立的中国社会的公共利益。中国宪法第一条禁止任何组织或个人破坏社会主义制度。②如果经济合同侵害"国家利益或社会公共利益",③那么它就是无效的。这样的说法是模糊的,注定会被不同各方理解为不同的内容。尽管人们的权利在纸上得到了保护,但他们在现实中没有太多的保证。④法律赋予政府权力单方决定什么是"破坏"或什么是"国家利益"。

2. 反对意见之二:孔子伦理与现状紧密联结

也许有人会如此反对:"扩充孔子伦理以整合人权这样说可以,但这种说法并没有实际意义,因为孔子伦理将民众与现状结合起来,因而使他们不能以任何明显的方式改变现状,或不能对其进行一种系统性批判。"孔子伦理确实强调行为遵守传统的重要性,虽然个人能够也确实在传统内有所革新,但他们不会脱离传统。事实上,孔子会质疑,如果这些针对现状的系统性批判被理解为超越于传统"之

---

① Jolyon Naegele, "Czech Republic: Student's Immolation Sought to Rouse Nation 30 Years Ago," http://www.rferl.org/nca/features/1999/01/F.RU.990115145848.html.

② Quoted in Pat K. Chew, "Political Risk and U.S. Investments in China: Chimera of Protection and Predictability?", *International Business Agreements in the People's Republic of China*, eds. Ralph H. Folsom and W. Davis Folsom (London: Kluwer Law International, 1996), p. 78.

③ Paul T. Vout, Jing-Sheng Ye, and Bai-Hua Gong, *China Contracts Handbook* (Hong Kong: Sweet & Maxwell Asia, 1997), p. 4.

④ Chew, "Political Risk," p. 79.

上"或"之外",那么它们就不可能实现。在这一点上,孔子也许会赞同德克维尔(Alexis de Tocqueville)的观点,德克维尔娴熟地显示,那些自称推翻所有过去传统的革命最终会维持或再现这些传统的因素。①法国革命具有法国的独特特色。如果美国人要批评美国的生活,那么他的批评会在某些关键的层面保持彻底的美国特色。

然而,孔子伦理确实能为新思想和新行为创造一种空间。尊重传统就要对其进行诠释。传统并不会将其意义挂在脸上,当我们诠释一个礼仪时,我们会不可避免地将我们自己认为有意义的东西灌输进去。为什么中国传统的哀悼期为三年?到底有多大必要来遵守这个哀悼期?如果我们认为哀悼是一种对父母赐予我们身体之恩典的承认与表示,那么哀悼的时间框架就会显得十分有意义。那么,我们就应该对父和母都哀悼三年,因为作为婴儿,我们在前三年完全依赖他们而生活。②然而,如果我们哀悼父母是因为他们向我们显示了"道",那么我们的哀悼就是一种承认父母对我们的伦理恩典。对于第二种情形来说,"哀悼时间的精确长度"的问题就没有"谁最值得哀悼"这个问题重要。在父系社会的古代中国,父亲从传统上比母亲具有更多自由,③因而具有更多机会展示"仁"。这一点可以解释为什么中国历史上许多人对父亲的哀悼时间要长于对母亲的哀悼时间。既然传统总需要人们对其进行诠释,孔子伦理留有足够的余地供批评者提出新的诠释从而改革传统。不过,批评者必须负责地承认传统的不可超越性。

另外,在指责孔子伦理维持现状之前,也许我们可以对传统作较细致的讨论。中国有一种提出异议和公民积极主义(citizen

---

① Alexis de Tocqueville, *The Old Regime and the French Revolution*, trans. Stuart Gilbert (Garden City, N.Y.: Doubleday Anchor Books, 1955), Passim.

② Confucius, *Analects*, 17/21.

③ Robert I. Westwood, Hang-yue Ngo, and Shuk-mei Leung, "The Politics of Opportunity: Gender and Work in Hong Kong," *Engendering Hong Kong Society: A Gender Perspective of Women's Status*, ed. Fanny M. Cheung (Hong Kong: Chinese University Press, 1997), pp. 44–45.

activism)的传统。孔子自己曾多次批评那些贪婪或暴戾的统治者，这些人不是真正的统治者。在提出这些严厉批评时，孔子既在中国的这个抗议传统内行为做事，也对这个传统有所贡献。从作为范式人这种意义上讲，孔子给中国留下了一套以传统为基础的伦理，同时又充满了许多公民积极主义的例子。那些权威而仁善的个人是真正的统治者，因而他们能自由建议别的领导者如何最好的行使权力。

因此，那种认为孔子思想不允许公民积极主义的假设是一种错误。当我们审视中华人民共和国最近的一些劳动和环境法案例时，我们会发现在一些案例中，中国官员不仅会容忍而且也会谅解公民对不胜任官员和企业管理者所作的抗议活动。在济源县，农民们将一家水泥厂的厂门上了锁，农民们指责工厂一直在产生、排放大量的浮尘，而浮尘危及到了农民们的农田。当有关人员试图再次打开水泥厂的大门时，农民们骚动起来。后来，其领头者被公安局逮捕监禁；然而法院最终支持了抗议者的扰乱公共秩序行为，因为抗议者为了避免更大的侵害而采取有限的紧急措施。①在另外一个案例中，浦江县法院(在省人大常委会的指示下)对一个被控毁坏一个污染的石灰窑的农民进行了重新定罪。②尽管中国已经逮捕了一些抗议者，但这些案例显示，当公共广泛支持某个抗议行为时，共产党可能会对这些反对企业利益的抗议合法化。这种合法化做法完全符合孔子伦理的精神，因为该伦理能看到所有人民中的内在美善，并且能先见性地认为，有德领袖可以来自于民间。

3．反对意见之三：当代经济需要法治

从某种意义上讲，孔子是正确的，法律培养德性的能力确实有限。如果没有支持性的传统、公众良好意愿及公民的某种程度的自律，那么法律的力量就有限。不过，反过来也许也是正确的。如果没有法律，人们也不能实现太多。孔子伦理形成的时间是相对较为简

---

① ② Lester Ross and Mitchell A. Silk, *Environmental Law and Policy in the People's Republic of China* (New York: Quorum Books, 1987), pp. 9–10.

单的时期,复杂的经济也许需要法治所提供的稳定。毛泽东时期的大跃进和文化大革命使得人们不愿表露任何立场,或不愿去创建任何经营活动。即使是允许的,人们也害怕下一个行政命令就会取消前面一个行政命令。后毛时期的中国领导人已经意识到了执行政策时的法令的重要性。监管部门如环保局和劳动局需要引用法律来强迫那些不遵守法律的地方官员和管理者来调整自己的习惯行为。[1] 随着中国进入更为市场化经济的步伐的加快,法令更为人所向往。以前在中央计划经济下,权威能够识别和中和一些所谓的"外部经济效果",即那些经济行为者无动机或无能力控制的经济行为影响与后果。然而在一个市场化经济中,诸如此类的外部经济效果通常通过立法予以解决。为了能使这种立法展开工作,商业人士必须要了解它,司法必须一致有效地执行它——有些情况下还要涉及安全官员的参与。换言之,经济需要法治之类的东西。

尽管这种倾向于法治的论点具有很大的力量,但问题远没有那些孔子伦理批评者让我们相信的那么简单直白。法律本身并不会解决外部经济效果的问题。例如,我们试图通过更严格的环境保护法规和施行更厉害的惩罚措施而减少空气和水污染。然而,如果企业员工将违法行为视为做生意的另外一种成本,那么他们就会泰然污染环境,被抓到了就交罚款。正如我在前面所指出的,对监管者来说,许多滥用与违法都是很难识别的。[2] 有些情况下,企业员工在立法者觉察之前就已经意识到了问题的存在,在一个理想世界,这些员工就会向立法者通报这些问题。然而这种如此做的愿意精神是以某种程度的仁德为前提条件的。

另外,法治就相当于这些法律中的立法精神。如果法治想要有效解决外部经济效果的问题,立法者需要具有良知的企业员工的回

---

[1] Lester Ross and Mitchell A. Silk, *Environmental Law and Policy in the People's Republic of China* (New York: Quorum Books, 1987), p. 5.

[2] Daryl Koehn, "The Ethics of Business: Moving Beyond Legalism," *Ethics and Behavior*, 6:1 (1996), pp. 1–16.

馈与反应。因此,真理就在于中庸:人治需要一个强大有效的法律系统来实现仁善的秩序,而法治需要仁人来改变人们的命运。

第二节 结 论

在孔子伦理中,公共范畴等同于文明或仁善秩序,而商业是这个秩序的一部分,因而独特的商业伦理是不存在的。对于商业的评估就是看它是培养还是妨害了那由寻求发展和培养自己内在德性的人们所组成的文明集体的建立。两个来自仁善秩序的普遍原则可以适用于商业。人们应该以一种质疑的态度来对待商业,因为人们总会有向贪婪妥协的这样一种危险。但是,如果公民们的基本需要得到了满足,他们就会发现更容易集中精神培养德性。因此,商业领袖和统治者都应该推行和促进那些最有利于普遍繁荣的经济安排。

政治和商业领袖都必须把圣德对他们的要求作为其行动方向。这些领袖没有义务将所有公民或利益相关方的意见视为同等合理重要的。另外,他们也无权以轻视对待别人。每个人都有某种程度的圣善,并且都能做出正确的行动。对于追随者来说,他们并不一定总要服从于他们的领袖。集体的每个成员都有权批评那些其行为目的似乎不在培养更为文明集体的政治或企业领袖。简言之,虽然孔子伦理将所有行为都视为公共的,但公共并不等于"受限于政治或团体控制"。相反,公共意味着"仁善的秩序"。因此,统治者和被统治者都应受制于伦理限制。每个人都应该遵循"道"。

既然无良领袖常常会自诩为"道"的遵循者,事实上根本不是如此,那么我们也许就想以西方的权利理论来补充孔子伦理。孔子伦理绝不会承认人们想做什么就做什么的私人范畴。家庭是圣德的苗圃,因而它也是公共范畴的一部分。我们必须在我们的家庭生活及其他生活领域努力遵循"道"。然而,该伦理也可以予以扩充而整合不可剥夺的政治权利,如负责任言论的自由、非暴力抵抗及结社自由等方面的权利。承认这些人类政治权利也许可以使人们以身作则变得更加容易。

如果我们真的选择改进该伦理以整合权利理论，我们应该注意不要忽略了该伦理的独特强调重点，即需要以一种更为教化、仁爱和深思的方式树立榜样以启发别人。这种强调重点能抑制西方权利理论中的个人主义。除非公民们愿意超越自己的一己私利而将眼光投向更大的好与善，民主政权的努力目标是生存。如果华盛顿、麦迪逊和杰弗逊等富裕乡绅当初不愿离开他们的农场而投身于公共事业，美利坚合众国恐怕永远也不会建立起来。为了能达到中庸，我们也许既需要孔子的仁，也需要西方的权利。

第七章 建立一个普世商业伦理

> 好事不出门，坏事行千里——中国谚语。

前面各章详细讨论了孔子与和辻哲郎的伦理。在引言部分，我解释了为什么要考虑这两位的思想，这种解释可以被称为消极的解释。因为讲论"亚洲价值观"说好听的是误导，说不好听的是危险，所以我们最好考虑中国和日本的个体思想家。虽然孔子与和辻哲郎都不可被视为所有中国人和所有日本人的代表，但是他们每个人都在各自的文化内塑造和影响了人们的思想与实践。人们要想理解中国商业人士或日本商业人士的行为，他们就要了解这些人的基本思想。

尽管孔子与和辻哲郎也许在某些方面存在不足，但是我们应该努力超越那些关于"日本人集体主义精神"或"中国人尊重老人的传统"等模糊的总括性概论，而去理解孔子与和辻哲郎的论点及论证。我们也许很容易就否定别人的价值观，不过他们的论点和论证值得我们的回应。我们必须要么同意他们的论点，要么形成我们自己的反论。与这两位思想家的合理观点进行的辩驳可能会迫使我们重新考虑我们自己的立场和论点，从而会使我们更加清楚地理解争议的焦点是什么。基于所有这些理由，理解中国人和日本人赖以生活的伦理价值观的最好方法是认真对待这些哲学家的论证过程。尽管我们没有义务接受和辻哲郎和孔子的主张，但我们应该了解我们所反对的是什么。这也就要求我们对这些伦理以一种宽容的态度进行理解。在前面各章中，我已经以宽容的态度对孔子与和辻哲郎所提出的伦理做了最好的论证与辩护。

既然我们已经详细考虑了这两套伦理价值观体系，那么我们应该拿这两位哲学家的洞识作什么呢？正如我们所看到的，在某些情况下,和辻哲郎和孔子的伦理可以被借鉴用来补充以人权或德性为基础的西方伦理。但是当孔子伦理或和辻哲郎伦理和以人权为中心的伦理产生矛盾时,我们又该如何呢?是否此时我们必须强调其中一种伦理的绝对优越性呢?或者是否我们应该拥抱某种伦理相对主义而主张,在没有判断伦理问题的准确法则的前提下,不同的民族能够合理地坚持各自文化内的、统御行为的价值观与规范?我相信中庸之道是存在的,这种中庸之道尊重人们的多样化理解、允许个人的新洞识,但它并不会蜕变成伦理相对主义。和辻哲郎和孔子将人们引向了建立这种可辩护普世伦理的道路。因此,我们具有积极而有力的理由而认真对待这些思想家。通过认真对待这些思想家,我们不仅能够对许多日本个人和中国个人的推理论证获得更好的理解,而且还能够为一种也可作为普世商业伦理的普世伦理建立充分的基础。

该普世伦理的中心不是一套具有实质内容的规范,如"勿杀人!""总要尊重你的利益相关方。""努力最大化最穷者的福祉。"而是一些以程序为基础的指导原则。本人意欲辩护的普世伦理深深植根于一种双重承认:首先,人类利益和圣善(human goods)是多重的,也是不可测量的;其次,人类利益和圣善的多重性不仅可以帮助我们弄清伦理德性的意义,也可以帮助我们弄清我们为行为和选择寻找理由之做法的意义。

本章将借鉴孔子与和辻哲郎的论点而试图建立一种普世伦理的框架。我将建立并阐述三个主要观点:一、人类利益和圣善的不可测量性和多重性可以作为寻求理由之实践和德性的基础;二、深思关切的人类存在(在此注意是复数)是伦理上善的行为的标准,但我们缺少这样一个深思谨慎的范式男人或女人;三、恶(evil)往往不是由违犯某种伦理总则而构成的,而是由伪称"只有一种善(good)存在"的做法而导致的。本章的最后将考虑这种多重利益与圣善的伦理应该如何处理和应对明显的跨文化价值冲突。

第一节 普世伦理基础之一：人类利益和圣善的多重性和不可测量性

一、和辻哲郎和孔子的伦理中包含的人类利益和圣善是多重的及多元的

和辻哲郎的整个伦理是围绕人类圣善和利益的多重性和不可测量性而建立起来的。让我们以和辻哲郎对伦理"应该"的分析。对于和辻哲郎来说，伦理"应该"只适用于行为（act），而不适用于运动（motion）。行为与运动之差别在于，行为受到了社会的限定（socially conditioned）。如果我看到一块肉并且决定要吃它，然后我会将其拿起放到嘴里，到此我只完成了吃的运动。从其作为纯运动来看，吃可以通过手指或通过器具实现，我用什么并不重要，重要的是我们的吃要遵循固定的社会形式。我们先吃一些菜，后吃另外一些菜；在吃某些食物时用器具，而在吃另外一些食物时用手指。我们避免啜食的声音，或避免将食物从口里掉到腿上。只要我们的吃是按社会所规定的方式及反映一种对其他事物的态度，那么它就变成了一种行为。我们也许可能违犯这些社会规定（这些规定可能会因文化的不同而有所差异），但我们不会因此而能够脱离它们。如果我们忽视这些规定，我们的同伴食者就会将我们的不礼貌吃相"理解"为一种对主人的不尊敬、或对朋友的取笑、或对我们正常礼貌自我的一种嘲笑，那么另外一套社会规定就会随之起作用。这些人类关系（如有意识的行为或不相矛盾的行为）将运动升华为行为，而不是那些意志性关系（volitional relations）。①

如果和辻哲郎是正确的，那么我们将不能仅通过参考意志的架

---

① Tetsuro Watsuji, *Rinrigaku*: *Ethics in Japan*, trans. Setsaku Yamamoto and Robert E. Carter (Albany, N.Y.: State University of New York Press), p. 237.

构与特性而决定我们应该做什么。如果将康德与和辻哲郎的理论进行对照的话,我们就能理解为什么这样做是不可能的。让我们考虑康德的关于零售商向一组消费者(无经验的顾客或孩子)收取过高价钱的例子。根据康德的说法,零售商的行为违犯了伦理标准,因为这样一种做法是不理性的。零售商的行为是一种矛盾的行为,因为价格欺骗会疏远这些顾客,而零售商需要这些"习惯"向他购买的顾客,他才能呆在零售业界。他不可能一致希望,他是一个零售商但同时不履行对顾客的义务。

从和辻哲郎的角度来看,康德的这种推理方式是不正确的。零售商对于顾客的义务取决于零售商对生活的总体态度,而不仅仅取决于商业的逻辑要求。另外,一系列社会习俗使零售商的生活才变得可能。什么算是过分利润及什么构成诚实必须由社会来决定,不能通过应用一种单维的理性一致性标准(a unidimensional standard of rational consistency)而解决。一个行为"不仅仅是一种人们在其内'定立目标、制定计划、决定实施及最终完成目标'的框架。"相反,一个行为是对"复杂无尽的"高度具体的关系的范式化表现(an exemplification of highly concrete relations)。[1] 合乎伦理的行为意味着行为要符合并反映复杂而注定的社会关系网(包括与事物的关系)。

当我们审视这些注定的社会关系时,我们会发现,人类因一系列理由而积极地珍视很多事物。和辻哲郎将完全同意一些美国学者的看法,这些美国学者已经开始强调,我们因着许多理由而珍视各种事物、事态及关系。有些事物具有使用价值,如钱或发刷。有些珍视的事物或善具有本身固有的价值(intrinsic value),如健康、知识或友谊。甚至对同一类事物,我们也不会以同样的方式对待它们。有些具有固有价值的事物能够引起我们的敬畏(如科罗拉多大峡谷、富士山及艺术作品);有些事物能愉悦我们。我们对于人的积极反应同样也是复杂的,对于某些人,我们感觉肃然起敬;对另外某些人,我们分

---

[1] Watsuji, *Rinrlgaku*, pp. 245–246.

别产生善意、欣赏、亲情、仁爱等感情,或者是其中某些感情的组合。①

简言之,人类利益和圣善有很多,并且评估这些善的方法也很多。伦理冲突常常不是正确与错误之间的冲突,而是正确与正确之间或善与善之间的冲突。事实上,我已经在前面各章中辨别了许多善,如权利与责任、法治与人治、自律和个人表达、自我批评和保持沉默的权利等等。既然存在着如此多的善,我们就会处于一种无尽的谈判与调整自己主张与立场的过程之中。当某个人坚称一种善时,社会集体通常能够展示一种相对的善;反之亦然。在某些情况下,冲突会涉及许多善。另外有些时候,冲突涉及的只是一种善,但环境条件的变换会迫使一个人对这种善进行再次评估。我们不会对卧室亲密行为和工作地点亲密行为持有同样的态度。另外我们也应注意,对事物如何进行评估也要取决于谁在评估。让我们以凯斯·森斯坦(Cass Sunstein)的幽默为例:猫主人、猫主人的房东及政府机构对猫会有截然不同的态度。②

以和辻哲郎的词语来表达,我们与许多人类利益和圣善之间的关系是"复杂而无尽的"。我们不能为所有条件下的所有人们决定一种统一的伦理上善的反应。让我们回到以前章节所举的例子,我曾经许诺帮助我的朋友粉刷油漆他们的房子。就在我要起身前往他们房子的那天早晨,我的女儿出了车祸,我将女儿送到了医院,而没有去帮他们刷房子。我是否应该这样做? 这个问题不能予以抽象地回答。这个例子涉及了冲突的两种善:帮朋友还是帮孩子? 我们不能给每种行为设定一种量值,以便我们对冲突的两个正确行为进行衡量。正如和辻哲郎所正确指出的那样,这两个行为只能从许多高度注定的关系这个角度进行详细说明。是否我的朋友认为我已经背叛

---

① Cass R. Sunstein, "Incommensurability and Kinds of Valuation: Some Applications in Law," *Incommensurability, Incomparability, and Practical Reason*, ed. Ruth Chang (Cambridge, Mass.: Harvard University Press, 1997), p. 235.

② Ibid., p. 236.

了他们的信赖这个问题将取决于他们对我们之间交往历史的评估、我的辩白以及其他一些背景条件。他们还要考虑我是否经常爽约或失信于他们,我是否从医院抽时间告诉他们发生了什么,他们是否相信的理由,我是否答应下个周末再来帮助他们以及他们是否急着要在此周末将房子刷完。

在伦理考虑过程中,规模及环境条件非常重要。我的朋友在决定我是否严重地违背诺言时,他们可能会考虑我女儿受伤严重程度。如果我女儿只是擦破一点皮、通常只需要贴一点创可贴就能解决,那么他们就会得出结论,我是如此过激反应,在将来信赖我之前他们会做谨慎考虑。他们对我的过去的了解也会影响他们对问题程度及规模的判断与评估。如果他们知道,我的一个亲戚的女儿因未及时接受治疗而死亡,他们也许会以一种更为宽容的态度看待我将负轻伤的女儿送到医院治疗的决定。

我朋友的经验和自我理解也会起作用。也许他们从其经验学会怀疑草率的判断。虽然他们也许会怀疑我的反应是否明智,但他们也许会告诉他们自己,事情还会有他们并不了解的隐情。他们也许仍会信赖我,或者也许会提醒他们自己,我在过去曾善用自己的判断力,因此时间会证明我在这件事上也做出了正确的行为。

我想要说明的是:人类利益和圣善常常是不可测量的。我们没有一把尺子用以测量帮朋友和帮自己孩子这两种善的相对伦理价值。在深思熟虑之前,我们不能决定背景条件、规模、共同经验、自我理解等因素中哪个(些)因素更具决定性。在这种情况下,两个朋友只有依靠他们讨论这件事、分享彼此反省和关注时的具体情形而定。做出良好选择就需要其行为尊重由双方的过去和展望的将来所限定的具体相互关系中的各种善(友谊、母女之情、女儿健康)。孔子的观点是正确的,我们不可能对问题中的行为进行中性的价值描述,即使对将要对比的行为(当我不前去帮助朋友油漆房子时,我是否"不正当地打破了诺言"或是否"按照正确排序的轻重缓急而明智行事"?)进行描述也要涉及一系列的善,如不作自以为是的判断、不过激反应、信守诺言、自觉行为,等等。在某种情形中哪些善适用我们不能

第七章 建立一个普世商业伦理

提前确定，也不存在一把尺子可以用来考量排序这些善，当我们决定如何最佳行事时可以求助于这个排序。在决定应该做什么时要求有良好的判断力。我们应该注意的是，良好判断并不意味着应用某些规则或避免某种自相矛盾，它意味着有意调用使计划的行为或过去行为变成现在行为的所有相关的社会关系、社会圣善和社会特征（规模、背景、共同的经验，等等）。

在判断和评估行为过程中，我们需要考虑人们关系的历史及这些关系中隐含的各种善。让我们以和辻哲郎的例子为例：如果一个父母从燃烧的房子中抢救他的孩子，那么他的行为就是一种父母关爱的范例。当一个救火队员这样做时，他的行为就成了通过恰当履行自己的本职义务而维持自己职业尊严的行为。当一个过路陌生人冲进房子解救孩子时，我们也许会将其利他主义行为视为勇敢和高尚的行为。[1] 为了能决定我们应该做什么，我们必须考虑人类关系中的这些细微差异。我们正在判断评估的行为从这个复杂的关系矩阵中获得其描述。我们需要尊重人类，尊重人类就意味着尊重这些差异。

和和辻哲郎一样，孔子也摒弃了那种单一价值标准的概念。尽管孔子强调所有行为的公共性及成为仁人的可取性，但这些主题都是从他与学生、统治者及助手的一系列问答中所形成的。孔子自己从未整合一套具普遍性的伦理理论。他也没有提出一整套的伦理规则或对各种善进行排序。尽管孔子确实通过一系列的例子而展开讨论（鉴于巨大数量的人类利益和圣善这是一种合适的策略），但没有地方显示他想通过一系列例子和反例子的讨论而形成一套系统的伦理学体系。这些例子和情形几乎总是通过发问者提出或通过孔子回答别人问题所引用的。

虽然孔子所回答的问题大多围绕着一些何谓正确实践或正确说法的问题，但他的回答似乎更少着眼于解决伦理难题，而更多着眼于培养问话者的深思谨慎与精心留意的精神。他无兴趣建立一个决定

---

[1] Watsuji, *Rinrigaku*, p. 262.

之树或善之排序以用来解决伦理难题。①在整个《论语》中,只有一处对话约略带有伦理难题的意味。在人们仔细阅读之后,这个表面上的伦理难题最后却变成一个让人们对多重善作进一步思考的邀请。这段对话值得我们仔细回味:

> 叶公语孔子曰:"吾党有直躬者,其父攘羊而子证之。"孔子曰:"吾党之直者异于是,父为子隐,子为父隐,直在其中矣。"②

在我们看来,这个"直躬者"挣扎于他的两种义务之间:遵守法律、维护集体生活所需的财产权义务和尊重父亲的义务。一方面,叶公对他作不利于父亲的证明的做法大加赞扬,另一方面孔子通常被理解为反对"直躬者"的做法,在他看来,儿子不应该作这样的证明,因为家庭义务凌驾于法律和政治义务之上。

阅读这段对话时的问题似乎在于,孔子从未显示,他看到了一个伦理难题,也并未显示,他进而辩护家庭义务的绝对优越性。另外一种对此段对话的更具说服力的理解认为,此段对话是在邀请我们对我们所珍视的众多人类利益和圣善作更进一步的仔细思考。叶公是一个历史人物,他似乎想要建立法治及一种普世德性。在此段对话中,他显得自鸣得意,将其忠诚属下直躬者的范例抛倒孔子面前。孔子以一种不同的事实对其做了回答,孔子所属的集体对这个问题有另外不同的看法。孔子总会鼓励各地官长及我们,在我们赞扬或责备别人之前,我们先要仔细审视我们自己的行为。通过告诉叶公,孔子的家乡不一定会赞扬直躬者,孔子邀请这位统治者重新反省他自己确定的事情,即他和他的属下知道伦理正义为何物。自我审视和法治一样,也是一种善。

孔子所强调的互惠同样也值得我们注意,它也是一种人类利益

---

① Herbert Fingarette, *Confucius: The Secular as Sacred* (New York: Harper & Row. 1972), pp. 21–27.

② Confucius, *Analects*, trans. Dim Cheuk Lau (London: Penguin Books, 1979), 13/18.

和圣善。① 在孔子所住的地方，父亲为儿子掩护，儿子为父亲掩护。一个得体的聪慧统治者恐怕会鼓励这样一种互惠做法。有时候，这种互惠会蜕变成一种沉瀣勾结，但这并不会改变其基本出发点：当人们僵化地质疑时，当家庭成员互相告发时，集体很难存在。每个主要普通法律（common law）传统都豁免家庭成员，彼此不作不利见证，以便人们不被迫在忠诚国家和忠诚家庭这两种善之间进行痛苦抉择，以避免使家庭成员陷入伪证罪和保护亲戚的两难境地。强行让人们面对此种抉择会破坏忠诚和亲善关系。只有那惧怕民众共同行动的极权政权才会鼓励这种家庭成员互相监视、大义灭亲式的互相告发。在这段对话中，孔子正在暗示，这位统治者应该重新考虑他对忠诚属下直躬者的自吹自擂。也许，这位统治者正在提倡一种善——法治，但他牺牲了其他纯正的善，如讲真话和忠诚。

孔子的回答是恰当而周到的。因为善行与善言是困难的，所以仁人会慎重考虑自己的言论。既然我们和孔子都没有亲历当时的审判，我们就不可能了解这位父亲是否真地偷了别人的羊。虽然他的儿子声称自己的父亲是一个贼，但我们不能在脱离背景、无法知晓涉案者的人格和可能的动机的情况下正确地判断这种行为。也许这个儿子对其父亲管教他而耿耿于怀，决定通过撒谎而对其报复；也许这位父亲偷羊的目的是为了招待一个来访的统治者或为了填饱其饥饿家庭成员的肚子。如果我们想要做出正确的判断，我们必须多问一些问题：是否这个儿子也吃了这只偷来的羊？这个儿子是怎么知道这只羊是偷来的？仁者在宣布直躬者行为的伦理善性之前，恐怕会希望了解更多的事实。

总体来讲，考虑周到是可取的，因为我们的抉择往往涉及许多种善。法治、尊敬父母、集体合作、避免在公民中培养撒谎习惯、防止饥馑等等都是善。如果这些善处于一种不可解决的张力之中（在此案例中未必如此），我们不能通过诉诸某种绝对而固定的圣善排序来予

---

① Herman Sinaiko, a professor at the University of Chicago, made this point to me in private conversation.

以选择。背景条件很重要,恐怕许多人都会主张,当这位父亲偷羊的目的是为了填饱这位儿子及其他家庭成员的饥肠时,这位儿子不应该告发这位父亲。反过来,这位儿子应该找一份工作以确保这位父亲不会在将来因贫穷而再次偷窃。

在另外一个打破诺言而照顾自己的孩子例子中,规模需要予以考虑。偷羊绝对不同于杀人。如果这位父亲的精神已经有问题,并且开始追杀人们,那么此时这位儿子应该将父亲的情况报告给官方。即使在此种极端情况下,进一步思考及请教朋友的做法也许会帮助这位儿子发现一种既尊敬父亲又尊重法治这两种善的两全齐美的做法。也许在与官府进行协商保证他父亲不死之后,这位儿子才将其杀人的父亲交出。通过这种方式,这位儿子也就承认了法律之抗击暴力的合法伦理精神,并且他也就尊重了其变得疯狂之前的得体的父亲。

孔子以一种隐含的方式警告这位统治者,某个实践正确与否不能抽象地予以决定,因为只有在我们了解了人物的具体细节和情形及评估考虑了一系列善和方案之后,我们才能对众多善进行取舍。再重申一次,好的判断并不是应用某种规则,而是仔细考虑相关的社会关系、补救措施及许多使计划行为或过去行为变成现在的行为的众多利益与圣善。我们需要将这些问题与我们的同事、伙伴、朋友、家庭成员及其他公民进行讨论请教,也许他们会对情形所涉及的各种善有更好的看法与洞识。从这种意义上讲,巴利(Bary)的观点是正确的,他将孔子伦理视为"彻底推论性的"伦理(thoroughly discursive)。①

二、当善是多重而可能不可测量时,给出理由最具意义

如果和辻哲郎和孔子的观点是正确的,而我们又不拥有用于评

---

① William Theodore de Bary, *East Asian Civilizations* (Cambridge, Mass.: Harvard University Press, 1988), p. x.

估行为的统一的价值标准或善之排序,那么是否这意味着我们已经陷入了一种伦理相对主义的泥潭呢?恰恰相反,正如许多伦理学家所指出的,说某个人或某个公司的行为产生了伦理问题就等于说他或它应该有责任给出他或它之所以这样做(或不这样做)的理由。[1] 因而,伦理问题不同于生理品味的问题,和辻哲郎和孔子在这一点上与大多数西方伦理学家完全相同。如果你被问及为什么选择吃巧克力冰淇淋而没有选择吃香草冰淇淋这个问题时,你可能会回答:"我就喜欢吃巧克力。"我们会接受你的回答,因为我们理解,在这种情况下,生理品味没有理由可以解释。(在此,我讲生理品味,有意将其与美学品味区分开来。我们能够也确实给出理由,为什么莎士比亚的《李尔王》这部文学作品胜过哈利昆浪漫剧及蜘蛛人连环画)。在伦理学领域则恰恰相反,喜好不能合理证明行为。选择论(pro-choice)和生命论(pro-life)的各自支持者们都理解,堕胎是一个伦理问题。这种共同理解可以解释为什么各方都觉得自己必须给出理由支持自己的立场。虽然他们给出不同的理由,但他们双方都同意,这个问题是一个伦理问题,而不是一个品味的问题。

  我们之所以应该期待伦理问题上有分歧,恰恰是因为我们珍视众多的善,并且对这些善表现出不同的评估性反应。事实上,这种给出理由的实践做法以及伦理行为的概念在这个具有多重及可能不可测量的善的世界里是最具有意义的。作为我们每日努力的一部分,我们彼此之间给出理由以求理解我们所遇到的问题,并且说服人们采用某种方法。只有当我们弄清楚哪些善是问题的关键时,我们才能真正理解我们所面临的问题,而我们是通过对话而获得此种认识与理解。正如我在别处所讨论的,对话总是以说服这种可能性为前提条件的。[2] 因此,当我们为之给出理由的人不马上同意我们时,说

---

[1] Mary Midgley, *Can't We Make Moral Judgements*? (New York: St. Martin's Press, 1993), pp. 25–27; Leon R. Kass, *Toward A More Natural Science* (New York: Free Press, 1985), pp. 82–83.

[2] Daryl Koehn, *Rethinking Feminist Ethics* (London: Routledge, 1998), esp. ch. 5.

服就变得最为必要。当许多善被涉及时,这种分歧尤为常见。如果只有一种善存在,或如果我们有一把尺子用以衡量排序所有善的相对价值,那么我们彼此之间就会达成全面的共识,我们也就不需要为我们的立场给出理由,也就不需要言论和讲话,我们所需要做的就是用手指向一个普世或共同的标准。人类利益和圣善的多元化解释了我们的给出理由的实践,也为伦理领域的产生提供了基础。

当我们彼此给出理由及诉诸于各种善时,我们也许会意识到我们彼此之间存在彻底分歧。一旦我们发现我们正在诉诸于可能不可测量的各种善时,我们一下子意识到我们是彻底分歧的一方。如果所有善都能轻易在一个价值尺度上进行比较,那么我们也就不会理解我们的分歧到底有多深厚。然而,不可测量的各种善的存在并不使给出理由这种做法显得多余。恰恰相反,我们感觉必须组织我们的思想,努力使我们的立场尽可能地坚实,这正是因为我们觉得我们并不拥有这样一种能够对各种善进行对比的尺度,更不用提对其进行排序了。这种尺度的缺失情况激励我们发展新的论点、探索新的理由。

通过讨论,我们也许可以就我们的轻重缓急与优先考虑的事情达成共识,也许达不成任何共识。如果在讨论中出现的各种善继续处于张力之中,那么我们就需要作进一步讨论。正如和辻哲郎所正确指出的,我们所达成的任何共识也许最终都证明是暂时的。随着情形的进一步展开,个人将会以各自独特及不可预测的方式进行反应。人们的反应将会引起对方的再反应,这样寻求双方接受行为的谈判就得以继续下去。[①]

我正在辩护的普世伦理会让我们重新考虑"实用理性"(practical reason)的意义。实用理性并不是诉诸于及应用那存在于"给出理由"这种集体实践之外的某个共同标准或规则。实用理性工作过程意味着诉诸和考虑手头情形所涉及的各种善,这种过程是一种探索

[①] Noboru Yoshimura and Philip Anderson, *Inside the Kaisha* (Boston: Harvard Business School Press, 1997), pp. 6; 54–55; 85; 87.

性和调研性的过程,它能够帮助我们发现我们所面对的各种抉择的关键是什么。有时我们的实用理性工作过程是一个说服的过程:在此过程中,我们努力寻找对方论点之漏洞,或者为将某些共同的善当作共同事业,我们寻求双方共同的责任与投入。有时实用理性会发出告诫,警告人们采用他们建议时将会出现什么样的后果。

实用理性工作过程是一种对话的过程。在可能的情况下,我们应尽量与人展开对话。我们与人对话不应是一种做作的尊重,正如孔子停下来与疯癫之人讲话一样,是因为别人可能会看到我们看不到的善。正如我在第一章里所指出的,因为我们每个人对善都具有某种零散的理解,所以即使我们中那些对各种善没有格外深奥理解的人也能够分辨出哪些人是范式性的、值得称赞的。除此之外,与伙伴公民展开对话也能使我们意识到诸如规模、背景、历史等一些我们想要判断正确时需要考虑的因素。最后,我们之所以需要与别人展开对话,是因为,正如我在下面将要讨论的,完全审慎之人或完全明智裁判是不存在的。范式的裁判也许会有许多形式,而在判断之前是无法获知的。

要想做出合理的伦理判断,我们就要问许多问题,以便我们能发现案件所涉及的许多善;我们还要检查我们的偏见,以便潜在相关的论点得到聆听;我们更要努力给出具说服力的理由,以便说明我们为什么在此情况下选取这种(套)善。或者如孔子所说的,问问题本身就是一种正确的礼仪。[①]最大的伦理危险并不在于我们对各种善的不同意,而在于我们不问探索性问题及不给出理由,之后我们就会趋于用暴力取代说服。或者我们会停止思考,而变成那些使柏拉图和亚里士多德深深着迷的蜜蜂,忙于我们自己的日常事务,按照既定的规律和习惯行为做事以及攻击任何胆敢扰乱我们生活模式的人。

我们也应该需要得到一种承认人类利益和圣善的多样化及对这些善的反应的多样化、承认对这些善进行考量和裁判的统一尺度是不存在的这样一种普世伦理。它不仅不会使我们陷入一种伦理相对

---

① Confucius, *Analects*, 3/15.

主义,反倒会给我们的给出理由之伦理实践提供基础,并能使我们从纯品味领域中提升出来。我们对各种善的潜在不可测量性的承认就构成了纯普世伦理的基础。在这种伦理下,美国人就可以对中国表达对人权问题的关注,而中国同样也可以向美国表达其安全方面的考虑。公共安全是一种善,尊重个人权利也是一种善。只有当众多善被允许浮出水面时,双方才能展开真正的对话,也只有此时问题才会成为真正意义上的伦理问题。如果一方事先决定,某个价值(如人权或公共安全)高于其他一切价值,那么对话就被破坏了。双方之间进行的不是纯正的对话,因为说服已经变得不可能。因为各种善本身没有被允许自由浮出水面,所以这些善就不能受到应有的考虑。在这种情况下讲出的言论其实就是一种伪装成谈话的暴力。

一个承认众多善的伦理会允许各方就各种善进行争论。既然允许对一种善进行争论,那么就要允许对多种善进行争论,因为各种善有时是相互联系的。各种权利是善,几乎每个人现在都同意这一点。对于美国人来说,权利之善受到了自主之善的支持。相反,当我们为自己的权利而战时,中国人则将权利之善和自律之善及同时考虑别人福祉之善联系起来考虑。在中国背景下,权利是有价值的,因为它们能够帮助我们学习如何最佳行事,这样一种教育肯定也可算作另一种善。有人可能会赞同个人之善,而有人可能会支持公共之善,此时双方之间需要进行解释性对话。公共之善的概念具有很多不同含义,这要取决于讲话者对"公共"一词的理解。对于孔子来说,任何能够帮助一个文化提高进行自我修养和进行范式行为之能力的善,就是公共之善。西方哲学家如阿伦特和哈贝马斯则会强调一种根本公共之善,即维持一种集体成员能够发现和整合自己兴趣的空间。那些分享和辻哲郎理论的日本人将会认为,最重要的公共之善是一种在某种注定集体(家庭、村镇等等)中的纯正揭示。

德性也是善,但讨论公共之善时所遇到的模糊同样也会笼罩德性的讨论。信赖可以被作为一种社会资产而受到珍视,因为它将人们团结得更紧密,将交易成本降得更低。然而,我们也许会同意和辻哲郎的说法,基本信赖是一种善,并不是因为它能使人类关系更加融洽,而是因为它能使我们更成其为人。换言之,基本信赖能使我们追求所有的人类之善,因而它是一种"善中之善"。

尽管规则不能成为伦理的基础,但它们也可能在某些背景下成为一种善。讨论者也许可以为民事讨论定立一些基本规则,或者人们也许可以选择遵守一些旨在促进稳定或可预测性的程序。只要规则被视为众多善中的一种规则,那么它们就具有巨大的价值。

三、德性的前提是众多的人类之善

当我们承认许多不可测量的善的存在时,我们的德性以及我们的给出理由之伦理实践都会具有重大意义。让我们考虑完整性(integrity)、忠诚(loyalty)、和谐(harmony)和可信赖(trustworthiness)这些德性。

1. 完整性

完整性的前提是一种能够理解不同观点的官能以及一种在采取某种立场之前仔细验证各种事实的愿意精神。那些缺少这些特征的人会以遵守那些自诩的伦理理由的方式而行为做事。然而,这种遵守本身和完整性并不是一回事。那些缺少设身处地式联想能力及理解别人观点之能力的人比那些有德之人更为顽固。孔子警告人们提防顽固和机械遵守这两种顽疾。仁人"之于天下也,无适也,无莫也,义之与比。"[①]仁人或完整之人并不假设只有他们知道正确的行为方式,或者认为他们所私下知晓的某些实践规则能够不可谬误(infallibly)地产生正确的答案。因为具有完整性之人知道伦理问题常常会涉及许多相互竞争的善,所以他们会培养一种理解各种观点的能力。

易卜生的《人民公敌》(An Enemy of the people)非常巧妙地揭示

---

① Confucius, *Analects*, 4/10.

了真正完整性和自诩完整性之间的区别。①易卜生笔下人物斯德克曼(Dr. Stockman)医生建议将他所处的小镇变成一个温泉浴场。当他确信水源被细菌污染时,他开始发动一场关闭浴场的"圣战"。他的行为方式好像只有他才关注这个小镇,他将所有的疑问深藏于自己心内,只待后来自鸣得意地用这些疑问攻击别人。即使温泉浴场业是这个偏远而贫穷小镇的主要雇主,他也不与别人通力合作拯救温泉浴场业,而他自己也曾得益于这个温泉浴场业。然而,一旦他决定拯救每个人脱离污染之恶,那么这种就业之善对他来说也不意味着什么。斯德克曼医生拒绝聆听其他人和家庭成员的意见——对他来说,这些人都是人民的公敌。只有他自己知道什么对社区集体有益。

斯德克曼好像公司内的内部揭秘者,其行为好像他们是公司内惟一细心关注善的人。在某些情况下,揭秘也许是合适的反应,但那些完整之人则不会通过公开指控同事的错误而开始自己的关注,完整之人在与别人对话及考虑他们的论据之后,才会做出判断。也许高层管理者已经对这个问题有所觉察,也许揭秘者已经忽视了一些善和考虑。完整之人将会积极参与到人们互相给出理由的世界里去。随着时间的推移,完整之人的言行之内的深层一致性也许会逐渐显露出来。然而,他们不会试图强迫别人接受自己从某个绝对善那里推衍出来的立场。

在我提议建立的普世伦理体系中,完整性之德性并没有独特的表达方式。知晓同一事实的两个不同揭秘者可能会采取不同甚至相对立的行为方式。但他们两个人都可以具有完整性。让我们暂时假设,第一个雇员的老板向其保证,公司的管理层会努力采取补救措施来解决公司所生产产品的可能威胁生命的缺陷。如果这个老板在以前解决产品缺陷过程中表现出了可信赖性,那么这个雇员也放会决定在公司内部合作,努力解决产品中的危险缺陷。如果第二个雇员

---

① Henrik Ibsen, *An Enemy of the People*, trans. Christopher Hampton (New York: Faber & Faber, 1998), Passim.

在过去受尽了其老板的欺侮,那么她也许会觉得她别无选择,只有向媒体揭露产品的致命缺陷才能解决问题。因为人们具有不同的经验,所以他们会决定采用哪些理由及觉得哪些理由具更说服力。完整性并不要求太多的对伦理原则的实质遵守,它更要求那种辨别我们正在追求各种善、给出理由选取某种善及回应同事及朋友所提反对意见的愿意精神。为了能使其行为合乎伦理,这两位雇员都需要给予他们的老板一个机会来回应他们的关注。即使第二位雇员的直接老板在过去已经显示出一种无动于衷的态度,但那些更高级别的管理者们会更严肃考虑她的关注。只有当她的所有老板都不愿纠正产品的缺陷时,她才能考虑诉诸媒体。但问题的关键是,两位雇员可能会选择不同的行为方式,但他们仍可能都是完整之人。

这样,人们从过去经验、期待、希望、恐惧及朋友的意见等方面出发考虑,他们做出了决定。因此,那种摇摆不定也就变成了完整性。只要人们的这些因素和考虑有所不同,那么他们所关注的善就是不可测量的。两位雇员可能都珍视组织内的相互信赖;他们可能都不愿以任何违背这种信赖的方式而行为做事。另外,让我们也假设,这两位雇员也珍视自尊,如果他们对消费者所面临的这种危险产品不做任何事,那么他们很难宽恕自己。在与朋友和同事进行多方的讨论和反省之后,他们最终可能会给信赖赋予不同的相对重要性,因为他们对同事们的可信赖性产生了不同的理解。第一个雇员认为通过信赖其管理层的表述,他的自尊能够得到维持;第二个雇员没有同样的自信心,因而将自尊作为最首要的善,而不是信赖。尽管他们有不同的选择,但他们都可以被视为理性的完整之人,他们都可能会赢得我们的好感与信赖。

2. 忠诚

关于忠诚的问题,我们可以采取类似的观点。和完整性一样,忠诚也并不要求所有各方都分享完全相同的善之排序或相同的原则。忠诚这个德性假定,互相忠诚各方可能不同意彼此,甚至包括那些激励他们忠诚的各种善也可能有所不同。让我们想像一个珍视社会公义的国会工作人员。这位工作人员一直忠于自己的老板,即国会议员,这位国会议员一直努力工作以确保所有的团体人群都能分享平等的就业机会。尽管这位国会议员和这位国会工作人员都想促进社会公义,但他们也许会就社会公义的含义及其与其他善的关系等问题产生不同的看法。这位国会工作人员赞成对美国黑人进行补偿,因为他们的祖先是被当作奴隶而贩卖到美国的。这位国会议员会赞成反歧视行动计划,但会绝对反对补偿做法。这位国会议员的理由是,如果那些将要对损害做出补偿的人不对此伤害负有直接的责任,那么这种补偿就不是义务性的。即使补偿是义务性的,国家也无法承担向数以百万计的奴隶后代支付数以百亿计的补偿款项。经济福祉和社会公义一样也是一种善。这位国会议员认为,通过采取反歧视行动计划和反对补偿,美国人既能够意识到对其他公民的伤害,又能够意识到维持一个繁荣经济的重要性,因为在一个繁荣经济中,所有的人们都有一种差不多平等的机会以寻求食物、住房、教育及其他生活必需品。

尽管这位国会工作人员对这位国会议员的决定不甚满意,但他仍可能对其保持忠诚,理由如下:首先,国会议员从未要求该工作人员表现出一种无条件或不假思索的忠诚。该国会议员既没有要求也没有期望他的工作人员在不管他采取什么态度和政策的条件下都忠诚于他,他的工作人员也有权不同意他的观点并且任何时候都能向他辞职。通过承认众多善的存在及尊重不同的意见,该国会议员证明自己是一个珍视自由的人,同时该国会议员也清楚,工作人员对于自尊的关注可能使工作人员会觉得在某些情形下必须要辞职。换言之,该国会议员尊重上面我们所讨论的完整性之德,也尊重此处所讲的忠诚之德。这位国会议员从未将忠诚与被迫的奴役混淆起来。仅仅这件事实足以成为别人对其忠诚的理由。

该工作人员之所以该国会议员忠诚,还因为该国会议员尊重实用理性(practical reason)。他时常会和工作人员就政策问题展开讨论。每个人都能够自由地诉诸于各自认为重要的善,正是这种尊重和自由才使得工作人员愿意和该国会议员一起工作。他们理解这位国会议员正在寻求促进美好生活,而他所促进的美好生活从某种意义上也意味着允许我们寻求辨别那值得珍视的事物。在本案例中,尽管国会工作人员和国会议员都同意珍视经济福祉和社会公义,但他们也许对二者之间的关系存在分歧。例如,国会工作人员也许认为,补偿最终能够刺激经济,并且具有巨大的象征意义。在这种情形下,这位国会工作人员认为经济福祉和社会公义是完全统一的。国会议员则没有如此乐观,他担心如果补偿得到执行的话,它会导致经济衰退。不过,因为他们双方之间的分歧是试图平衡同一系列善这一行为的所产生的结果,所以他们会觉得双方之间容易相处工作。

如果这是国会议员为了经济福祉而可能损害社会公义的第十次做法,我们的国会工作人员可能就会决定停止为他工作。如果国会议员真正重视社会公义,那么他就应该不时地采取行动促进与捍卫它。否则的话,他的那种珍视社会公义的宣称听起来就是空洞的。正如我在下面所要讨论的,当多重善存在时,他们应该尽可能多地实现它们。然而,我们仍没有绝对的规则以验证是否忠诚应该停止。如果这位国会议员的下一年竞选对手将经济福祉视为惟一的善时,那么这位国会工作人员也许会选择继续留在目前这位国会议员的竞选班子中。

问题的关键是,忠诚并不要求各方持有完全相同的原则、同意人类善的意义或以完全相同的方式对善进行排序。忠诚也不意味着将我们自己置于领导与长上的奴役之下,即使对一个自称知晓正确行为方式真理的"伦理长上",我们也不会如此。忠诚是一种为别人工作、服务于别人的倾向,因为我们认为,这个别人分享我们的信念:人类圣善与利益是多重的、它们不能被还原为一个统一的尺度、为了平衡各种善而需要对话,等等。根据和辻哲郎的说法,当人们不能自由异议和反叛时,忠诚是不存在的。

3. 和谐

在孔子与和辻哲郎伦理中,和谐都是一种德性,它以不同的观点为前提。让我们以一种否定的方式表述这个问题:和谐(harmony)

不同于同一(identity)。当一首交响乐在一个指挥大师的指挥下,音乐家们以娴熟的技巧和个人风格演奏各自的音部时,该首交响乐就实现了和谐。如果所有的乐手们所奏出的音乐完全一致,那么和谐根本就不存在。虽然有的音乐充满张力,但它同时又是美妙得和谐。和谐需要"调音",需要"将两种或更多的成分融入一个整体……该整体在最大化所有成分的可能性的同时而不牺牲各自独特的定位。"[①]儒家学者格兰(Joseph Grange)将和谐描述为"一种极其独特事物,和谐的一种不寻常的方式来自于不同人类需要所主张权利之间的冲突。"[②]杜先生和宋先生则补充说:"(在中国传统下,)和谐的原初之意是寻求一种平和环境,即使是在无同的情况下也要如此。人们心灵之间总是有差异的,这也是不可避免的。但重要的是,《论语》寻求的是和谐,而不是同一。"[③]许多潜在不可测量的善的存在并不会破坏和谐,反倒会使和谐变得可能。众多的善能将人们引向讨论,而通过讨论,对话各方的不同观点才得以显现出来。也就是在此时,我们最终看到了需要实现的善。也正是在此时,和谐才变得可能。

4. 可信赖性

德性和人类善之多元性之间的联系在可信赖这里显得犹为明显。通常情况下,信守诺言是一件好事,它通过让信赖者明白信守诺言被信赖者可能作什么从而加强了信赖。仍以我的孩子为例,如果我的孩子病了,我可能会违背帮助朋友粉刷房子的诺言,这种违背并不一定使我变得不可信赖。相反,如果我把我的孩子送到急诊室

[①] David L. Hall and Roger T. Ames. *Thinking Through Confucius* (Albany, N.Y.: State University of New York Press, 1987), p. 166.

[②] Joseph Grange, "The Disappearance of the Public Good: Confucius Dewey, Rorty," *Philosophy East and West*, 46:3 (July 1996), p. 353.

[③] Gangjian Du and Gang Song, "Relating Human Rights to Chinese Culture: The Four Paths of the Confucian Analects and the Four Principles of a New Theory of Benevolence," *Human Rights and Chinese Values*, ed. Michael C. Davis (Hong Kong: Oxford University Press, 1995), p. 41.

而没有去帮助朋友们粉刷房子,他们反倒可能更信赖我。我们知道,此例子涉及了许多善,如果一个人只将信守诺言视为惟一的一种善,并且因认为"诺言永远是诺言"而机械地坚持守信,那么我们很可能不想依靠这种人。

我们所信赖的是那些能够展示良好判断力的人,良好判断力意味着能够和愿意考虑和争论潜在的冲突性善(如此案中的照顾孩子和帮助朋友这两种善)。为了赢得信赖,被信赖一方需要对涉案各种善进行平衡,其方式必须和信赖一方的平衡方式一模一样。无疑这可以解释为什么孔子多次提倡可信赖之德,但从未列出一系列的规则供可信赖者必须遵守。为了能做到可信赖,我们只需要辨别及敏感评估各种潜在相关的善、给出我们判断某些善之所以更重要的理由及回应别人的反对意见就可以了。人们的深思熟虑可以使其变得可信赖,而不是在他们判断和我们自己判断之间假定一种同一。

那种将信赖变成判断同一的做法将会把信赖变成可预测性,从而在过程中破坏信赖。如果我的朋友能准确预测我在每种情形中的行为(因为他们认为我有良好的判断力,而这里的"良好判断力"仅意味着应用某种普世原则或定理,从而得出一个和他们的结论完全一样的结论),那么我们就不能再说我的朋友们信赖我了,他们已经破坏了所有信赖中所固有的潜在惊奇和不可预测性的因素。另外,当他们对我的背叛耿耿于怀时,他们也就忽略了他们的动机和信念是否纯正这个问题。用孔子的语言来表达就是,他们将会忘记问他们自己:他们是否正在以一种可信赖的方式行事?

和辻哲郎将信赖理解成人类行为的一种无所不在的背景条件,他的这种理解对于一个多重善的伦理来说也是具有很大意义的。不知大家是否记得,对于和辻哲郎来说,我们并不通过我们的行为建立信赖。作为人类行为而出现的我们的生理运动似乎反对信赖的背景,我们期待别人可信赖。我们四处寻找可信赖的朋友,并且当我们评估伙伴们的行为时,我们会诉诸于这种对可信赖的期待。当我没去帮我的朋友们粉刷房子,他们会想:发生什么事了?是否出现了更重要的事情?换言之,他们相信(信赖),我和其他人一样,也生活在一个充满很多善的世界里。这种基本的背景信赖使得我的朋友们思考我是否正面临着更为紧急的要求,并且停止对我作任何判断,一直到他们与我通话为止。这种冲突要求的可能性反过来可以使多重善浮现出来。因此,多重善的存在并不会破坏信赖。我们对多重善之存在的背景信赖正是那促使我们对涉案中的关键之善展开调查及辨别的动力。

但是假设我的朋友们对我没来帮助他们提出质疑,我的回答是:"我不觉得我应该对你们讲究信用。"在这种情况下伦理问题就出现了。不过,问题并不是源于多重善的存在,而在于我已经把一个伦理问题(an ethical issue)变成了一个纯品味的问题(a mere matter of taste)。背景信赖能使我们看到发生了什么,我们所有人都相信(信赖),我们的朋友和伙伴了解伦理问题和生理品味问题之间的区别。因为我的朋友们正在期待我通过给出为什么选择某种善的理由来解释我没有帮助他们这件事,所以当我没有这样做时,他们会显得很疑惑不安。虽然我拒绝给出理由的做法使人们怀疑我的可信赖性,但这并不会破坏背景信赖。我的朋友们也许会决定转而寻找一个理解伦理问题不同于品味问题的新朋友。如果他们确实转而寻找一个新朋友,他们这样做的原因也只是他们相信(信赖),别人和他们一样都认为这个世界是围绕着多重善建立起来的。

第二节 个人是伦理上善的行为的标准

如果上面的分析是正确的,那么这就意味着,当我们辨别和决定伦理上善的行为时,我们就没有统一的规范或绝对固定的善之排序可供我们使用。是否这就意味着,我们不拥有任何伦理标准?虽然我们不拥有规范、规则、计算法则以决定哪些行为是伦理上善的行为,但是如果我们将这个概念扩展,使其包括这样一种过程时,我们就可以约略地讲论伦理标准了:忠诚、热爱和谐、可信赖及具完整性的人们为其所倾向的一种行为给出理由,然后对其伙伴公民提出的反对意见做出回应。这样一种过程将会诉诸、调用数个善,也会允许人们对这些善进行评估性回应。只要每个人都是独特的,那么我们就不能事先列出每个人将认为与案件相关的善和将要做出的评估性反应。按照孔子的说法就是,推理、对话的个人能够使"道"发扬光大,而不是反过来。这样的个人就是衡量行为和选择的伦理善性的标准。或者按照和辻哲郎的说法就是,这些沟通的个人就是公共范畴。公共范畴不是由社会合同和契约所建立起来的。恰恰相反,公共范畴是通过对个人所辨别和辩护的众多善进行沟通和无尽的谈判这样一种过程而建立起来的。

在此,我故意用复数形式指代个人(即人们)。亚里士多德之类的德性伦理学家把审慎之人(单数形式)作为伦理善的标准。亚里士多德采用了一种统一而单一的标准,因为他认为德性就是使人类存在全面实现其人类本性的各种优秀之处(美德)。亚里士多德假定了一个固定不变的人类本性(human nature)。我所为之辩护的所谓孔子和和辻哲郎式的普世伦理却不假定这样一个固定不变的人类本性。相反,随着我们对某种善的重要性进行辩护时,我们也许会就作为一个人类存在意味着什么这个问题获得更深的理解与洞识。

除此之外,亚里士多德的伦理还假定了一个均质社会(a homogeneous community)。每个人都(或明显或暗含的)同意一个有德行为将要采取的形式。我所提倡的这个普世伦理认为,德性可以包括分歧这种可能性。两个行为方式不同的人可能都同样是可信赖的及忠诚的。亚里士多德一致地提出审慎之人的说法,而孔子则辨别了三类范式人。这三类范式人都是独特而不同的,并且彼此不能还原;他们也不能被放在一个价值尺度上进行考量比较。涉及多重不可测量的善的行为的判断标准就是多重不可测量的人类自身。

第一种范式人是圣贤。当子贡问孔子:"如有博施于民,而能济众,何如? 可谓仁乎?"孔子回答说:"何事于仁,必也圣乎!"[①]孔子明白否认自己是一个圣贤(圣人);他从未见过这样的人,也不抱任何希

---

① Confucius, *Analects*, 6/30.

望能遇到这样的人。①

这位圣贤是谁呢？从子贡的问题里，我们也许能推论得知，他应该是一位贤王，这位贤王应该对公共福祉（要包括许多善，例如教育、健康、安全、纪律等等）具有长远而广阔的眼光，他应该有能力预见及应对对此眼光的反对意见，他应该有能力促进公共福祉的实现，并且他应该有能力赋予民众那些最能帮助他们实现公共福祉的才能。这位贤王也需要民众的良好意愿，并能通过自己格外娴熟的演讲技巧和高超的领袖风范维持民众的良好意愿。另外，这位贤王还应该具有足够的好运，如健康、邻国与他的国家修和有足够长的时间以便所有以上福祉都能结出成果。或者，这位贤王拥有一支强大而忠诚的军队，能够对觊觎的敌人起到震慑作用。所有这些善——良好意愿、好的运气、忠诚而强大的常备军、说服和眼光等优秀才能——都是伟大的，不管是从个体还是从整体来看，它们都没有孔子时代之前或之中实现过。

我们可以想像这样一种个人的可能性，并且我们已经这样做了。事实上，作为澄清我们自己的概念的一种方式，我们应该想像出一个圣人来以整合一个民族兴盛所需的许多善。这位圣人应该是一种范式人，并且他本身应该成为评估统治者行为和智慧的统一标准，但我们也应该承认我们自己的无知。也许所有这些善是不可能同时存在的，例如，美国的开国元勋们认为，民众不会容忍一个常备军队。当我们想像理想统治者时，我们根本不知道从何入手。孔子甚至也不确定如何称呼这个人——"也许"这个人就是一个"圣人"吧。

第二种范式人是善人。和圣贤一样，善人也应该是一位统治者。一个国家被善人治理一百年之后，"可以胜残去杀。"② 如果民众被善人训练七年之后，他们都可以上战场打仗。③ 和圣人不一样的是，善人可能不是一个具有远大眼光的人或者具有好的运气。但善人确实

---

① Confucius, *Analects*, 7/34; 7/26.
② Ibid., 13/11.
③ Ibid., 13/29.

具有好的判断力及激发忠诚的能力。民众自愿跟随善人并接受他的训练。这种统治者并不以暴力恐怖进行统治,而是试图使属下愿意做正确之事、愿意经历暴力和恐怖。一个好的日本武士也可以算作是善人。或者亨利五世或伊丽莎白一世也在其军队中激发起忠诚,也算此类善人,但是孔子平生没能看到此类的个人。

第三种范式人是君子,正如我们在前面章节中所讨论的范式人。这类人拥有教养良好的人格,显示出好的判断力。这类人相对自治、自由。尽管他们可能不担任官职,但他们不同于那些完全缺少权威的小人,他们自己相称得到官职。①

尽管某些评论者对这些个人进行了排序,即圣贤最高、君子最低,但孔子从未在《论语》中作此排序。事实上,他说自己无兴趣对人们进行排序,②有时他对这些人的描述也是重复的。③这种固定绝对的排序做法正是我们在多重善的普世伦理中所不期待的。这些个人类型不能被放在一个固定的排序框架中,因为我们没有一个考量这三类人的统一价值尺子。也许我们想说,贤王要胜过仁人,因为使整个集体具有德性之善胜过修养我们个人德性和人性之善。如果一个公民变得仁善,那么集体内所有人类增加人性这个目标何其可取。然而,这个判断不一定合理。从定义来看,"善"必须对行为具有指导作用。君子所追求的自我修养的目标或善更多处于自己的控制范围之内,而培养有德及公义民众之善则不在君子的控制范围之内。只有当一系列的善流行时,贤王才能存在,不过这些善并不完全受制于他。从这种意义讲,君子的目标似乎是更真实、更伟大的善(即对行为具有指导作用的目标),因为这个目标比贤王的目标更易于追求与实现。

绝对排序之所以不存在还有三个理由:首先,为了评估这三种人

---

① Dim Cheuk Lau, introduction to *Analects* by Confucius (London: Penguin/looks, 1979), p. 14.
② Confucius, *Analects*, 14/29.
③ Hall and Ames, *Thinking Through Confucius*, pp. 186–189.

的相对善性,我们所仅有的对这三种范式人的粗略意识是不够的,我们需要更多的信息。让我们假设对某位圣贤和某位君子进行比较,我们会希望了解:这位潜在贤王是如何登上控制之位的?通过谋杀前任统治者?鉴于他最终也要死去,他肯定会考虑他的继任人问题。是否这位贤王选择好了继任者?君子又如何呢?是否他一致地激发朋友和家人效仿他的榜样?或者是否这位君子只是偶尔地表现出超凡魅力?这位君子在谁的眼中具有范式作用?

其次,我们恐怕要对某个已知德性和一个从未见过的德性作一个具有意义的对比。君子存在,我们可以观察君子的行为。我们只能想像一个从未存在的圣贤。只要德性是某个活出的生活的一部分,一种可实现的状态总要胜过一种对行为不具有指导作用的不可能的状态。然而,我们应该热望追求最高层次的德性。也许我们可以成为一个圣贤,如果我们连圣贤这种可能性都不敢想像,那么我们就不会努力追求这样一种状态,甚至不会去寻找这样的圣贤。这种比较仁人和圣贤的尝试迫使我们识别许多善、迫使我们澄清我们的期望以及迫使我们评估这些期望有多现实。鉴于这三类范式人都希望为别人树立极具吸引力的高大榜样,也许我们值得将我们身边的一个榜样与我们不可触及的榜样进行比较。然而,这样一种比较仍不会产生对此三种范式人的绝对排序。

再次,正如我们在第一章里看到的,善以一种连续的方式存在。有些人足够好,能够成为我们的合作者,但不能成为我们的知己或配偶。孔子自己经常推荐他的一些学生去担任某些官职,但时常也严责这些人的过错。那些努力修德的人明白他们必须对善进行辨别,然后决定谁将作为其追求这些善时的最佳合作伙伴。真正的伦理问题并不在于对人们进行排序,而在于看清这些人具有实现哪类善的能力。

综上所述,对善所作任何对比都不能应用惟一个价值尺子或诉诸于惟一一种范式人作为对比的标准。因为我们试图寻求一个有意义的对比,所以我们将会发现我们所诉诸的是各种各样的善(例如,活出的价值相对于一个纯想像的德性;一个有德性的集体相对于某

第七章 建立一个普世商业伦理

个有德的个人;实际榜样价值相对于潜在不可能实现的理想典型,等等)。多重优秀领导方式的存在不应该使我们陷入一种伦理相对主义中。承认其多重形式能够使我们升华我们所怀有的好领袖的概念。让我们考虑范式商业管理人员。从某种意义上讲,他们也是统治者。即使在一些以团体中心的公司里,这些管理者仍拥有保留于他们的决策权。大多数当代管理咨询顾问都期待管理者成为圣贤。这些管理者被敦促建立一个由具有合作精神和正义感、努力使公司成功的人们所组成的集体。然而正如同样的管理咨询顾问们所提醒我们的那样,领导者反过来也对其追随者有要求。要想说服人们听从我们,我们就要培养所有早些时候所提的那些善——伟大的说服能力和自律能力、远大的眼光、长时间许多方面的好运气、实现眼光的广阔资源、我们所统治的人们的良好意愿。孔子从未见过这样一个圣贤,我们见过么?

因为"应该"必然包含"能够"的意思,所以如果我们期待我们的管理者是一些具有很高热情的好人,而不要求他们成为圣人,我们更可能做出一些符合伦理的行为。如果管理者们尽职工作并经常加班,那些为他工作的人也会更加愿意作必要的加班。如果这些管理者努力避免自以为是的做法,其他人也会欣赏这种谦逊而愿意效仿,因而会创造一种更具合作气氛的环境。那些在作艰难决策时表现出很大审慎的管理者们也会激励同事们同样小心。尽管孔子不是一个圣贤,甚至连善人都谈不上,他能成功地在自己周围形成一个非常忠诚的学生集体,以至于在他死时,大家将他作为父亲哀悼。他建立这个集体时,一次一个学生地循序渐进。他没有使用任何花哨的管理方法或领袖技巧,他只是尽可能地以自己生活的榜样来教导人们。这种简单的方式也许是通往伦理领袖之路的最稳妥方式。

以上这些反省的目的并不是要回答"哪些要件可以构成良好领导"这样一个问题。相反,我在建议统一范式领袖或统一审慎领袖是不存在的。我们坚信,只有我们假定一个统一的人类圣善及一种对此善的同一评估性立场,这种良好领导的统一范式及统一范式人才可能存在。普世伦理假定范式类型的多重性。从原则上讲,好的伦理领袖和人类善一样多,我们必须与我们的同伴人类就某些善的价值和重要性进行讨论。这种新观点使我们以一种全新的眼光看待这个世界。我们不能将一些不可能的、不合适的要求强加在我们的领袖身上,我们应该以一种更负责的方式探讨伦理领导这个问题,从古代领袖身上(如摩西、迪奥德玛、孔子、佛陀、苏格拉底、耶稣基督、默罕默德)及我们所尊敬的现代领袖身上(圣雄甘地、格尔达美尔[Golda Meir]、约旦国王老侯赛因、周恩来、印度修女德勒撒、罗斯福总统、纳尔逊·曼德拉)更多了解人类各种善和政治技巧。

第三节　普世伦理内的恶的概念

在西方标准伦理体系中,如康德伦理或功利主义伦理,如果一个行为或选择违反了一个关键的伦理规范,那么它就是坏的或恶的(大多数西方伦理认为这两个词可以互换:bad 和 evil)。根据这种标准看法,好的行为意味着,我们应该具有足够的自控和理性,以便我们能够使我们的意志和行为符合关键的规范(对康德来说,标准是理性的自我一致性;对功利主义者来说,标准是为最大多数人们最大化最大量的福祉)。例如,功利主义者判断一个偷盗雇主东西的雇员是坏的或恶的,这是因为,在功利主义者看来,偷盗行为会导致社会混乱从而不会促进最大多数人们的最大量的福祉。

我所建议的普世伦理以一种不同的眼光看待恶的概念。当一个人的自愿行为背后的选择不能反映情形中所隐含的诸多人类之善时,且当这些选择不是一个深思的、非机械化的、推论性的平衡这些善的努力结果时,这个人的这种自愿行为就是恶的。这个对恶的新理解可以帮助解释我们用"坏"和"恶"这些词时表现出的关键差异。"恶"是指伦理领域的特征、行为和选择等,"坏"与此形成对比,它是指那些没有达到我们期望或者违反一个生理品味喜好的事物或行为。当我们的头发与我们的希望样式不符时,我们称之为"坏发型"。当我们的宠物狗没有像我们训练的那样而控制它的膀胱时,我们称其为"坏狗"。如果我们正好不喜欢羊肉的味道,我们将其称为"坏味道"。在这些情况下,我们遇到的是对习惯标准或喜好的违背,但我们遇到的不是"恶"。即使我们假设这些违背来自于自我控制能力的缺失(狗的膀胱问题)、或来自于故意(当宠物狗觉得我们忽视了它时,它故意撒尿以示不满),但这种违背并不使动物或其行为成为"恶"的。

和恶不一样,坏相对容易识别。通过定义,我们很熟悉公共期望(宠物狗应该控制自己的膀胱),也熟悉我们个人发展起来的期望(如在潮湿的天气,我们的头发不应该因静电嘶啦作响),或者熟悉我们形成的生理品味(不喜欢羊肉)。恶则更为复杂并且具有许多伪装,它攻击的是我们人性的核心。然而,因为我们的人性随我们的行为及别人的行为逐渐展开(这也就是为什么孔子和和辻哲郎不诉诸于某个固定的人类本性),因为这种展开过程是不可预测的,也不是机械的,所以我们不可能预知恶长得什么样。因而,恶不同于那只是对某种既知规范、期望或品味的违背的坏。在识别恶的过程中,我们应该尽可能得谨慎与深思,用阿伦特的语言来表述就是,"毫无障碍地思考"。[①]对于恶,我们也许至多只能说,它是一种无思想的形式。

一、个案研究

如果我们分析商业伦理著述中的一个典型个案,那么我们的观点就会变得更加清晰。一个从事竞争性行业的企业有机会迁往一个劳动成本较低的社区集体。这个公司如此做是否是伦理上善的呢?我们的普世伦理就会要求管理层考虑公司与帮助公司成功的各方的关系。管理层不仅应该着眼于这些利益相关方的利益,而且还应着眼于案例情形、双方关系质量和关系历史所涉及的许多善。如果该公司曾受益于这个集体所提供的减免税优惠,那么这里面就有一种暗含的继续留在该集体内的承诺。信守诺言是一种很重要的善,但

[①] Hannah Arendt, *The Recovery of the Public World* (New York: St. Martin's Press, 1979), pp. 336-337.

该公司在本地人的抗议声中刚刚落脚数月,那么继续留在该集体内的义务就没有那么强。如果该公司迁到第三世界的某个社区集体,它可能会做出一种更有意义、更为人欣赏的贡献。

另外我们还应该问一些问题:员工们在此工厂工做了多少年?是否这些员工也随公司一同迁址?他们的工作质量如何?如果这些员工一直在破坏公司的产品,那么公司有理由迁出。如果员工认为,他们不欠情于公司,那么反过来,公司也不欠情于这些员工。公司与供货商的关系也值得我们考虑。也许供货商和管理者是好朋友,他们曾互相参加过对方孩子的婚礼。或者也许公司只向这个供货商在试验的基础上订购过一次产品并且对其所提供的服务不是十分满意。当然这两种情形下的关系肯定是不同的。

我们还需要考虑客户。他们值得获得高质量的产品而不是那些质量低劣的产品。是否低劳动成本能够维持客户们所习惯期待的高质量产品?公司还希望留住那些提供企业资本的股东们的信任,但股东们也要留住公司的信赖。股东们没有伦理权利要求公司只考虑股东的要求。正如我在上面所指出的,伦理之所以存在是因为我们生活在一个注定的关系网中。这些关系涉及许多善。我们不断与别人进行讨论和谈判以决定应该选取哪些善。那种假定我们已经事先知道所有相关善或哪种善最重要的做法会破坏伦理推理。因此,股东们没有伦理权利要求他们自己的利益凌驾于其他利益与善之上。利益相关方所提出的各种善都应该予考虑。(在这种情况下,和孔子伦理一样,普世伦理最接近利益相关方商业伦理理论。)

在这个个案分析中,有些需要考虑的善是经济善(economic goods),例如,股东们处于危险中的资本额、集体已经给公司减免的税额。其他一些善为非经济善(non-economic goods),例如,管理者和供货商之友谊的深度、向员工默许或明许的诺言。考量评估这些善的统一尺子是不存在的。包含众多善的普世伦理也不假定一个固定的架构以判断是经济善还是非经济善占据主导地位。也许所有的因素都倾向于迁移。在这个案例中,支持迁移的决定的伦理性相对明显。如果各种因素反对该决定,那么这种选择就会更加困难予以

第七章 建立一个普世商业伦理

执行。只有当这些关系在其高度注定的形式内予以考虑后。人们才能做出好的选择。考虑和尊重这个关系网并不要求公司必须要留在现在这个集体内,但确实意味着,其决策者们必须弄清楚这些关系的性质、历史及程度。

根据我所辩护的观点,恶并不在于某个人(组织)违犯了某种伦理规范,而在于他(它)以一种伦理狂的方式行为做事。伦理狂(an ethical crank)是这样一种人:缺少自我怀疑、坚持只有一种善存在、强调一种善总要胜过别人所提出的建议。正如这个词的定义所显示的,恶具有某种机械性及无思想性。或者如一句中国谚语所指出的,"好事不出门,坏事行千里。"恶能够通过将人性(有时人性以一种令人惊奇且出乎意料的方式显现自己)还原为不偏离正道的程序性反应机器而贬低人性。在我们上面所举的个案中,管理者不因仅迁厂址就犯"恶",恶来自于管理者强调只有一个相关的善存在,例如最大化股东财富这个善。这样的观点否定了人类存在的复杂现实。我们通过那些常常使善与善竞争、正确与正确竞争的各种抉择对我们的个人生活和集体生活进行塑造。如果一个胜过其他所有商业决策的统一的善存在,我们也就不需要人类的管理者了,一个复杂的经过编程后总要最大化股东价值的机器人就可以管理一个公司。

然而正如美联储最近行动所显示的,审慎的企业和经济判断都要求评估许多善。控制通货膨胀是一种善,因此美联储必须关注利率。如果他们允许利率升得太高,人们就会疯狂抢购,使产品成本升高。避免经济萧条也是一种善,即使通货膨胀压力会因利率降低而增加,但如果世界范围经济危机迫近,或如果流动性紧张,降低利率也是一个可取的办法。美联储也必须要考虑降低利率的时机和幅度。降低利率的时机和幅度都可视为善,不过美联储必须要说服金融市场,美联储关注的是流动性的丧失。如果美联储行动太迟或授权降低利率幅度太小,市场也许会错误地推理,美联储对提高通货膨胀的关注胜过对经济萧条前景的关注。良好判断要求人们与别人商量,正确理解当时的情形,并把握人类情绪、游戏各方焦虑的深度、其他参与者的期待水平(从部分意义上讲,期待是市场和美联储过去关系的一种功能)、其他各方的可能反应等无形因素。没有任何机器人能够做到这一点。

我们不能站到各种社会关系之外和历史之外去"客观"判断某个行为的善性。恰恰相反,即使为了使我们能够真实地描述行为,我们也必须要留意历史以及我们行为所承担、所影响的社会关系的独特性。尽管在评估某个行动时,讨论者能够也应该诉诸不同的纯正的善(在这种情况下,讨论可以被称为客观),但讨论总要利用这些社会关系和历史。从这种意义上讲,我们所能希望的惟一客观性是一种最大的相互主观性(intersubjectivity)。我们应该将我们的关于最佳行动的观点和信念提交给集体其他成员的批评性的、理性审查。反过来,他们也必须允许我们挑战他们的信念,探查他们的假设,提出另外的善,并且要求他们给出他们坚持这些信念的理由。因为人们的经验是不同的,许多善通常都会被涉及,这种相互审查常常导致分歧。正如我们所看到的,这样的冲突也是属于伦理范畴的。伦理范畴的特征就是讨论的争议。如果人们的观点之间没有实质而常常完全的差异,那么人们也就没有必要向彼此给出理由。

处理应对伦理冲突的最合适方式既不是诉诸一些假定的不可质疑的原则,也不是要求各方事先同意那能够事先得出的意见或善的类型,或者事先同意解决争议所需的依据。和其他对话性伦理(dialogical ethics)不同的是,本普世伦理并不排除诉诸宗教善的做法(私人的、工具性的,等等)。任何想要事先控制对话者所可能使用的论证类型和推论策略的尝试本身都是伦理上值得质疑的,甚至是恶的,因为这种尝试妨碍我们辨别一个行动的意义。这样一种策略似乎忘记了这样一点:个人常常具有一些与目前社会理解的规范与标准不同但有价值的观点与洞识。事先设定的条件只会使我们的思考变得机械。

另外,诉诸于规则或强加讨论内容方面的事先限定条件只会促进形成冲突。这些策略与做法使得每个冲突看起来好像是"客观"旁观者和"自私"个人之间的一种争吵:这个旁观者是讲求道德原则的、制定规则的旁观者,而这个个人太愚蠢以至于不能理解旁观者所提出的伦理优先性或者太刚愎自用以至于不承认它。因为没有人愿意被别人看作是愚蠢或刚愎自用的,所以这种诉诸讲求原则的旁观者的做法会疏远人们。鉴于人类善的多重性,一定程度的冲突是不可避免的。我们的普世伦理是在丰富的社会关系矩阵中看待行为,允许隐含在这些社会关系中的多重善浮现出来并接受人们的推论性考量和对比,允许个人提出任何他们认为具有说服力的理由。这种策略表现出一个重大优点,其疏远作用远逊于那种诉诸于假定普世规则之做法所具有的疏远作用。事实上,一些心理医生越来越多地发现,那些允许十几岁儿童与父母争论的家庭比那些固执父母坚持固定原则和规则的家庭要健康。双方争论的焦点应该集中在所涉及的善上,而不要退化成对骂。但是当家庭成员确实就各种善进行争论时,他们似乎没有那种被疏远的感觉,并且对涉及的善有更深的了解。[1]

并不是相关于某个选择的各种善的所有解释都同样具有吸引力。有些解释听起来就是完全的谎言或捞取好处的企图。然而,一个行动的各方都有权提出赞成或反对这个行动的各自理由。只有当行动被允许显示其意义时,人们才能得出良好的判断。日本人对于模糊性的容忍可以被视为允许意义展开的一种策略,这种展开揭示过程只有在注定的各种关系中才能发生,也只有允许各种讲话者对多重善进行讨论时才能出现这种结果。允许这种展开揭示过程并不意味着我们有义务容忍操纵性谎言。正如和辻哲郎所正确指出的,通过讨论,我们能够曝光谎言、谣言和不实宣传等等。不实讲话是所有伦理都要面对的一个问题。通过允许对何谓最佳行动进行自由讨论,普世伦理能够给对话者提供足够的空间对谎言和操纵进行曝光。

即使那些没有得胜的论点也成为行为意义的一部分。例如,我们可能会争论说,某个企业的州内(intrastate)商业实践是伦理上不能接受的,因为它干预了州间(interstate)商业,州间商业对保持一个

---

[1] Sue Green, "Happy Teenagers Don't Fight Shy," *South China Morning Post* (3 August 1999), Focus section, p. 17.

健康的经济来说是至关重要的。让我们假设,在争论之后,情形对我们不利。相关权威决定,尽管州内商业有时会干预州间商业,但允许州内商业实践这种善胜过无限制的州间商业这种善。从短期来看,我们的无限制州间商业这种善似乎失败了,但从长期来看,我们很可能会胜利,因为我们已经使每个人都让步同意,州间商业和州内商业并不是两个完全可分的层面。在将来,我们也许能够利用这种让步去构建论点:有些州内商业实践对州间商业具有许多复杂而深远的负面影响。州间商业之善到那时会显得不如争论之初那样可取。

有些令人恐惧的行动、制度和政权也会包含一些善。阿伦特曾经建议说,极权统治也许具有其反面意义:"问题是我们的时代非常奇怪地将善与恶搅和在一起,以至于如果没有这样一个虚拟的极权运动世界(在这个虚拟的极权运动世界里,我们时代的一些根本的不确定性已经被以前所未有的清晰度表达出来),我们可能已经在浑然不知发生什么的情况下而走到了我们的末日。"[①]是否一个令人恐怖的事物包含善这个问题并不是我们事先所应决定的。那包含众多善的伦理对这个问题不作决定,允许参与者对其进行反省和讨论。

在普世伦理中,灵活理解是一种杰出的德性。我认为,日本人对所达成共识的著名坚持做法并不像一些评论者所认为的那样,即它是不惜一切代价实现共识的问题。[②]这种坚持可以被理解为一种在所有关系的丰富现实中和多重善中对某个行动进行理解的努力。通过这种方式而理解的行为要求行为执行者愿意也能够很好聆听别人、拓宽自己的视野。我们需要时常保持灵活性,因为我们的角色以及我们的关系在回应人类行为的过程中不断完善与成长。如果没有灵活性,那么人们将不能从事作为人类德性标志的双重否定运动。人们将会陷入主张自己权利或坚称自己对善之理解这样的泥潭中不

---

① Hannah Arendt, *The Origins of Totalitarianism* (London: Andre Deutsch, 1986), p. viii.

② Edward Leslie, "Some Observations on Doing Business in Japan," *Business America* (10 February 1992), pp. 2–4.

能自拔,或者流于一种僵化的行为方式。孔子的做法是正确的,他既不一成不变地支持什么,也不一成不变地反对什么。而和辻哲郎的做法也是正确的,他把恶与惰性等同起来。不具灵活性或受传统束缚的人不是人类存在,更好说是一个机器人。

因而,尽管恶通常被理解为错误选择,但它被理解为无能力作选择倒显得更精确。僵化之人也许会考虑目标,但最终决定实施目标却是一种愿望。正如和辻哲郎有力地论证,只有当执行者的意志变成相互主观性的时候,即当执行者正在考虑复杂的历史社会关系集合及那应对将纯动机变成行动的多重善的时候,愿望才能变成选择。①教条主义个人虽然整天忙着上蹿下跳,但他们并没有做决定。

二、良好判断

虽然我们不拥有机械地进行良好判断和良好选择的计算法则,但我们可以列出良好判断的几个特征。

1. 通过寻求不同观点和众多善而在背景环境中做出判断

来自不同文化的人们之间常常产生分歧。两组人最好不要草率认为己方是伦理上善的而对方是昏聩的、恶的。双方应该积极展开对话,并努力理解对方所倾向的善。中国历史上战争不断,战争导致了社会混乱、饥饿,甚至发生了人吃人的事。到今天为止,平常都很有序的香港居民看到公共汽车或火车到站都会变得疯狂(frantic),有人将此归因于人们对过去的记忆,因为一部分香港人为了躲避战争和饥饿逃到了香港,他们有一种不想落到后面的意识。因此,中国人更关注公共秩序这种善,而美国人和加拿大人对此不太关心,因为他们对社会混乱的痛苦记忆比较遥远。我们不应该认为,中国人不重视个性的表达。我们看到,个性概念在孔子伦理中占据何等中心的位置,而孔子伦理在当代仍很有影响力。在当代,许多中国人高度

---

① Watsuji, *Rinrigaku*, pp. 242–243.

重视社会秩序之善,其重视程度超过对相对无限制的个性表达的重视。这也许有它的好的理由,也许没有。在我们讨论这两种善的优点、探讨它们是否真的对立之前,我们不能对其做出判断。除非我们首先开始发现各种涉案的善,我们将不能成功辨别它们。

当我们考虑文化间伦理冲突时,我们应该牢记一点,每个集体和文化都一定存在某种水平的善。如果不存在善,那么人民将是反社会的,从定义来看,其集体也不可能存在。正如和辻哲郎所指出的,我们通过集体而学会行为做事,而集体是由一系列广泛关系组成的,每种关系都有自己的期望和善。这些关系在回应个人主动精神和洞识过程中而演进发展——我们扩展伦理道路,而不是反过来。然而,我们仍然总要遵守一些已经存在的、对行为具有指导作用的、以某种善为基础的关系性规范。变化在这些多重关系内并通过它们而发生。通过诉诸我们在别的关系中学会欣赏的各种善,我们能够挑战和修整另一种关系。[①]在二战中,一些男人被征召去打仗,一些妇女就接过了这些男人的工作。这些妇女在工作地点获得了独立,因而在她们的婚姻中她们也会追求同样的独立。因为我们每个人都处于许多关系中,所以我们发现我们的生活处于一种既永远变化同时又永远不变的状态中。

鉴于我们在集体内学会什么是可取的、合适的,鉴于一个运作的集体内总会存在某种形式的善,那么我们就可以这样认定,集体间的冲突涉及不同或竞争的各种善。这种认定远比那种"一个集体有德性而另一个文化是病态"的认定更有意义。其中的诀窍在于,我们要与别人展开对话,要努力辨别别人试图通过某些行动所要实现的善。

孔子进一步阐明了这一点:

> 卫公孙朝问于子贡曰:"仲尼焉学?"子贡曰:"文武之道,未坠于地,在人。贤者识其大者,不贤者识其小者,莫不有文武之

---

① Charles Taylor, *Philosophical Arguments* (Cambridge, Mass.: Harvard University Press, 1995), esp. ch. 3, "Explanation and Practical Reason," pp. 34–60.

道焉。夫子焉不学,而亦何常师之有。"①

孔子建议我们可以向任何人学习。如果是这样的话,我们应该缓于批评别人,我们更应该担心我们自以为是的趋势。为了能获得正确的行为方式,我们需要深思熟虑,而不是对别人实践的批判或赞扬。当我们面对集体内和集体间冲突时,我们应该停下来仔细评估有争议或令人质疑的实践涉及了什么样的善,而不应该草率应用某些伦理规则。我们需要在背景环境下做出我们的判断,因为如孔子所指出的,我们缺少真正裁判者这样一面镜子,即使小人也会看到某种水平的意义与价值。

日本劳动法的一个例子可以帮助解释我所说的背景化判断。日本的劳动关系委员会(LRC)相当于美国国家劳动关系委员会(NLRB)。在美国,当一个公司被发现对工人有歧视行为时,美国国家劳动关系委员会有权要求这些公司将工人复职。在日本,当一个具有不公平劳动实践的公司错误地辞退了一些工人时,日本劳动关系委员会不能够命令该公司恢复这些工人的职位,尽管它能够指示该公司如此做。从美国的权利论角度来看,日本的法律不公平。在菲尔普斯对道奇(Phelps-Dodge)的诉讼案中,美国联邦最高法院将复职视为"对歧视性辞退的常规性纠正方法"。其理由是:"如果国会赋给一方面(辞退)补救措施而对另一方面(雇用)否认补救措施,那么这就很奇怪了。……如果对雇用歧视和辞退歧视加以区分,那么这种区分不仅是空洞的,而且也忽视了针对此而颁布的禁止歧视的法律。"②在美国,所有工人的正义这种善既适用于雇用又适用于解雇。

那么是否日本劳动关系委员会就可以被斥为落后的呢?不太可能,其理由需要从日本劳动关系委员会所追求的善的角度去理解。日本劳动法保护工人们的权利,如罢工的权利、张贴海报的权利及在

---

① Confucius, *Analects*, 19/22.
② William B. Gould IV, *Japan's Reshaping of American Labor Law* (Cambridge, Mass.: MIT Press, 1988), pp. 69–71.

抗议公司政策过程中配带臂章的权利。在许多方面，日本法律对工人的保护超过美国法律对工人的保护。但鉴于终身雇佣制这种做法，日本法院和劳动关系委员会都不愿干预管理层随意雇佣人的能力。在日本的背景环境下，强迫一个公司雇用一个人将意味着用这个人拖累这个公司一辈子。在美国，一个公司可能被迫雇用它曾歧视的一个人，但如果那个人达不到预期结果，那么该公司能够通过"任意雇用"（employment-at-will）这个原则而解雇他。鉴于日本工业很难解雇工人，法律和劳动关系委员会不想在雇用人的问题上干预管理层的自行决断能力。然而，一旦某个人被雇用，它就意味着一种持续性雇用的推定。当问题涉及重新雇用时，法院和劳动关系委员会则更愿意干预。如果法院决定，某项业务的终止是一种"解散伪装"的情况，即通过假装停业而解除工人的诡计，那么法院会命令公司对这些人复职。①

在这里我们遇到这样一个例子，日本权威一直在追求两种善，即尊重工人和尊重管理层在雇佣决策上的自行决断。这两种善都得到了尊重，有时是在同一个决定中实现的。另外有些时候，各种善处于一种冲突之中。在这些案件中，日本人的做法和我们每个人的时常做法一致：为了决定哪个善应该具有优先性，他们提出了一系列理由，并诉诸了其他一些具体案例中所体现出的相关的各种善。这种深思熟虑也就是我们所最多能要求的。在我们判断日本人的实践之前，如果我们想要理解日本人所作的伦理抉择，我们需要尽可能地重现那个思考的过程。

有人也许会提出反对意见："但是有时肯定会有这样的情形出现，即我们能够应用某个诸如'尊重所有人'的规则或原则，然后将违反此规则的行为视为不符合伦理道德的行为。"福特管理层曾决定不修理一款名为"花马"车的缺陷，因为他们相信出事死人及解决诉讼的费用要低于修理缺陷的费用。在这种情况下，管理者们就给人类生命定了一个价格。他们的行为违反了一个规则，即人类生命应该

---

① Levi Strauss homepage, http://www.levistrauss.com/about/code.html.

第七章 建立一个普世商业伦理

总要予以尊重。正如康德所说的,人类生命是无法定价的。那么这是否是一个个人违反"尊重人类存在的固有价值和尊严"这样一条金律的明确案例呢?当纳粹分子在其许多工业中剥削奴役劳工时,他们也明显地没有尊重人类存在。在这样的案例中,为什么我们有必要寻求多重善、将此种行为置于复杂的社会关系网络中并在判断违犯者行为前而重现违犯者的思考过程呢?

在福特"花马"车这个案例中,那些决定不修正车的缺陷的管理者们肯定把握了某种水平的意义。他们认为,汽车总要给那些使用此种交通方式的人们造成一种风险。汽车可以通过加强车身而变得更加安全,但车身重的汽车的生产成本会升高,而且会消耗更多的汽油。一些对成本敏感的消费者会抵制这些更为安全的汽车。如果为了修正车的缺陷而完全重新设计该款车,那么该车变得更加昂贵。即使该车带有这些缺陷,但它对绝大多数的使用该车的司机也还是安全的。

也许这些管理者们会以这样一种理由争论,即正确决策常常会涉及将一种隐形价格加给人类生命的做法。每年接种疫苗的过程中都会有少量人死亡,然而我们仍判断给孩子接种疫苗这样一种行为是伦理上善的行为,因为我们觉得少数几个人死于接种而避免很多人死于这种病的做法是可以接受的。另外,尽管我们要求制药公司对它们的产品进行一些实验,但我们知道这些实验是昂贵的。展开更长更广泛的实验也许能够挽救生命,但是到了一定程度,这些广泛实验将会导致过高的价格,这样民众都不可避免地成了供药品实验的豚鼠。因此,我们决定愿意付出几例死亡的代价以换取新药所预许的好处。

如此看来,从普世伦理的角度出发,福特管理者们关心"花马"车成本的做法并没有错。当我们将其行为背景化并识别出设计该款车这一选择中所涉及的许多善时,我们发现他们的错误在于认为低成本是所有消费者的首善(primary good)。尽管有时汽车的设计会要求在可承受性和安全性两种善之间作一折中,但福特管理者们也许已经意识到了这两种善。完全重新设计该款车将会太昂贵,而且如我们早些时候所看到的,规模对于伦理思考来说确实重要。如果改善该车将使其价格过高,只有少数消费者能够承受得起,那么我们恐怕会从另外的角度来看待福特之选择的伦理性。然而,"花马"车的缺陷也许每车仅需数美元就能搞定,消费者们愿意多花几美元来购买更安全的车。但是公司并不屑寻找这样的修理方法,因为它已经确信,它知道所要追求的善。

把选择背景化的做法能使我们看到把福特"花马"案例和制药公司决策案例混淆起来的问题。尽管我们的决定有时会涉及给人类生命定价的做法,但制药公司的行为和福特公司的选择有一个关键的区别。制药公司报告已知的副作用,并向医生和消费者披露病人服用此药时的风险。制药公司意识到,和健康或生命一样,选择自由也是一种人类利益和圣善。病人应该有权选择哪些是他们认为值得冒的风险。与此形成对比,福特管理者们从未识别在其不修理"花马"车的决定中所隐含的所有善。这些管理者们不是具有恶意的人,也不是具有犯罪冲动的个人,其恶在于他们的草率看法:消费者们宁愿要便宜的车,也不要安全的车。如果福特管理者们花费更多时间识别和思考所隐含的各种善,他们将会意识到在更大的可承受性和更大的安全性之间并不存在一种必然的折中。即使二者之间确实存在一个明显的折中,但它也并不意味着消费者们不购买更贵但更安全的车。福特从未屑于与消费者们讨论当时的问题,它只是假设人们不会为安全买单(这是一个福特将自己的低成本主导价值观投射到整个民众身上的例子)。沃尔沃(汽车公司)的经验对此假设提出了质疑,沃尔沃公司已经建立了一个忠实的客户群,这些客户愿意购买那些结构上加强的及具有双气囊的汽车。

因此在福特"花马"车案例中,最核心的伦理问题并不是管理者缺乏对客户的尊重,而是管理者们及工程师们对自己的假设缺乏深度思考,及由此而来的对修理缺陷选择所涉及的许多善缺乏考虑。如果公司管理者们花费更多时间、通过努力识别所有隐含的善(安全和自由,还有可承受性)而背景化自己的选择,那么公司的处理方案恐怕会是不同的。

第七章 建立一个普世商业伦理

如果我们把德国人使用奴役劳工的行为也背景化，那么我们对这个例子也会有不同的认识。首先让我们问这样一个问题：那些雇用奴隶的工厂管理者们在倡导哪些善？他们考虑的善可能有两种。他们通过提供工作而能将人们从死亡集中营中解救出来，因此这些管理者们可以将自己的行为视为"维护生命"的行为。他们可以认为，他们正在通过运行生产线而进一步深化德国集体的福祉。如果工厂被关闭，那么数以百万计的德国人将会失去工作，进而陷入贫穷。如果我们假定那些被解救的人愿意生活和工作而不愿意受苦和死亡的话，那么工厂的管理者们似乎已经做了一些好事。

但是涉及的善不止这两种，自由也是一种善。奴隶劳工的自由受到了伤害，这是因为工厂管理者们向他们提出了一个条件，而他们又不敢拒绝。另外，这些工厂支持了纳粹的战争努力，这是一场毁灭德国的战争：它吸干了原本可以分配到教育、健康医疗及发展等方面的资源；它夺去了数百万计德国公民的生命；它踩躏了世界上的许多大城市。如果没有这场战争，德国人的福祉恐怕会比这好过千万倍，而只有在许多企业主的合作支持下，这场战争才变得可能。

因此，纳粹统治下奴役劳工的核心伦理问题并不是工厂管理者未能尊重工人或侵犯了他们的权利。这种以权利为基础的分析使其听起来好像，如果这些工厂管理者对这些工人更好一些，那么他们就成了伦理上善的管理者。这一点是值得怀疑的。在纳粹的战争努力中，这些工厂管理者有同谋之嫌，如果我们考虑此案例中的各种善，这一点应该予以考虑。这些工厂管理者不能凭其良心讲他们通过拯救犹太人而在维护生命，因为最初正是他们的合作才直接或间接地支持了那威胁犹太人存在的死亡集中营。当我们审视此情形所涉及的各种善时，我们会发现纳粹政权和同谋的工厂业主给工人设置了一系列各种善之间的折中：如果工人们放弃自己的自由（第一种善）并"同意"做奴隶，那么他们就可以保住自己的生命（第二种善）。关于这种选择，工人们没有被征求意见，而且这些善从来没有被讨论过。如果工人被征求过意见，这些善被讨论过了，那么事情就会变得很清楚，奴隶工人和德国人就会在这样一个极权统治下拥有了自由、生命和更多的经济善。

这就是普世伦理对上面两个例子的再处理,它假使各方就选择进行对话,并通过识别所涉及的各种善而使行为背景化。这也就显示,普世伦理对伦理问题的处理比以规则或权利为基础的伦理对同一问题所作的处理更为细腻微妙。(正如我在前面所指出的,对话者能够把某种权利做为善进行辩护,例如言论自由权利是一种善,只要言论自由本身是一种善。但是,他们不能将权利视为仅有的善,然后把别人引进介绍其他善的做法视为非法努力。)另外,普世伦理还会指向更少涉及各种善之间进行折衷的行为。

2. 尽可能尊重所有的善

如果说某事物是善的,那么就等于说,这个事物值得期望与提倡。因此,如果多重善是存在的,那么每种善都有权受到尊重。因而,普世伦理就要求我们不仅努力识别许多善,而且还要求我们尽可能多地实现这些善。

例子之一

让我们考虑那些在不发达国家雇用童工的跨国公司。有些不发达国家能够提供很少的就业机会,一些家庭非常乐意让自己的孩子工作,因为孩子们的工资可能会对决定家庭成员的一日一餐和一日三餐起到重要作用,即使他们的工资水平远远低于西方国家的标准。因为贫穷,家庭总会让他们的孩子工作,只不过形式不同罢了。工厂工作对孩子们的伤害逊于田间工作对孩子们的伤害,并且其剥削性也远逊于童妓。工厂工作的艰苦程度通常要低于田间劳作,而且工厂的条件有时更为健康,如照明良好、清洁卫浴及舒适空调等等。孩子们在工厂里工作八小时的收入要高于田间工作十四小时的收入。不过,其缺点是,如果这些孩子们整日工作,他们可能失去受教育的机会。一方面为家庭挣钱是一种善,而受教育也是一种善。那些被迫在工厂工作的孩子们不能上学因而最终会成为文盲。如果工厂关闭，这些孩子们就会因缺少技能和技巧而没有太多的选择。他们可能具有的技巧也是针对某个工厂的技巧。这些孩子们及其后代似乎注定要在社会边缘艰难谋生。

莱威公司(Levi Strauss and Co.)一直非常小心地识别这方面的多重善。在仔细审查之后，他们已经寻找到了一种尊重这些善的方法。该公司将衣服的生产外包给当地的承包商。当莱威公司得知它在巴基斯坦的两个分包商正在雇用未到法定年龄的童工时，公司没有马上妖魔化它的分包商。[①]相反，该公司与分包商一起工作，寻找一种能够实现所涉及的多重善的安排。分包商同意向那些上学的孩子们支付其如果在工厂工作应该挣得的薪水。成年工人的薪水继续和以前达成的协议一样。莱威公司许诺支付孩子们的学费、课本费和文具费。经过这种安排，家庭能够增加收入，因为它们能收到孩子们的那份薪水，而孩子们也能够呆在学校获得珍贵的教育。这些分包商还答应孩子们毕业后将得到一份工作。就这样，莱威公司和当地的分包商们赢得了当地家庭的忠诚和好感，因而也就增加了另外一种可能性，即下一代工人也会愿意为它们工作，而不为其他竞争同样工人的跨国公司工作。

例子之二

第二个例子是关于中国的两个竞争者甲和乙，它们都是生产箱包的企业。公司甲发现中国学生的书包很乱，孩子们只是将用具随便塞进书包里，这种做法不于利培养孩子们的整洁习惯。于是公司甲发明了一种具有许多口袋的书包，并为其申请了一个名为"好习惯"的专利。公司乙的厂长和公司甲的厂长是多年的好朋友，他意识到，虽然公司甲已经为产品设计申请了专利，但它忘记了注册这个商标。于是公司乙的厂长赶紧跑到商标局注册"好习惯"商标，将其作为公司乙的财产。当公司甲的厂长向乙抱怨并提到他们之间的多年

[①] Confucius, *Analects*, 14/29.

友谊时,但公司乙的厂长却回答说:"友谊是友谊,生意是生意。它们是两个不同的东西。"

此例子所涉及哪些善呢?友谊是一种个人间的、社会善。厂长甲的责备诉诸于孔子的可信赖之善,当我们选择以可信赖的方式行为做事时,我们培养和促进和谐及仁善秩序。厂长乙似乎仅仅为了自己的一己私利和公司的利益而破坏了信赖和多年的友谊。如果厂长乙提醒厂长甲他还没有注册"好习惯"的商标,那么厂长乙就显得更加仁善。

厂长乙又如何呢?他所追求的是否包含一些善?或者他的行为就是一种伦理上蛮横且不可接受的行为?当然,这位厂长也在追求一种善。他正确地意识到商标是公司的有价值的资产,消费者往往对产品产生一种依恋感。为产品确定一个商标能够使生产商或零售商创造一种品牌效应,并促进消费者对品牌的忠实。这种忠实反过来能为公司带来利润。

我们也许很想将此情形视为一种价值的冲突:冲突的一方是孔子价值观,冲突的另一方是西方的价值观。孔子价值观要求人们向朋友提供帮助,这是一种可信赖的行为方式;西方价值观鼓励人们利用法律工具(如商标)来加强生意。不过,如果我们对涉及的各种善进行更深思考并且将消费者的观点也纳入我们的考虑范围,我们会发现情形会有所不同。从某种意义上讲,两位厂长都在强调可信赖性这种善——朋友们都希望信赖彼此;商标能够使公司创造一种消费者对品牌的信赖,因而商标是一种善。可信赖性以第三种较为不明显的方式出现,消费者们只购买他们认可的商品,只有消费者们能够对各种商品进行区分时,他们才能实现他们的这种利益。如果甲的商品具有一种被消费者认可的特征(如许多口袋),而乙的商品却没有这种特征,那么消费者们为了满足他们自己的需要或愿望,他们必须能够对商品进行辨别。对那允许消费者正确区分商品的系统,消费者是信赖的。

如果我们能够注意到以上各点,我们会看到,不管从孔子伦理的角度,还是从西方伦理的角度,乙无权使用"好习惯"这个商标。从普世伦理来看,西方价值观和孔子价值观开始融合。商标的目的是允许一个公司能够创造一种定位,一个和被消费者认可的产品特征相对应的名字。从此例子看来,甲厂产品"好习惯"已经得到了消费者的认可和信赖。如果乙厂被批准使用该商标,那么消费者们很可能被弄糊涂。消费者们可能会购买乙的产品而同时认为这是甲的设计。如果这种情况出现,那么乙就没有用自己产品的长处与甲展开竞争;相反,乙盗用了甲的产品的长处与甲展开竞争,因为它给自己的产品冠以甲的名字。

值得注意的是,尽管甲乙两位厂长是激烈的竞争者,但他们仍可保持他们之间的朋友关系,只要他们之间的竞争保持公平就可以,也就是说,他们仅仅利用各自产品的优势进行竞争。乙盗用甲产品商标的做法不是一种公平竞争的行为。乙没有以自己的产品和甲的产品进行竞争,他却企图使消费者混淆对他们两家商品的认识。从普世伦理的角度来看,厂长乙的行为不符合伦理,因为他的行为似乎显示只有一种善,即为自己的公司赢利。他忽略了公平竞争这种善,而公平竞争既支持甲乙之间的友谊,也维持商标系统。通过识别和思考此案例中所涉及的各种善,普世伦理能够承认和尊重孔子伦理和法律主义的西方伦理所颂扬的各种善。

例子之三

最近日本人在日本的一个省建立了一所新学校,然而只有一个学生参加这个学校,这个学生可能是可预知将来的惟一一个学生。人们对这所学校的批评是,它的利用率不高。人们可以将该学生用校车接出该省而送到邻近的一所学校,而此邻近学校也并不人满为患,能容易安置他,向他提供一个良好教育,尽管他在那里不会受到如此多的个人注意力。

当《纽约时报》的一名记者就单个学生学校的问题采访教育部

时,这位官员回答说:"利用率不是惟一的一种价值。"①这位官员的话相当有道理:为什么利用率应该是惟一的价值?尽管这个案例并不涉及企业,但商业界的价值正越来越多地被用来重新塑造和影响美国和日本的教育。许多日本、美国和欧洲的商界人士都不会同意为少数学生建设新学校。尽管普世伦理要求我们严肃对待这种对效率的关注,但它同样也要求我们考虑这位官员的观点,即在此案例中利用率不是惟一的善,或甚至不是一种根本的善(首善,primary good)。日本的大多数学生都在本地社区的学校里接受教育,那么乡村学生被剥夺这种被同样珍视的特权是否公平呢?如果这些孩子被送到很远的地方学习,那么他们就要早起晚归。如果他们因此而长期处于一种困倦的状态中,他们的学业就处于一种劣势状态。鉴于日本教育系统的高度竞争本质,这种劣势不应该轻易忽视。

　　头脑简单地将效率和地方社区教育对立起来的做法会扭曲我们的选择。我们应该考虑许多其他的善,孩子们需要获得社交技巧。从长远来看,让这个学生与其他具有不同背景的学生坐在同一个教室里的做法会更为健康。这种社交障碍的影响需要与坐长途校车的劣势综合起来看待。然后,人们还应该与这个学生商量,也许他在另外一所学校拥有一个要好的朋友,谁知道呢!他也许愿意长途跋涉到邻近学校就读。

　　问题的关键包括三个方面。第一、除非我们考虑本选择所涉及的所有的可能的善,我们将不能获得我们所作选择的意义。那种将利用率或接受地方教育之权利作为惟一相关价值的做法是不能接受的。这种做法无异于福特"花马"车的工程师的做法,他们只看到了修理缺陷过程中成本的增加,而没有考虑顾客的安全和自由。

　　第二、因为我们并不拥有平衡所有这些善的尺度,所以在不同的条件下可能会有不同但合乎伦理的其他选择。例如,如果校车将穿

---

① Nicholas D. Kristof, "Empty Isles Are Signs Japan's Sun Might Dim," *New York Times* (1 August 1999), http://www.nytimes.com/library/world/asia/OSO199japan-decline.html, p. 1.

过一段危险的山路，那么我们可能会选择建立供少数人上学的学校，而不愿让孩子们冒生命危险。或者我们对多重善的评估建议我们采取这样一种方法：既降低费用（也就是，节省费用，然后将其应用于加强整个日本的教育），又允许乡村学生到邻校读书。也许《纽约时报》特写中的那个学生可以通过远程教育的方式完成学业。通过使用新科技，他也许能与其他学生一起合作完成学校里的课业，因而能够培养和发展他的听力以及他与同伴合作的能力。

第三、在我们听到不同人们的观点和论点之前，我们将不能得出正确的行为方式。我们必须征求人们的意见：教育者、教师、学生、学生的父母、集体成员、负责修建学校资金的政府官员、那些为乡村学生辩护的人以及那些关心下一代学生的人，等等。让我们更为准确地表达这一点就是：在我们聆听各方意见之前，我们不能理解实际情形，因为各方都可能握着一部分答案。从这种意义上讲，普世伦理赞同我们在第六章中所描述的阿伦特和哈贝马斯的公共范畴理论。我们需要一个公共空间——在此空间中，通过热烈而批判性的讨论，人们不仅仅表达自己的兴趣和利益，而且发现自己的兴趣和利益。不同国家的政府必须通过确保媒体的公平准入、通过采取措施保护少数边际人群的利益而维持这样的空间。

从伦理上讲，政府和我们都不能事先认定某些人的声音是不相关的而予以排除。在我们聆听他们之前，我们不应该也不能了解他们讲话的相关性。我们可以这样讲，审慎的良好裁判者将会寻找和留意许多人的洞识。（让我们牢记，即使小人粗劣之人也能把握一些具有重要意义的事物。）这些良好裁判将会背景化人们的论点、回应及过去的选择，从而实现尽可能多的善。不过，鉴于我们缺乏一个衡量审慎裁判的标尺，我们也只能点到为止。

在我们创造了一个对话者的集体之后，在我们彼此聆听、背景化任何分歧及识别案例所涉及的许多善之后，我们也许仍会发现我们处于分歧之中。我一直在辩护的这些程序指导原则并不会保证我们最终会达成共识。然而，如果我们遵循这些规范，我们更可能试着说服彼此。也许双方都忽略了某种善，或者双方已经错误判断了他们都希望培养和维护的各种善的最佳实现和促进方式。辨别这种忽略或误解也许能够帮助打破这种伦理僵局。或者也许事情会变得明朗,我们这些对话者所提出的一种善可能会与第二种善是冲突的,各方都有权识别这些冲突和矛盾。如果一方确实珍视这种冲突的善,那么他或她有理由聆听对方的论点;反之亦然。如果对话的任何一方应用某种假定的普遍规范来衡量对方的行为并且指责对方违犯了这个规范,那么被指责者没有理由继续聆听被指责者。这种以规则为基础的方法可能会疏远我们的对话方,我们没有真正努力聆听他们的行动和政策,然而我们胆敢对他们的伦理善性妄加指责。在这种情况下,他们为什么应该继续和我们对话?正如孔子所指出的,这样一种讨论伦理的方法不能展示我们是可信赖的,也不能建立相互信任。

尽管普世伦理不能保证达成共识,但它切实能够提供达成共识的希望。正如我在前面章节里所讨论的,西方伦理理论中的许多概念都能补充东方思想家(如孔子和和辻哲郎)伦理理论中的对应概念。例如,当我们努力识别善时,我们揭示了一些既支持"西方"法治观念和"东方"人治观念的理由。而当我们进一步探索时,我们发现这两种善都互为前提(见第一章和第四章)。既然是这样,我们有理由希望发现政治纷争的共同基础,如中美之间的政治纷争。

另外,我们不应该忘记,这个世界是随着时间不断变化的。这种变化能够使各方对善重新评估。在过去,许多亚洲人都喜欢与家庭成员和朋友以一种非正式的方式做生意。与朋友进行的背后交易具有很低的交易成本(这样一个公司不需花费大量时间和费用鉴别合作伙伴),并且这种非正式协议能使商业人士反应迅速。在1990年代的亚洲金融危机之前,财务透明和集团管理系统的相互制约机制没有受到格外珍视。在危机发生之后,亚洲商业人士开始珍视财务透明性。那些抵制相互制约机制和审计措施的商界领袖开始改变自己的态度。他们意识到,如果他们能够向投资者提供更多的财务信息,他们也许在将来会拥有更多的行动自由。曾经看起来冲突的两种善(即财务透明和行动自由)现在不再显得那么不可调和。

3. 绝不可低估一个文化发展的能力

第三条原则,绝不可低估一个文化向前发展的能力。正如我在本书引言部分所讨论的,哲学家、记者以及商界人士倾向于将某个文化等同于某种价值,例如,将西方等同于个人主义,而将东方等同于集体主义。这样的等同做法忽略了单一文化内所存在的许多派别,而不同流派又会包含很多条价值。让我们考虑一下美国土著人内所存在的所有不同的价值观都强调管家精神,在开始任何行动之前,每个人都应该考虑他或她的行为对以后七代人的影响。新教徒倾向于强调努力工作以及那种为自己的将来负责的需要。用本杰明·弗兰克林的话讲就是:"省一分钱等于挣一分钱。"南部美国人对于荣誉的强调胜过北部美国人,角斗从很大程度上是南方的一种习俗。类似的多样性也存在于欧洲、中国、日本、韩国、朝鲜、南非、肯尼亚、以色列等等。例如,在社会主义中国内地和世界上最自由经营的香港二者之间存在巨大差异。

这些多样化价值或价值观之间常常会相互对立。各自的民间智慧中也体现出这种张力。当美国人警告草率行为时,他们说:"欲速则不达(Haste makes waste)。"然而他们也赞扬快速反应,因为"防微杜渐(A stitch in time saves nine)。"类似的张力也存在于其他文化中。日本人切实要求相互服从,因而也就有了"出头钉子被敲回(类似中国的谚语:"枪打出头鸟"及"出头的椽子先烂",The nail that sticks out gets hammered down)等说法。但是日本人同样也尊重人们发现自己道路的需要:"如果你爱你的孩子,你就让他出门独行(If you love your child, let it travel alone)。"另外,他们还宣扬大胆行为:"不破不立(或"破釜沉舟",Go collide and smash into pieces)。"美国人强调个人主义,但反过来也有一些建议服从别人的格言,如"不要像一个发炎手指伸出来那样格格不入(或"不要鹤立鸡群",Don't stick out like a sore thumb)。"或者"不要兴风作浪(Don't make waves)。"没有任何单一格言能够将一个文化中的众多而常常矛盾的价值的细腻纹路概括出来。

但这也并不意味着,一个文化中的各种价值都是不分轻重先后的。无疑,美国人和欧洲人对个人主义的珍视在许多方面都超过马来西亚人和中国内地人。但这并不意味着,这种价值将总是一种显性价值(the dominant value)。文化之所以演进,主要是因为它们本身包含了许多隐性价值(latent value)。[①]用和辻哲郎的话来讲,文化之所以不断变化,主要是因为个人拥有许多利益与兴趣,当人们就某种流行社会规范表达自己的意志并对其反叛时,这些利益与兴趣也就显露出来。世界上似乎不存在统一公共利益(a single public interest)、统一民族意志(a single national will)或统一文化思维定式(a single cultural mindset)之类的东西(见第五章和第六章)。其实,我们遇到很多隐性价值,这些隐性价值可以被认为是文化的潜意识(the subconscious of the culture),而文化间接触与交流能够让这些隐性价值浮现出来。当美国企业采纳了许多日本企业的、以团体为中心的管理实践时,它们就在给美国的企业文化带来变革。然而,这种所谓的对团队精神的"新"强调对美国人来说也并不是全然的舶来品。虽然美国人强调个人的责任,但他们也非常喜爱团体体育项目,如棒球和橄榄球。

中国的变化也显示了隐性价值通过文化间交流与互动而浮现出来、然后与其他更多显性价值结合起来的这一同样过程。中国人赋予关系很高的价值,但是这个价值也并不是孤立的,它存在于孔子伦理的背景条件中,孔子伦理不仅强调关系,而且强调促进集体的善。通过与外国人打交道,中国人已经逐渐意识到法治的需要。虽然孔子伦理抵制那种将所有伦理都还原为法律问题的做法,但尊重法治仍作为一种隐性价值而存在于孔子伦理中。商业尊重可预测性和稳定性。如果一个系统完全按照个人亲密关系而运作的话,那么它就不能再为长期的集体利益而服务。这种认识也完全符合孔子对集体

[①] Xiaohe Lu, "The Globalization of the Economy and the Value Orientation of Corporations in China," *Online Journal of Ethics*, 2:3 (1999), http://www.stthom.edu/cbes/.

利益的重视。

　　因而,中国人开始强调"合法关系"的重要性,即通过合乎法规的方式而使用关系。无疑,许多中国人仍将继续在关系上下工夫,继续"走后门"。①然而,我们必须承认,这种减少私下交易和避免官方正式渠道的系统并不是孔子式的系统。后门交易在文化大革命之中及之后发展起来,因为在这段时间里,规则与法制崩溃了,人们只有通过私人关系才能获得商品和服务。有思想的中国人当时对后门关系的发展深表忧虑,因为桌子底下的交易会养成腐败的习惯。这些人们之所以抵制后门关系,是因为它不符合孔子伦理。②

　　合法关系是普世伦理运作的一个例子。普世伦理寻求识别和谐调许多善,在这种情况下,即维持亲密关系、培养公共利益及支持企业在中国建立和发展所需要的法治等等。当一个在中国运作的美国企业发布广告而寻求一个带有"关系"的职员时,许多中国商界人士和学者都感到震惊,并觉得受到了伤害。他们如此反应是完全正确的,因为美国企业似乎在建议,关系只是一种可以被用于最大化企业利润的经济资源,而这种认识违反了普世伦理的精神,这种普世伦理又在潜移默化地影响和控制着许多中国人的行为。

　　最近日本企业的变化也显示了普世伦理运作的情形。按照和辻哲郎伦理,日本企业按照既定角色安排员工,每个角色都有固定的行为规范。严格遵守这些角色被看作一种善,因为它可以帮助日本员工避免困惑。正如友识木接和安德森所显示的,日本企业强调按照关系规范而运作的程序过程,胜过对经济结果的强调。③最重要的,

---

① Ralph H. Folsom and W. Davis Folsom, "An Introduction to International Business Agreements in the PRC," *International Business Agreements in the People's Republic of China*, eds. Ralph H. Folsom and W. Davis Folsom (London: Kluwer LawInternational, 1997), p. 15.

② Nien Chien, *Life and Death in Shanghai* (London: Harper Collins, 1986), pp. 498–502.

③ Yoshimura and Anderson, *Inside the Kaisha*, p. 238.

日本人强调可预测的、可靠的行为。① 然而,不能赢利的企业是不能生存下去的,竞争已经导致日本企业的生意发生了变化。许多关键行业都从大规模生产转向了客户订制服务。另外随着电脑的引进,沟通变得更加有效,一些企业发现它们拥有太多的中层管理者。正如我们所看到的,一些企业已经停止强调终生雇用制的重要性,已经开始强调以业绩考评为基础的薪酬制,开始奖励最优秀员工,而不再鼓励向大家看齐的员工。同样这些企业仍不想放弃它们的通过历史性关系规范进行管理的系统(例如,公平的做法要求,那些为企业服务较长时间的员工相称被分配到更重要的职位)。因而,这些企业如何实现这种向业绩考评薪酬的转化呢?友识木拉和安德森如此主张说:"表面看来,日本企业不太可能仿效西方企业而采取那种以量化的目标为基础的奖励机制,因为日本人对程序过程的强调胜过对结果的强调。另外,企业将更能操纵人们的期望,因而不同的模式将被应用于具有不同经验的员工。明天的高层管理者们可能会通过发现一些将员工归入不可比较的范畴内的做法而找到一种日本人自己的既奖励业绩而又不会创造社会困惑的解决方案。"②

在中国,我们看到的是文化间接触如何使价值发生变化的。在日本,我们看到的是日本和西方的竞争使具有很高生产力的隐性价值浮现出来。随着日本管理者对此价值重要性的认识的加深,他们已经着手将此善和其他一些重要的善结合起来,如维持高度不同的社会关系及明确定义的角色期望这种善。

4. 谦逊

作伦理判断的最后一条指导原则:一定要谦逊。从某种程度上讲,谦逊意味着承认判断过程中的困难。因为在我们选择过程中我们不拥有一个运算法则或权利排序,那么我们就要被迫坚持到底,尽量聆听别人,并按照众多不同的考虑来考量评估各种各样的善。我

---

① Yoshimura and Anderson, *Inside the Kaisha*, p. 7.
② Ibid., pp. 206-207.

们必须要足够长时间地控制自己的冲动,以便真正聆听别人对各种善的看法。普世伦理能够帮助我们检验及控制我们的偏见,并且能缓于判断。当我们习惯于寻找多重善时,我们学会了不做草率判断。然而,在某些情况下,我们仍会忽略一些善;在另外某些情况下,我们仍会迷茫如何比较和评估各种善的轻重缓急。总之,我们仍会犯错误。

尽管错误通常会受到谴责,但普世伦理从积极的角度看待这些错误。如果我们能够判断某个过去选择是错误的,那么我们一定临时了解了什么东西。既然过去曾被认可的事物现在显得不太合适,那么我们的观点一定发生了演进。那么我们是如何学习进步的呢?通过留意我们所有行为和选择的意义和后果,包括那些错误的选择和行为,我们学习进步。错误能使如果我们想要避免在将来出现不可接受的后果,我们就要检验某些假定,而错误能使这些需要检验的假定浮现出来。我们学会在将来不作同样的假定。

伦理学家通常将好的裁判描画为一位能够果断而自信地识别所有相关因素、然后应用正确的规则而得出正确的结论与选择。正确的结论与选择将被假定为所有理性或有德之人都赞同的结论与选择。普世伦理将会推翻诸如此类的认识与模式,德性并不以共识为前提条件,而是以对多样善的分歧为条件。良好判断不是一个稳妥获得正确答案的静止过程,尽管我们能够指出良好判断的一些总体维度,但我们总要继续努力做得更好。良好判断包括犯错跌倒,更包括在跌倒中学习前进。

参考书目

Abramson, Paul. "Business & Culture, Part 1," http://www.skylee.com/japan-ope/bcl html, pp. 1-5.

Adler, Nancy J., Richard Brahm, and John L. Graham. "Strategy Implementation: A Comparison of Face-to-Face Negotiations in the People's Republic of China and the United States," *International Business Agreements in the People's Republic of China*. Edited by Ralph H. Folsom and W. Davis Folsom. London: Kluwer Law International, 1997, pp. 37-43.

Alexander, George. "Yakuza May Have Faked Itami Suicide," *Sun Tsu Newswire* (4 January 1998), http://www.ccnet.comt-suntzu75/stn/1998/stn98001.htm.

Alford, William P. *To Steal a Book Is an Elegant Offense*. Stanford: Stanford University Press, 1995.

Arendt, Hannah. *The Human Condition*. Chicago: University of Chicago Press, 1958.

——. *The Origin of Totalitarianism*. London: Andre Deutsch, 1986.

——. *The Recovery of the Public World*. New York: St. Martin's Press. 1979.

Aristotle. *Nicomachean Ethics*. Translated by William David Ross, in *The Basic Works of Aristotle*. Edited by Richard McKeon. New York: Random House, 1941.

——. *Politics*. Translated by Benjamin Jowett, in *The Basic Works of Aristotle*. Edited by Richard McKeon. New York: Random

House, 1941.

Baier, Annettte. "Trust and Anti-Trust," *Ethics*, 96 (January 1986), pp. 231-260.

Baraban, Cynthia Losure. "Inspiring Global Professionalism: Challenges and Opportunities for American Lawyers in China," *Indiana Law Journal*, 73:4, http://www.law.indiana.edu/ilj/v73/no4/05.html, pp. 1-19.

Bary, William Theodore de. *East Asian Civilizations*. Cambridge, Mass.: Harvard University Press, 1988.

——. "The New Confucianism in Beijing." *Cross Currents*. 45 (Winter 1995-1996), pp. 479-493.

Beauchamp, Tom L. "Manipulative Advertising," *Ethical Theory and Business*. Edited by Tom L. Beauchamp and Norman E. Bowie Englewood Cliffs, NJ: Prentice-Hall, 1993, pp. 475-483.

Benedict, Ruth. *The Chrysanthemum and the Sword*. Tokyo: Charles E. Tuttle Company, 1954.

Bozeman, Barry. *All Organizations Are Public: Bridging Public and Private Organizational Theories*. San Francisco: Jossey-Bass Publishers, 1987.

Brahm, Laurence J. *Interllectual Property Law m the People's Republic of China*. Hong Kong: Longman Group (Far East) Ltd., 1988.

Brahm, Laurence J. and Ran Li Dao. *The Business Guide to China*. Singapore: Butterworth-Heinemann, 1996.

Bresler, Fenton. *Interpol*. London: Penguin, 1992. Abstracted at website http://222.alternatives.com/crime/yakuzm.html.

Carter, Robert E. "Interpretive Essay," in Tetsuro Watsuji, *Watsuji Tetsuro's Rinrigaku*: Ethics in Japan. Translated by Seisaku Yamamoto and Robert E. Carter. Albany, N.Y.: State University of New York: 1996, pp. 1-6.

——. *The Nothingness Beyond God: An Introduction to the Philosophy of Nishida Kitaro*. New York: Paragon House, 1998.

Chang, Jung. *Wild Swans: Three Daughters of China*. New York: Simon & Schuster, 1991.

Cheng, Mariah Mantsun and Arne L. Kalleberg. "How Permanent Was Permanent Employment? Patterns of Organizational Mobility in Japan, 1916 – 1975," *Work and Occupations*, 24:1 (February 1997), pp. 12 – 32.

Chew, Irene K. H. and Christopher Lin, "A Confucian Perspective on Conflict Resolution," *International Journal of Human Resource Management*, 6:1 (February 1995), pp. 143 – 157.

Chew, Pat K. "Political Risk and U. S. Investments in China: Chimera of Protection and Predictability?", *International Business Agreements in the People's Republic of China*. Edited by Ralph H. Folsom and W. Davis Folsom. London: Kluwer Law International, 1996, pp. 69 – 87.

Chien, Nien. *Life and Death in Shanghai*. London: Harper Collins, 1986.

China Patent Cases: Selected Decisions of the Patent Re-Examination Board. Hong Kong: Asia Law & Practice Ltd., 1992.

Chu, Chin-Ning. *The Asian Mind Game*. New York: Rawson Associates, 1991.

Condon, Jane. "The Quiet Revolution: Changing Roles of Women," *Video Letter from Japan II: A Young Family* (Asia Society, 1990), reprinted at http://www.askasia.org/frclasrm/readings/r000129.htm, pp. 1 – 3.

Confucius. *The Analects*. Translated and with introduction by Dim Cheuk Lau. London: Penguin Books, 1979.

Cornelius, Marcus. "Discrimination," reprinted with the permission of ISSHO, http://iac.co.jp/~ssho/faj/discrim.html, pp. 1 – 3.

Crawford, Alastair. "Plotting Your Dispute Resolution Strategy: From Negotiating the Dispute Resolution Clause to Enforcement Against Your Assets," *Dispute Resolution in China: A Practical Guide to Litigation and Arbitration in China*. Edited by Chris Hunter. Hong Kong: Asia Law & Practice, Ltd., 1995, pp. 22 – 50.

Cutts, Robert L. *An Empire of Schools: Japan's Universities and the Molding of a National Power Elite*. Armonk, N.Y.: M.E. Sharpe, 1997.

Davis, Michael C. *Human Rights and Chinese Values: Legal, Philosophical, and Political Perspectives*. New York: Oxford University Press, 1995.

Devan, Janamitra. "Lessons from Singapore: A Rejoinder," *Business Horizons*, 33:2(March-April 1990), pp. 3 – 5.

Dewey, John. *The Public and Its Problems*. Denver: Alan Swallow, 1927.

Dollinger, Marc J. "Confucian Ethics and Japanese Management Practices," *Journal of Business Ethics*, 7 (1988), pp. 575 – 584.

Du, Gangjian and Gang Song. "Relating Human Rights to Chinese Culture: The Four Paths of the Confucian Analects and the Four Principles of a New Theory of Benevolence," *Human Rights and Chinese Values*. Edited by Michael C. Davis. Hong Kong: Oxford University Press, 1995, pp. 35 – 56.

Eisenstodt, Gale. "Confucius or Marx?", *Forbes*, 156:13 (4 December 1995), pp. 76 – 80.

Engholm, Christopher. "Asian Bargaining Tactics: Counterstrategies for Survival," *International Business Agreements in the People's Republic of China*. Edited by Ralph H. Folsom and W. Davis Folsom. London: Kluwer Law International, 1997, pp. 29 – 35.

Evan, William M. and R. Edward Freeman. "A Stakeholder Theory of the Modem Corporation: Kantian Capitalism," *Ethical Theory and Business*. Edited by Tom L. Beauchamp and Norman E. Bowie. Englewood Cliffs, N.J.: Prentice Hall, 1993, pp. 75–84.

Evans, Robert. "The Japanese Labor Market: Japan's Economic Challenge," (October 1990), http://www.gwjapan.org/ftp/pub/policy/jec/jec4–3.txt, pp. 1–14.

Faison, Seth. "Critic of China, Now in U.S., Is Assailed by a Colleague," *New York Times* (25 November 1997), section A1, p. 12.

Fang, Thome H. "The World and the Individual in Chinese Metaphysics," *The Chinese Mind*. Edited by Charles Moore. Honolulu: University of Hawaii Press, 1967, pp. 238–263.

Faulhaber, Thomas A. "Should We Join a Keiretsu?", *Business Forum* (24 June 1996), http://www.businessforum.com/keiretsu.html, pp. 1–2.

Feinerman, James V. "The History and Development of China's Dispute Resolution System," *Dispute Resolution in China*: *A Practical Guide to Litigation and Arbitration in China*. Edited by Chris Hunter. Hong Kong: Asia Law & Practice, Ltd., 1995, pp. 5–21.

Fingarette, Herbert. *Confucius: The Secular as Sacred*. New York: Harper & Row, 1972.

———. "Reason, Spontaneity, and the *Li*: A Confucian Critique of Graham's Solution to the Problem of Fact and Value," Chinese Texts and Philosophical Contexts: Essays Dedicated to Angus C. Graham. Edited by Henry Rosemont, Jr. LaSalle, Ill.: Open Court, 1991, pp. 209–225.

Fleming, Thomas. "History's Revenge," *New York Times* (23 February 1998), section A1, p. 19.

Folsom, Ralph H. and W. Davis Folsom. "An Introduction to

International Business Agreements in the PRC," *International Business Agreements in the People's Republic of China*. Edited by Ralph H. Folsom and W. Davis Folsom. London: Kluwer Law International, 1997, pp. 1-25.

"Former Beijing Mayor Sentenced to 16 Years' Imprisonment," Associated Press story (31 July 1998), http://www:vietnam411. com/newstand/beijing-briefstory.htm, pp. t-2.

French, Rebecca Redwood. *The Golden Yoke: The Legal Cosmology of Buddhist Tibet*. Ithaca, N.Y.: Cornell University Press, 1995.

Friedman, Milton. "The Social Responsibility of Business Is to Increase Its Profits," *Ethical Theory and Business*. Edited by Tom L. Beauchamp and Norman E. Bowie. Englewood Cliffs, N.J.: Prentice Hall, 1993, pp. 55-60.

Fruin, W. Mark. *The Japanese Enterprise System*. Oxford: Clarendon Press, 1994.

Fukuoka, Yasunori and Yukiko Tsujiyama. "MINTOHREN: Young Koreans Against Ethnic Discrimination," *The Bulletin of Chiba College of Health Science*, 10:2, http://www.han.org/a/fukuoka92.html, pp. 1-17.

Fukushima, Kiyohiko. *Review of Asia Pacific Fusion: Japan's Role in APEC*, by Yoichi Funabashi, in SAIS Review, 16:2 (Summer-Fall 1996), pp. 205-207.

Fukuyama, Francis. Trust. New York: Free Press, 1996.

Gargan, Edward A. "Bowed, Not Battered: Taiwan Is Riding Out the Storm That Is Inundating Its Neighbors," *New York Times* (24 February 1998), section C1, p. 4.

Gibney, Frank. *The Fragile Superpower*. Tokyo: Charles E. Tuttle, 1975.

Goossen, Richard J. *Business Law and Practice in the People's Republic of China*. Hong Kong: Longman, 1987.

Goozner, Merrill. "Businessmen Must Learn to Deal with Sexual Harassment," *Chicago Tribune* (31 January 1993), reprinted at http://members.aol.com/Goozner/index61.html, pp. 1-2.

Gordon, Meryl. "Japanese Lessons," *Working Woman*, 17: 3 (March 1992), pp. 25-28.

Gould, William B. IV. *Japan's Reshaping of American Labor Law*. Cambridge, Mass.: MIT Press, 1988.

Govier, Trudy. "An Epistemology of Trust," *International Journal of Morality and Social Studies*, 8 (Summer 1993), pp. 155-174.

Grange, Joseph. "The Disappearance of the Public Good: Confucius, Dewey, Rorty," *Philosophy East and West*, 46:3 (July 1996), pp. 351-367.

Green, Sue. "Happy Teenagers Don't Fight Shy," *South China Morning Post* (3 August 1999), Focus section, p. 17.

Griffin, Michael. "Latest Censorship News: China," *Index Online*, http://www.indexoncensorship.org/news/china260897.html, pp. 1-3.

Habermas, Juergen. *The Structural Transformation of the Public Sphere*. Translated by Thomas Burger with Frederick Lawrence. Cambridge, Mass.: Polity Press, 1989.

Hahn, Elliott J. *Japanese Business Law and the Legal System*. Westport, Conn.: Quorum Books, 1984.

Hall, David L. and Roger T. Ames. *Thinking Through Confucius*. Albany, N.Y.: State University of New York Press, 1987.

Hall, Edward T. and Mildred Reed Hall. *Hidden Differences: Doing Business with the Japanese*. New York: Doubleday, 1987.

Hall, Richard H. and Wei-man Xu. "Research Notes: Run Silent, Run Deep: Cultural Influences on Organizations in the Far East," *Organization Studies*, 11:4 (1990), pp. 569-576.

Hanami, Tadashi A. *Labour Law and Industrial Relations in Japan*.

Deventer, The Netherlands: Kluwer Law and Taxation Publishers, 1985.

Herodotus. *The Persian Wars*. Translated by Alfred Denis Godley. Cambridge, Mass.: Harvard University Press, 1975.

Hsieh, Yu-Wei. "Filial Piety and Chinese Society," *The Chinese Mind*. Edited by Charles Moore. Honolulu: University of Hawaii Press, 1967, pp. 167-187.

———. "The Status of the Individual in Chinese Ethics," *The Chinese Mind*. Edited by Charles Moore. Honolulu: University of Hawaii Press, 1967, pp. 307-322.

Hung, Ho-fun. "Rethinking the Hong Kong Cultural Identity: The Case of Rural Ethnicity," *Occasional Paper No.* 81 (June 1998), Hong Kong: Hong Kong Institute of Asia-Pacific Studies, pp. 26-31.

Hunter, Chris. *Dispute Resolution in China: A Practical Guide to Litigation and Arbitration in China*. Hong Kong: Asia Law & Practice, Ltd., 1995.

Ibsen, Henrik. *An Enemy of the People*. Translated by Christopher Hampton. New York: Faber & Faber, 1998.

Imada, Sachiko. "Female Employment and Ability Development," *Japanese Institute of Labor Bulletin*, 33:9 (1 September 1996), http://www.mol.go.jp/jil/bulletin/year/1994/vol33-09/05.htm.

Inada, Kenneth. "A Buddhist Response to the Nature of Human Rights," *Journal of /Buddhist Ethics*, 2 (1995), http://www.gold.ac.uk/jbe/2/inada.1.html, pp. 91-103.

Inagami, Takeshi. "A Report by Study Group for Japanese-Style Employment System," Policy Planning and Research Department, Japanese Ministry of Labor, 1995, pp. 1-8.

Inoue, Kyoko. "The American Occupation and Japan's Postwar

Democracy: Continuity and Change in the Concept of the Individual in Relation to Society," unpublished manuscript, pp. 1-18.

——. Review of *The Birth of Japan's Postwar Constitution* by Shoichi Koseki. Appearing in *Monumenta Nipponica* (Spring 1998), pp. 1-3.

Itami, Juzo. *Minbo no Onna*. 1992, filmstrip.

Iwabuchi, Koichi, "Complicit Exoticism: Japan and Its Other," *Continuum.. The Australian Journal of Media & Culture*, 8:2 (1994), http://kali.murdoch.edu.au/~continuum/g.2/Iwabuchi.html, pp. 1-16.

Iwami, Motoko. "What Is 'Japanese Style' Corporate Management?", *Management Japan*, 25:1 (Spring 1992), pp. 18-24.

Jaffe, Jonathan M. "The Informatization of Japan: Creating an Information Society, or Just Good Salesmanship?", http://www.ptc.org/pub/ptr/ptrjune96.pdf.

Japan Policy Research Institute. "The U.S.-Japan Trade Agreement of September 1994: Contending Views of Believer and Skeptic High Government Official vs. Pensioner of Cardiff," *Working Paper* #5 (January 1995), www.nmjc.org/jpr/public/wp5.html pp. 1-5.

Japanese External Trade Organization (JETRO). "*Keiretsu* Supplier System Changing: Suppliers Are Winning Greater Independence," http://www.jetro.go.jp/JETROINFO/ FOCUS JAPAN/96-11.html.

——. "Major Changes in the Work Place," *JETRO Newsletter*, International Communications Department, http://www.jetro.go.jp/MEETING/Major.html.

——. "People and Structural Changes Transforming the Workplace," http://www.jetro.go.jp/JETROINFOSEEKING/7.html, pp. 1-7.

Japanese Institute of Labor. "Trends in Diversifying Recruitment," *Japanese Institute of Labor Bulletin*, 34: 10 (1995), http://www.mol.go.jp/jil/bulletin/year/1995/vol34 - 10/03.btm, pp. 1-2.

Jaspers, Karl. *Socrates, Buddha, Confucius, Jesus*. San Diego, Cal.: Harcourt Brace Jovanovich, 1962.

Johnson, Adam. "History of the Yakuza: Feudal Japan," http://www.web-factor.com/tsuga/history.html, pp. 1-12.

Jones, William C. *Basic Principles of Civil Law in China*. Armonk, N.Y.: M.E. Sharpe, Inc., 1989.

Josephs, Hilary K. *Labor Law in Chin: Choice and' Responsibility*. Salem, N.H.: Butterworth Legal Publishers, 1990.

Kallgren, Joyce K. "Politics, Welfare, and Change: The Single-Child Family in China," *The Political Economy of Reform in Post-Mao China*. Edited by Elizabeth J. Perry and Christine Wong. Cambridge, Mass.: Harvard University Press, 1985, pp. 131 - 156.

Kass, Leon R. *Toward a More Natural Science*. New York: Free Press, 1985.

Kawakita, Takashi. "Japanese In-House Job Training and Development," *Bulletin of Japanese Institute of Labor, Human Resources Management*, 35:4 (1 April 1996), http://www.mol.go.jp/jil/bulletin/year/1996/vol35 - 04/06.htm, pp. 1-4.

Kawato, Akio. "Beyond the Myth of Asian Values," first published in *Chuokoron* (December 1995), pp. 1-9.

Kim, Ken I. "The Concept of Fairness: How the Japanese and Americans See It," *Management Japan*, 26:1 (Spring 1993), pp. 26-30.

Kobayashi, Shunji. "Business Ethics and Corporate Strategy in Japan," *Business Ethics: Japan and the Global Economy*. Edited by Thomas W. Dunfee and Yukimasa Nagayasu. Dordrecht, The Netherlands: Kluwer Academic Publishers, 1993, pp. 209-215.

Koehn, Daryl. "The Ethics of Business: Moving Beyond Legalism," *Ethics and Behavior*, 6:1 (1996), pp. 1-16.

——. *The Ground of Professional Ethics*. New York: Routledge, 1994.

——. *Rethinking Feminist Ethics: Care, Trust, Empathy*. London: Routledge, 1998.

Kokuryo, Jiro. "Information Technologies and the Transformation of Japanese Industry," http://www.kbs.keio.ac.jp/kokuryolab/papers/1997003/pacis97.htm, pp. 1-2.

Koshiro, Kazuyoshi. "Company-Based Collective Wage Determination in Japan: Its Viability Revisited Amid Intensifying Global Competition," *Discussion Paper* No. 95-11, The Center for International Trade Studies, Faculty of Economics, Yokohama National University, 1995.

Kristof, Nicholas D. "Empty Isles Are Signs Japan's Sun Might Dim," *New York Times* (1 August 1999), http://www.nytimes.com/library/world/asia/080199japan-decline.html, pp. 1-5.

——. "When Cultures Collide, Etiquette Loses Something in Translation," *New York Times* (15 February 1998), section 8, p. 1.

Kristof, Nicholas D. and Sheryl WuDunn. *China Wakes: The Struggle for the Soul of a Rising Power*. New York: Vintage Books, 1994.

Lam, Thi. "The Notion of Asian Values Is a Myth," http://www.viet.net/vietmag/507, pp. 1-3.

Lam, Willy Wo-Lap. "Shareholding Scheme Set to Boost Reform," *South China Morning Post* (12 June 1999), p. 9.

Lau, Siu-kai and Hsin-Chi Kuan. "Chinese Bureaucrats in a Modem

Colony: The Case of Hong Kong," *Working Paper Series* (Hong Kong: Centre for Hong Kong Studies at Chinese University, 1986), pp. 41 – 43.

Lee, Karo-hon. "Business Ethics in China: Confucianism, Socialist Market Economy, and the Multinational Enterprises," *Ethics in International Management*. Edited by Brij Nino Kumar and Horst Steinmann. Berlin: Walter de Gruyter, 1998, pp. 309 – 321.

———. "Moral Consideration and Strategic Management Moves: The Chinese Case," *Management Decision*, 34:9 (1996), pp. 65 – 70.

Lee, Keun. *Chinese Firms and the State in Transition*. Armonk, N.Y.: M.E. Sharpe, Inc., 1991.

Lee, Louise. "P&G Wants to Be on Tip of Tongues in, Let's Say, Tianjin," *Wall Street Journal* (24 August 1998), Eastern Edition, p. 1.

Lehmann, Jean-Pierre. "Asian Perspectives on Globalization and Intra-Regional Dynamics," http://www.saf.ethz.ch/publicat/pb-15jl.htm, pp. 1 – 8.

Leslie, Edward. "Some Observations on Doing Business in Japan," *Business America* (10 February 1992), pp. 2 – 4.

Leung, Shuk-mei and Robert I. Westwood. "Between Dogma and Reality: Women and Employment in China," *International Employment Relations Review*, 4:1 (1998), pp. 57 – 73.

Leung, Thomas and L. L. Yeung. "Negotiation in the People's Republic of China: Results of a Survey of Small Businesses in Hong Kong," *International Business Agreements in the People's Republic of China*. Edited by Ralph H. Folsom and W. Davis Folsom London: Kluwer Law International, 1997, pp. 44 – 49.

Levi, Primo. "Shame," On Suicide. Edited by John Miller. San Francisco: Chronicle Books, 1992, pp. 181 – 188.

Levi Strauss homepage, http://www.levistrauss.com/about/code.

html, pp. 1-4.

Li, Xiao-rong. "'Asian Values' and the Universality of Human Rights," *Report from the Institute for Philosophy and Public Policy*, 16:2 (Spring 1996), http://www.puaf.umd.edu/ipp/, pp. 1-10.

Lincoln, James R. and Yoshifuma Nakata. "The Transformation of the Japanese Employment System," *Work and Occupations*, 24:1 (February 1997), pp. 33-55.

Lingle, Christopher. "The End of the Beginning of the 'Pacific Century'? Confucian Corporatism and Authoritarian Capitalism in East Asia," *The Pacific Review*, 9:3(1996), pp. 389-409.

London, Nancy R. *Japanese Corporate Philanthropy*. New York: Oxford University Press, 1991.

Lu, Ding and Zhimin Tang. *State Intervention and Business in China: The Role of Preferential Policies*. Chehcnham: Edward Elgar Publishers, 1997.

Lu, Xiaohe. "On Ethical and Economic Value," *Online Journal of Ethics*, 1:2 (1997), http://www.stthom.edu/cbes/.

——. "The Globalization of the Economy and the Value Orientation of Corporations in China," *Online Journal of Ethics*, 2:3 (1999), http://www.stthom.edu/cbes/.

Lynch, Steve. Arrogance and Accords. Dallas: Pecos Press, 1997.

MacIntyre, Alasdair. *After Virtue*. Notre Dame, Ind. University of Notre Dame Press, 1984.

March, Robert M. *Honoring the Customer: Marketing and Selling to the Japanese*. New York: John Wiley and Sons, 1991.

——. *Reading the Japanese Mind*. New York: KiSdansha International, 1996.

——. *Working for a Japanese Company: Insights into the Multicultural Workplace*. Tokyo: Kodansha International, 1996.

Matsubara, Ryuichiro. "Living in Fear in Japan," (1995), http://ifrm. glocom. ac. jp/japanecho/1995/22 - 2/22 - 2media. html, pp. 1-2.

McCormack, James. "The Japanese Way: The Relationship Between Financial Institutions and Non-Financial Firms," *Policy Staff Paper* No. 94/16 (June 1994), http://www. dfait. maeci. gc. ca/english/foreignp/dfait/policy~1/, section 4.1.

Mei, Yi-pao. "The Basis of Social, Ethical, and Spiritual Values in Chinese Philosophy," *The Chinese Mind*. Edited by Charles Moore. Honolulu: University of Hawaii Press, 1967, pp. 149 - 166.

——. "The Status of the Individual in Chinese Social Thought and Practice," *The Chinese Mind*. Edited by Charles Moore. Honolulu: University of Hawaii Press, 1967, pp. 323 - 339.

Mente, Boye Lafayette de. *Chinese Etiquette & Ethics' in Business*. Lincolnwood, Ill.: NTC Business Books, 1989.

——. *How to Do Business with the Japanese*. Lincolnwood, Ill.: NTC Publishing Group, 1993.

Meyer, Richard. "Preserving the 'Wa'," *FW* (17 September 1991), pp. 51-54.

Midgley, Mary. *Can't We Make Moral Judgments?* New York: St. Martin's Press, 1993.

Miyamoto, S. Frank. *Social Solidarity Among the Japanese in Seattle*. Seattle: University of Washington Press, 1984.

Moore, Charles. "Introduction: The Humanistic Chinese Mind," *The Chinese Mind*. Edited by Charles Moore. Honolulu: University of Hawaii Press, 1967, pp. 1-10.

Naegele, Jolyon. "Czech Republic: Student's Immolation Sought to Rouse Nation 30 Years Ago," http://www. rtkrl. org/ncaJfeatures/1999/O1/FRU. 990115145848. html, pp. 1-3.

Nagano, Hitoshi. *Studies into Mobility of Talented People with Group Companies*. Tokyo: Taga Shuppan, 1989.

Nagatomo, Shigenori. "Review of Tetsuro Watsuji's Rinrigaku: Ethics in Japan," *Far Eastern Buddhist*, 30:1 (1996), pp. 152 – 158.

Nagoya Managers Union. "Statement," http://www.spice.or.jp/~ngun, ion/.

Nakamura, Hajime. "Basic Features of the Legal, Political, and Economic Thought of Japan," *The Japanese Mind*: *Essentials of Japanese Philosophy and Culture*. Edited by Charles A. Moore. Honolulu: University of Hawaii, 1967, pp. 143 – 163.

Nakamura, Tsunao. "U.S.-Japan Conceptual Gap on Trade and Market Openness in the Auto and the Auto Parts Talks," http://www.sumitomocorp.co.jp/econol/9506/no2.html.

Nassim, Daniel. "Shaming the Japanese," *Living Marxismc*, no. 81 (July-August 1995), http://www.informinc.co.uk/LM/LMS1/LMSl-Books.html#1, pp. 1 – 11.

National Center for Employee Ownership (NCEO). "Employee Ownership Attracts Growing Interest in China," http://www.nceo.org/world/asial.html, p. 9.

Noddings, Nel. *Caring*. Berkeley: University of California Press, 1984.

O'Neill, Onora. *Constructions of Reason*. Cambridge, England: Cambridge University Press, 1989.

Ouchi, William G. "Markets, Bureaucracies, and Clans," *Administrative Science Quarterly*, 25:1 (March 1980), pp. 129 – 149.

Peters, Thomas J. and Rrobert H. Waterman, Jr. *In Search of Excellence*. New York: Harper and Row, 1982.

Pieke, Frank N. *The Ordinary and the Extraordinary*. London:

Kegan Paul International, 1996.

Pye, Lucian W. *The Spirit of Chinese Politics*: *A Psychocultural Study of the Authority Crises in Political Development*. Cambridge, Mass.: MIT Press, 1968.

Redding, S. Gordon. "Societal Transformation and the Contribution of Authority Relations and Co-operation Norms in Overseas Chinese Business," *Confucian Traditions in Modernity*. Edited by Weiming Tu, Cambridge, Mass.: Harvard University Press, 1996, pp. 310–342.

Reischauer, Edwin O. and Marius B. Jansen. *The Japanese Today*. Cambridge, Mass.: Harvard University Press, 1995.

Ren, Xin. *Tradition of the Law and Law of the Tradition*. Westport, Conn.: Greenwood Publishing Group, 1997.

Rosemont, Henry, Jr. *A Chinese Mirror*: *Moral Reflections on Political Economy and Society*. LaSalle, Ill.: Open Court Publishing, 1991.

——. *Chinese Texts and Philosophical Contexts*: *Essays Dedicated to Angus C. Graham*. LaSalle, Ill.: Open Court, 1991.

Ross, Lester and Mitchell A. Silk. *Environmental Law and Policy in the People's Republic of China*. New York: Quorum Books, 1987.

Rowland, Diana. *Japanese Business Etiquette*. New York: Warner Books, 1993.

Rozman, Gilbert. *The East Asian Region*: *Confucian Heritage and Its Modern Adaptation*. Princeton, N. J.: Princeton University Press, 1991.

Said, Edward. *Orientalism*. London: Routledge, Kegan and Paul, 1978.

Sati, Hiroki. "Keeping Employees Employed: Shukko and Tenseki Job Transfers," *Japanese Institute of Labor Bulletin*, *Human*

Resources Management, 35:12 (1 December 1996), http://www. mol. go. jp/jil/bulletin/year/1996/vo135 – 12/06. html, pp. 1 – 6.

Seligman, Scott D. *Dealing with the Chinese*. New York: Warner Books, 1989.

Shimizu, Ikko. *Keiretsu*. Translated by Tamae Prindle in *The Dark Side of Japanese Business*. London: ME. Sharpe, 1996.

Shitahodo, Yukichi. "The Japanese Tradition of Economic Ethics," *Business Ethics: Japan and the Global Economy*. Edited by Thomas W. Dunfee and Yukimasa Nagayasu. Dordrecht, The Netherlands: Kluwer Academic Publishers, 1993, pp. 219 – 229.

Sinaiko, Herman. *Reclaiming the Canon*. New Haven, Conn.: Yale University Press, 1998.

Smith, Patrick. *Japan: A Reinterpretation*. New York: Pantheon Books, 1997.

"Steelmakers Farm Out Workers to Subsidiaries," *Bulletin of Japanese Institute of Labor*, human Resources Management, 33:12 (1 December 1994), http://wwwmolgo. go. jp/jil/bulletin/year/1994/vol33 – 12/03. html, p. 1.

Stern, Paula. "Re-establishing America's Place in the Sun," A Policy Briefing by the Former Chair of the U. S. International Trade Commission (June 1994), http://www. dlccpi. org/texts/trade/japan. txt, pp. 1 – 33.

Strom, Stephanie. "Ruffled, Japan Advises U. S.: Mind Your Own Business," *New York Times* (9 April 1998), pp. Al – A2.

——. "Saying No in the Land of Yes," *New York Times* (13 March 1998), pp. Al-A2.

Sugawara, Sandra. "Japan Construction Industry Built on Cronyism," *Washington Post* (31 January 1998), http://www. washingtonpost. com/wpsrv/frompost/jan98/crony31. htm, p. Al.

Sun, Li-teh. "Inner Equilibrium and Economic Equilibrium: A

Confucian Complement to Economic Man," *International Journal of Social Economics*, 14:10 (1987), pp. 40-55.

Sunstein, Cass R. "Incommensurability and Kinds of Valuation: Some Applications in Law," *Incommensurability, Incomparability, and Practical Reason*. Edited by Ruth Chang. Cambridge, Mass.: Harvard University Press, 1997, pp. 234-254.

"Suspects to Win Right of Silence," *South China Morning Post* (22 June 1999), section 1, p. 8.

"Taiwanese Women Speak Out for Rights," *Taiwan Communique*, no. 65 (April 1995), http://www.taiwandc.org/twcom/65-no7.htm, pp. 1-2.

Taka, Iwao. "Business Ethics: A Japanese View," *Business Ethics: Japan and the Global Economy*. Edited by Thomas W. Dunfee and Yukimasa Nagayasu. Dordrecht, The Netherlands: Kluwer Academic Publishers, 1993, pp. 23-59.

Takemura, Kenichi. "How Do the Japanese View Foreigners?" *PHP* (October 1981), pp. 48-51.

Tanaka, Tomoyuki. "Frequently Asked Questions about Japan," http://www.jmas.co.jp/FAQs/japan/american-misconceptions, pp. 1-32.

T'ang, Chün-I. "The Development of Ideas of Spiritual Value in Chinese Philosophy," *The Chinese Mind*. Edited by Charles Moore. Honolulu: University of Hawaii Press, 1967, pp. 188-212.

Taylor, Charles. *Philosophical Arguments*. Cambridge, Mass.: Harvard University Press, 1995.

Taylor, David L. and Ruth Karin Ramsey. "Empowering Employees to 'Just Do It'," *Training and Development* (May 1993), pp. 71-76.

Thorp, Peter. "Joint Venture Dispute Case Study: Red Eagle

Sports," *Dispute Resolution in China.*' *A Practical Guide to Litigation and Arbitration in China*. Edited by Chris Hunter. Hong Kong: Asia Law & Practice, Ltd., 1995, pp. 122 - 138.

Tocqueville, Alexis de. *The Old Regime and the French Revolution*. Translated by Stuart Gilbert. Garden City, N. Y.: Doubleday Anchor Books, 1955.

Tonnesson, Stein. "Do Human Rights and Asian Values Go Together?" *NIASnytt*, no. 4 (December 1996), http://nias.ku.dk/Nytt/Thematic/buman-rights/hasianvalk.html.

———. "Orientalism, Occidentalism and Knowing About Others," *NIASnytt*, no. 2 (April 1994), http://nias.ku.dk./Nytt/Thematic/Orientalism/Orientalism.html, pp. 1 - 5.

"Toyota Abolishes Pay Scale," *South China Morning Post* (8 July 1999), section Business Post, p. 1.

Tran, Khanh T. L. "Internet Firms Hire Nontraditional Employees," *New York Times* (7 October 1998), p. A 17.

Tseng, Choosin, Paula Kwan, and Fanny Cheung. "The Impact of Current Economic Development in China on the Market Entry Strategies of Foreign Consumer Goods Manufacturers," *Business Transformation in China*. Edited by Henri-Claude de Bettignies. London: International Thomson Business Press, 1996.

Tsui, Anne S. and Jiing-Lih Larry Farh. "Where Guanxi Matters: Relational Demography and Guanxi in the Chinese Context," *Work and Occupations*, 24:1 (February 1997), pp. 56 - 79.

Tsunehiko, Yui. "Economic Development and Ethics in Japan: A Historical Perspective," *Business Ethics: Japan and the Global Economy*. Edited by Thomas W. Dunfee and Yukimasa Nagayasu. Dordrecht, The Netherlands: Kluwer Academic Publishers, 1993, pp. 255 - 275.

Tu, Wei-ming. *Centrality and Commonality: An Essay on Chung-*

Yung. Honolulu: University of Hawaii Press, 1976.

———. "The Creative Tension Between *Jen and Li*," *Philosophy East and West*, 18 (1968), pp. 18; 29 – 40.

———. *Humanity and Self-Cultivation*: Essays in Confucian Thought. Berkeley: Asian Humanities Press, 1979.

———. "*Jen* As a Living Metaphor in the Confucian Analects," *Philosophy East and West*, 31 (1981), pp. 31; 45 – 54.

Turpin, Dominique V. "The Strategic Persistence of the Japanese Firm," *The Journal of Business Strategy* (January-February 1992), pp. 49 – 52.

Umezu, Mitsuhiro. "Ethics and the Japanese Miracle: Characteristics and Ethics of Japanese Business Practice," unpublished paper, pp. 1 – 25.

Urabe, Noriho. "Rule of Law and Due Process: A Comparative View of the United States and Japan," *Japanese Constitutional Law*. Edited by Percy R, Luney, Jr., and Kazuyuki Takahashi. Tokyo: University of Tokyo Press, 1993, pp. 173 – 186.

U. S. Department of State, "Japan Report on Human Rights Practices for 1996" (30 January 1997), http://www3.itu.int/MISSIONS/US/hrc/japan' pp. 1 – 2.

Vail, Peter B. "The Learning Challenges of Leadership," *The Balance of Leadership and Followership*. Chicago: Kellogg Leadership Studies Project, 1997.

Vout, Paul T., Jing-Sheng Ye, and Bai-Hua Gong. *China Contracts Handbook*. Hong Kong: Sweet & Maxwell Asia, 1997.

Waldman, Peter. "'Asian Values' Concept is Ripe for Change as Economies Falter," *Wall Street Journal Interactive Edition* (28 November 1997), http://interactive.wsj.com/edition/.

Wang, Jing. *High Culture Fever*: Politics, Aesthetics, and Ideology in Deng's China. Berkeley: University of California Press, 1996.

Wasserstrom, Jeffrey N. and Elizabeth J. Perry. *Popular Protest and Political Culture in Modern China*, http://www.snmis.org/gate/links/Perry.html, pp. 1-18.

Watanabe, Susumu. "The Japanese Quality Control Circle: Why It Works," *International Labour Review*, 130: 1 (1991), pp. 57-79.

Watsuji, Tetsuro. *Rinrigaku: Ethics in Japan*. Translated by Setsaku Yamamoto and Robert E. Carter. Albany, N.Y.: State University of New York Press, 1996.

Weber, Max. *The Religion of China: Confucianism and Taoism*. Translated by Hans H. Gerth. Glencoe, Ill.: Free Press, 1951.

Westwood, Robert I., Hang-yue Ngo, and Shuk-mei Leung. "The Politics of Opportunity: Gender and Work in Hong Kong," *Engendering Hong Kong Society: A Gender Perspective of Women's Status*. Edited by Fanny M. Cheung. Hong Kong: Chinese University Press, 1997, pp. 41-99.

Westwood, Robert I. and Shuk-mei Leung. "The Female Expatriate Manager Experience," *International Studies of Management and Organizations*, 24:3 (1984), pp. 64-85.

"Why Japan's Unemployment Rate Has Remained Relatively Low," *Japan Insight*, http://jin.jcic.or.jp/html/in-persctive/nsmg/why-Japan's.htm, pp. 1-3.

Wilson, Stephen A. "Conformity, Individuality, and the Nature of Virtue," *Journal of Religious Ethics*, 23:2 (Fall 1995), pp. 263-289.

Withane, Sirinimal. "Confucian Influence in Human Resource Management in the Far East." *Management Decision*, 29: 6 (1991), pp. 29-34.

Wong, Thomas W. P. and Tai-lok Lui. "Morality, Class, and the Hong Kong Way of Life," *Occasional Paper No. 30* (November

1993), Hong Kong: Hong Kong Institute of Asia-Pacific Studies.

WuDunn, Sheryl. "Learning to Go Against Japan's Corporate Grain," *New York Times* (8 March 1998), p. A3.

——. "Scandal in . Japan Takes a Nasty Turn," *New York Times* (20 February 1998), p. C1.

Wysocki, Bernard, Jr. "Its Economic Empire in Asia Languishing, Japan Mostly Hesitates," *Wall Street Journal* (1 October 1998), p. A 1.

"Yakuza," *Organized Crime Website*, http://organizedcrimeabout.com/newsissues/organizedcrime/cs/yakuza/index.htm.

Yamakawa, Ryuichi. "The Reality of 'Rotating Japanese Staff'," *Bulletin of Japanese Labor*, Special Topic, 32:12 (1 December 1993), http://www.jil.go.jp/bulletin/year/1993/vol32 - 12/05. btm, pp. 1 - 7.

Yamakoshi, Atsushi. "White-Collar Performance in Japan," *Japan Economic Institute Report* (*JEI*) (21 July 1995), http://www.gwjapan.com/ftp/pub/policy/jei/1995/a-series/0721 - 95a. txt, pp. 1 - 14.

Yoshimori, Masaru. "Sources of Japanese Competitiveness: Part Two," *Management Japan*, 25:2 (Autumn 1992), pp. 31.

Yoshimura, Noboru and Philip Anderson. *Inside the Kaisha: Demystifying Japanese Business Behavior*. Boston: Harvard Business School Press, 1997.

Yu, Chih-Ho and Ning Huang. "China E-mail Case Attracted Attention to Privacy," *Newsbytes Pacifica* (1 August 1996), http://www. nb-pacifica. com/headline/chinamailcaseattract-671. shtml, pp. 1 - 2.

Yuasa, Yasuo. "Correspondence with Yasuo Yuasua," in Tetsuro Watsuji, *Rinrigaku: Ethics in Japan*. Translated by Seisaku Yamamoto and Robert E. Carter. Albany, N.Y.: State University of New York, 1996, pp. 311 – 323.

Zona Research. "Emerging lnfo-Keiretsu," http://www.zonaresearch.com/free/herel.him.

未名译库

哲学与宗教系列

哲学实践：实用主义和哲学生活	〔美〕理查德·舒斯特曼等	16.00元
当代西方宗教哲学	〔美〕迈尔威利·斯图沃德	42.00元
世界宗教	〔英〕尼尼安·斯马特	40.00元
基督教信念的知识地位	〔美〕阿尔文·普兰丁格	36.00元
重返理性	〔美〕凯利·克拉克	10.00元

基督教文化译丛

基督教神学思想史	〔美〕奥尔森	42.00元
基督教概论	〔英〕麦格拉思	26.00元
约瑟夫著作精选	〔美〕保罗·梅尔	26.00元
基督教文学经典选读	〔美〕麦格拉思	50.00元
基督教对文明的影响	〔美〕施密特	24.00元
旧约概论	〔英〕德雷恩	25.00元
基督教会史	〔美〕雪莱	30.00元

语言与文字系列

现代语言学教程	〔美〕霍凯特	38.00元
文字的产生与发展	〔俄〕伊斯特林	34.00元
中国语历史文法	〔日〕太田辰夫	30.00元

经济伦理学丛书

经济伦理学	〔美〕理查德·乔治	38.00元
金融伦理学	〔美〕博特赖特	16.00元
国际经济伦理	〔美〕乔治·思德勒	28.00元
环境伦理学	〔美〕贾丁斯	18.00元
地方智慧与全球经济伦理	〔美〕金黛如	20.00元
信息与技术和企业伦理	〔美〕理查德·乔治	18.00元
会计伦理学	〔美〕罗纳德·杜斯卡等	20.00元

新叙事学理论译丛

解读叙事	〔美〕希利斯·米勒	15.00元
虚构的权威——女性作家与叙述声音	〔美〕苏珊·S.兰瑟	18.00元
新叙事学	〔美〕戴卫·赫尔曼	18.00元
作为修辞的叙事：技巧，读者，伦理，意识形态	〔美〕詹姆斯·费伦	15.00元
后现代叙事	〔美〕马克·柯里	15.00元

文学理论与文学研究系列

当代马克思主义文学批评	〔英〕弗朗西斯·巴尔赫恩	18.00元
文学批评理论——从柏拉图到现在	〔英〕拉曼·塞尔登	33.00元
镜与灯——浪漫主义文论及批评传统	〔美〕M.H.艾布拉姆斯	25.00元
当代叙事学	〔美〕华莱士·马丁	20.00元

影视艺术译丛

电影艺术——形式与风格（第5版）	〔美〕大卫·波德维尔	58.00元
世界电影史	〔美〕克里丝汀·汤普林	68.00元
电影的形式与文化	〔美〕罗伯特·考克尔	42.00元

历史与考古系列

古代的国家——起源和统治形式	〔德〕罗曼·赫尔德克	25.00元

当代西方学术前沿丛书

跨国资本时代的后殖民批评	〔美〕阿里夫·德里克	18.00元
＊全球化的文化建构	〔美〕弗雷德里克·詹姆逊	
＊民族叙述与文化定位	〔美〕霍米·巴巴	
＊图像的转折：文学批评的新方向	〔美〕W.J.T米切尔	
＊齐泽克跨文化读本	〔斯洛文尼亚〕齐泽克	
＊理解文化——从社会学与人类学角度	〔美〕罗伯特·尤林	

桑塔亚纳作品集

＊常识中的理性	〔美〕桑塔亚纳	
＊社会中的理性	〔美〕桑塔亚纳	
＊科学中的理性	〔美〕桑塔亚纳	

打＊号的即将出版。